2 0 2 3

经济形势与政策导读

河北省社会科学院 ◎ 编著

中国财经出版传媒集团

经济科学出版社
Economic Science Press

·北 京·

图书在版编目（CIP）数据

2023·经济形势与政策导读/河北省社会科学院编
著．－－北京：经济科学出版社，2023.10
ISBN 978－7－5218－5305－6

Ⅰ.①2… Ⅱ.①河… Ⅲ.①中国经济－经济发展趋
势－研究②中国经济－经济政策－研究 Ⅳ.①F120

中国国家版本馆 CIP 数据核字（2023）第 191637 号

责任编辑：孙丽丽 戴婷婷
责任校对：刘 昕
责任印制：范 艳

2023·经济形势与政策导读
河北省社会科学院 编著
经济科学出版社出版、发行 新华书店经销
社址：北京市海淀区阜成路甲 28 号 邮编：100142
总编部电话：010－88191217 发行部电话：010－88191522
网址：www.esp.com.cn
电子邮箱：esp@ esp.com.cn
天猫网店：经济科学出版社旗舰店
网址：http://jjkxcbs.tmall.com
北京季蜂印刷有限公司印装
710×1000 16 开 22.75 印张 270000 字
2023 年 10 月第 1 版 2023 年 10 月第 1 次印刷
ISBN 978－7－5218－5305－6 定价：99.00 元
（图书出现印装问题，本社负责调换。电话：010－88191545）
（版权所有 侵权必究 打击盗版 举报热线：010－88191661
QQ：2242791300 营销中心电话：010－88191537
电子邮箱：dbts@ esp.com.cn）

前　言

　　为全面学习贯彻党的二十大精神，深入学习贯彻习近平总书记视察河北重要讲话精神和河北省委十届三次、四次全会精神，帮助广大干部群众了解和把握当前经济形势与经济政策，正确理解中国式现代化，扎实推进中国式现代化建设，努力在新征程上开创党和国家事业发展新局面，我们组织理论教研骨干编写了《2023·经济形势与政策导读》。本书以习近平新时代中国特色社会主义思想为指导，紧密联系我国新发展阶段和河北省情，对当前经济形势和经济政策进行解读阐释，力求做到语言通俗易懂，形式活泼多样，希望对广大干部群众深入了解当前经济形势、准确把握国家和河北省经济政策有所帮助。

目　录

第一篇　踔厉奋发　再谱新篇 / 1

——准确理解中国式现代化的本质内涵与目标任务

第一章　中国式现代化的内涵本质 / 3

第二章　中国式现代化是强国建设、民族复兴的
康庄大道 / 24

第二篇　开拓进取　勇毅前行 / 47

——扎实走好中国式现代化的经济发展之路

第三章　构建国内国际相互促进的
新发展格局 / 49

第四章　着力推进供给侧结构性改革和扩大
内需战略有机结合 / 79

第五章　加快构建现代化产业体系 / 107

第三篇　乘轴持钧　靶向发力 / 133

　　——加快构筑中国式现代化的经济战略支撑

　　第六章　推进高水平科技自立自强 / 135

　　第七章　推动区域协调发展 / 162

　　第八章　全面推进乡村振兴 / 193

第四篇　强化统筹　凝聚合力 / 225

　　——持续强化中国式现代化的制度保障

　　第九章　始终坚持"两个毫不动摇" / 227

　　第十章　牢牢守住安全发展底线 / 257

第五篇　深入推进河北实践 / 283

　　——奋力谱写中国式现代化建设河北篇章

　　第十一章　坚定不移沿着习近平总书记指引的

　　　　　　　方向奋勇前进 / 285

　　第十二章　加快建设经济强省美丽河北 / 310

后记 / 354

第一篇

踔厉奋发　再谱新篇

——准确理解中国式现代化的本质内涵与目标任务

　　党的二十大鲜明提出新时代新征程党的使命任务，发出全面建设社会主义现代化国家、全面推进中华民族伟大复兴的动员令。习近平总书记宣布："从现在起，中国共产党的中心任务就是团结带领全国各族人民全面建成社会主义现代化强国、实现第二个百年奋斗目标，以中国式现代化全面推进中华民族伟大复兴。""中国式现代化，是中国共产党领导的社会主义现代化，既有各国现代化的共同特征，更有基于自己国情的中国特色。"这一论断，既明确了新时代新征程中国共产党的使命任务，又深刻揭示了中国式现代化的本质属性，为我们走好社会主义现代化强国之路提供了科学指导。

　　在新征程上，必须全面把握中国式现代化的中国特色、本质要求和重大原则，锚定全面建成社会主义现代化强国的使命任务，按照党的二十大作出的重大战略部署，坚定信心、锐意进取，不断夺取全面建设社会主义现代化国家新胜利。

第一章

中国式现代化的内涵本质

一切成功发展振兴的民族，都是找到了适合自己实际的道路的民族。现代化是各国人民的共同期待和目标，但每个国家都应结合自身实际作出路径选择。习近平总书记在党的二十届一中全会上明确提出当前和今后一个时期，我们要着重做好六个方面工作，其中之一就是"深刻把握中国式现代化的中国特色和本质要求，牢牢掌握我国发展主动权"。

一 中国式现代化的中国特色

习近平总书记强调，一个国家走向现代化，既要遵循现代化一般规律，更要符合本国实际，具有本国特色。中国式现代化既有各国现代化的共同特征，更有基于自己国情的鲜明特色。中国式现代化有五个方面的中国特色，即中国式现代化"是人口规模巨大的现代化"，"是全体人民共同富裕的现代化"，"是物质文明和精神文明相协调的现代化"，"是人与自然和谐共生的现代化"，"是走和平发展道路的现代化"。关于这五个方面的特色，2020 年 10 月，习近平总书记在党的十九届五中全会第二次全体会议上的讲话中首次提出；2021 年 1 月，习近平总书记在省部级主要领导干部学习贯彻党的十九届五中全会精神专题研讨班上的讲话中也强调了这 5 点；2022 年 10 月，习近平总书记在党的二十大报告中进行了深入阐释；2023 年 2 月，习近平总书记在新进中央委员会的委员、候补委员和省部级主要领导干部学习贯彻习近平新时代中国特色社会主义思想和党的二十大精神研讨班开班式上，又一条条展开分析了中国式现代化的中国特色。

（一）中国式现代化是人口规模巨大的现代化

人口规模巨大是我国的基本国情，也是我国实现现代化面对的突出问题。我国当前人口总量 14 亿多人，约占全球总人口的 18%，从世界现代化历史进程来看，在人口规模如此大的基础上实现现代化，在人类社会发展史上既没有先例可循，也没有成功经验可以借鉴。对比西方国家可以发现，最早一批实现现代化的国家英国、法国等国，其人口规模不过是千万级人口数量；在 20 世纪实现现代化的国家美国、日本等国，其人口规模仅仅达到上亿级人口数量。到目前为止，实现现代化的国家不超过 30 个、人口不超过 10 亿。作为当今世界最大的发达国家美国人口也不过 3 亿左右，不及我国的 1/4。

现代化的本质是人的现代化。从人口规模巨大这一基本国情出发，明确我们走中国式现代化道路的出发点和落脚点，才能更好理解中国式现代化的一系列鲜明特征。规模巨大的人口，既为中国式现代化创造极为有利的条件，又为中国式现代化带来繁重的任务；既是中国式现代化展开的基础，又是中国式现代化多元特征的必然。我国14亿多人口整体迈进现代化社会，规模超过现有发达国家人口的总和，艰巨性和复杂性前所未有，发展途径和推进方式也必然具有自己的特点。我国仍处于并将长期处于社会主义初级阶段，仍然是世界最大的发展中国家，把我国建设成为社会主义现代化强国需要付出长期艰苦的努力。

打开新时代成绩单，我国脱贫攻坚战取得全面胜利，现行标准下9899万农村贫困人口全部脱贫，832个贫困县全部摘帽，12.8万个贫困村全部出列，区域性整体贫困得到解决，完成了消除绝对贫困的艰巨任务，创造了又一个彪炳史册的人间奇迹！这为持续推进人口规模巨大的现代化、让全体人民共享现代化成果奠定了坚实基础。从过去几亿人愁吃缺穿，到14亿人全面小康；从新中国成立之初人均国内生产总值几十美元，到现在突破1.2万美元，我们以"一个也不能少""大家一起走"的足迹，奔跑在中国式现代化的奋斗征程上。全面建成小康社会，一个不能少；步入现代化，同样不能落下一个人——这是中国式现代化的内在逻辑和价值追求。习近平总书记指出："光是解决14亿多人的吃饭问题，就是一个不小的挑战。还有就业、分配、教育、医疗、住房、养老、托幼等问题，哪一项解决起来都不容易，哪一项涉及的人群都是天文数字。"我们要始终从国情出发想问题、作决策、办事情，既不好高骛远，也不因循守旧，保持历史耐心，坚持稳中求进、循序渐进、持续推进。坚持集中精力办好自己的事，继续抓住并用好重要战略机遇期，在准确把握历史规律、时代大势发展条件基础上科学谋划、积极作为、顺势而为，在一步一个脚印的扎实推进中破解难题、实现目标。

（二）中国式现代化是全体人民共同富裕的现代化

"凡治国之道，必先富民。"实现共同富裕是我们党的重要使命，这不仅是一个经济问题，而且是关系党的执政基础的重大政治问题。共同富裕是人类文明发展中的难题，西方资本主义国家在实现现代化过程中，只注重资产阶级少数人的利益，导致出现贫者越贫、富者越富，穷国越穷、富国越富的两极分化现象，随之而来的便是政局不稳、社会动荡、冲突不断、战争流血，这是一种片面、畸形的现代化。作为人口规模巨大的中国，如果出现贫富两极分化问题，后果不可想象。不同于西方以资本为中心的现代化，我们要实现的是以全体人民共同富裕为重要特征的中国式现代化，是以人本逻辑摒弃资本逻辑的中国式现代化。

探寻中华民族的文明历史，从管仲"凡治国之道，必先富民"、老子"损有余而补不足"、孔子"不患寡而患不均"、孟子"老吾老以及人之老，幼吾幼以及人之幼"，到《礼记》中描绘的"大同社会"，乃至孙中山先生的"天下为公"，无不体现了朴素的共同富裕思想。探寻科学社会主义的价值追求，"无产阶级的运动是绝大多数人的，为绝大多数人谋利益的独立的运动"，在未来社会"生产将以所有的人富裕为目的"。正如习近平总书记所强调的："我们决不能允许贫富差距越来越大、穷者愈穷富者愈富，决不能在富的人和穷的人之间出现一道不可逾越的鸿沟。"

 高层声音

2023 年 5 月 17 日，习近平总书记在听取陕西省委和省政府工作汇报会上强调，全面建设社会主义现代化国家，扎实推进共同富裕，最艰巨最繁重的任务仍然在农村，必须逐步缩小城乡差距。要积极推进以县城为重要载体的新型城镇化建设，提升县城市政公用设施建设水平和基础公共服务、产业配套功能，增强综合承载能力和治理能力，发挥县城对县域经济发展的辐射带动作用。因地制宜发展小城镇，促进特色小镇规范健康发展，构建以县城为枢纽、以小城镇为节点的县域经济体系。健全城乡融合发展体制机制，完善城乡要素平等交换、双向流动的政策体系，促进城市资源要素有序向乡村流动，增强农业农村发展活力。因地制宜大力发展特色产业，推进农村一二三产业融合发展，拓宽农民增收致富渠道。持续深化农村人居环境整治，加强传统村落和乡村特色风貌保护，加强农村精神文明建设，培育文明乡风。持续实施动态监测，不断增强脱贫地区内生发展动力，坚决守住不发生规模性返贫的底线。

实现全体人民共同富裕是社会主义的本质要求，是中国式现代化的鲜明特征。吸取西方国家现代化的教训，中国式现代化必须努力消除收入分配差距、地区发展差距、城乡差距等发展不平衡不充分的问题。习近平总书记在党的二十大报告中指出，党的十八大以来的这10年，我国"实现了小康这个中华民族的千年梦想"，"打赢了人类历史上规模最大的脱贫攻坚战"，"历史性地解决了绝对贫困问题，为全球减贫事业作出了重大贡献"，为实现共同富裕打下了坚实基础。按照党中央部署，到"十四五"末全体人民共同富裕迈出坚实步伐，到2035年全体人民共同富裕取得更为明显的实质性进展，到本世纪中叶全体人民共同富裕基本实现。要坚持循序渐进，充分估计长期性、艰巨性、复杂性，实打实把一件件事办好，扎实推进共同富裕。我们要实现的共同富裕，是全体人民的共同富裕，不是少数人的共同富裕。从坚持"房住不炒"，到警惕"脱实向虚"；从强调基本医疗卫生事业的公益性，到强化反垄断和防止资本无序扩张……党中央一系列举措释放出明确信号：全体人民要共享发展成果，过上幸福美好的生活。

（三）中国式现代化是物质文明和精神文明相协调的现代化

党的十八大以来，习近平总书记站在全局和战略高度，对增强历史自觉、坚定理论自信和文化自信、建设精神文明发表一系列重要论述，明确强调"一个民族的复兴需要强大的物质力量，也需要强大的精神力量"，更加形象地指出，"当高楼大厦在我国大地上遍地林立时，中华民族精神的大厦也应该巍然耸立"，"实现中国梦，是物质文明和精神文明比翼双飞的发展过程"。中国式现代化与西方那种以资本为中心、两极分化、物质主义膨胀、对外扩张掠夺的现代化有着本质区别。习近平总书记在党的二十大报告中指出："物质富足、精神富有是社会主义现代化的根本要求。物质贫困不是社会主义，精神贫乏也不是社会主义。"

根据 2023 年 1 月 17 日，国家统计局公布的 2022 年国民经济运行"成绩单"：从总量来看，2022 年我国经济运行总体稳定，经济总量跨越 120 万亿元；人均 GDP 持续提升，连续两年保持在 1.2 万美元以上，接近高收入国家门槛……当经济发展水平达到我国历史上前所未有的高度，必须看到，仅靠经济增长，不足以保障人民幸福安康、社会稳定发展。中国特色社会主义是全面发展、全面进步的伟大事业，没有社会主义文化繁荣发展，就没有社会主义现代化。中国式现代化不仅要有深厚的物质基础来夯实人民美好生活的物质条件，同时还要进行精神文明建设。人无精神不立，国无精神不强。一个大国的崛起，绝不可能是轻轻松松、一帆风顺的。如果没有精神纽带的维系、文化认同的凝聚以及正能量的激励，就很容易出现安于现状、犹疑观望、惧难偷懒的"躺平"心态，甚至产生消极心理。唯有精神上站得住、站得稳，才能战胜各种可以预料和难以预料的风险挑战，在历史洪流中屹立不倒、挺立潮头。

比如：2020年面对突如其来的新冠肺炎疫情，中国一边战"疫"，一边战"贫"，完成了奇迹一跃，这又是一次基于雄厚物质基础和强大精神动力的自信一搏。正如习近平总书记深刻总结："脱贫攻坚取得举世瞩目的成就，靠的是党的坚强领导，靠的是中华民族自力更生、艰苦奋斗的精神品质，靠的是新中国成立以来特别是改革开放以来积累的坚实物质基础，靠的是一任接着一任干的坚守执着，靠的是全党全国各族人民的团结奋斗。"解决了绝对贫困问题的中国，正朝着"人民群众物质生活和精神生活都富裕"的共同富裕目标进发。

通过抗疫和脱贫两大奇迹，不难理解，同困难作斗争，是物质的角力，也是精神的对垒。中国的抗疫成绩和减贫成就给人以深刻启示：必须坚持物质文明和精神文明协调发展、物质力量和精神力量全面增强、人民群众物质生活和精神生活同步改善，这是走好现代化道路、做好各种"加试题"的正确思路。

（四）中国式现代化是人与自然和谐共生的现代化

2013 年 5 月 24 日，十八届中央政治局第六次集体学习时，习近平总书记指出："生态文明是人类社会进步的重大成果。人类经历了原始文明、农业文明、工业文明，生态文明是工业文明发展到一定阶段的产物，是实现人与自然和谐发展的新要求。"因此，建设人与自然和谐共生的现代化，是顺应人类文明发展规律、实现中华民族永续发展和伟大复兴的必然选择，也是从我国实际出发的现实抉择。

建设人与自然和谐共生的现代化，是对西方以资本为中心、物质主义膨胀、先污染后治理的现代化发展道路的批判与超越。追溯 18 世纪中期的现代化进程，欧美国家的现代化大多是在工业文明时代推进的，当时资源和环境约束相对宽松。地球上绝大部分地区还处于传统农业社会，先行国家可以无所顾忌、无障碍地掠夺国外物质和环境资源来支持其高消耗、高排放的工业化。20 世纪 30 年代至 60 年代，发生在西方国家的"世界八大公害事件"对生态环境和公众生活造成巨大影响，引起了国际社会的广泛关注。比利时马斯河谷烟雾事件，一周内有 60 多人死亡；美国多诺拉事件，发病人数占全镇人口43%；美国洛杉矶光化学烟雾事件，先后导致近千人死亡、75% 以上市民患上红眼病；英国伦敦烟雾事件，1952 年 12 月因冬季燃煤而起，导致 5 天内 5000 多人丧生，随后 2 个月内又有近 8000 人死于呼吸系统疾病；此外，"八大公害事件"中有一半是在日本发生的，如日本水俣病事件、日本四日市哮喘病事件、日本米糠油事件、日本富山骨痛病事件等。伴随生态危机愈演愈烈，发达国家把污染工业和有毒有害的垃圾转移到发展中国家，让自身环境问题有所缓解，环境质量有所改善，但却使发展中国家的环境遭到破坏。同时，又运用强大的科技和经济力量，建设庞大的环保产业，以一种设备解决另一种设备造成的环境污染，陷入日复一日、积重难返、恶性循环的生态环境破坏，贻害无穷。因此说，西方资本主义国家在实现现代化过程中，造成环境污染、资源枯竭等生态环境问题，这是一种竭泽而渔式的现代化，是损失可持续发展物质基础的现代化。

2012 年 12 月，习近平总书记在广东考察时指出："我们建设现代化国家，走美欧老路是走不通的，再有几个地球也不够中国人消耗。""走老路，去消耗资源，去污染环境，难以为继！"中国，需要走出一条人与自然和谐共生的现代化新路。中国式现代化是实现人与自然和谐共生的现代化，是经济发展与环境保护协调发展的新型现代化发展模式。以习近平同志为核心的党中央将建设人与自然和谐共生的现代化这一目标的阶段性与长期性辩证地结合起来，规划了时间表、路线图和总任务，分阶段地推进生态文明建设。在党的生态文明建设规划时间表中，到 2035 年基本实现社会主义现代化之时，努力达到"生态环境根本好转，美丽中国目标基本实现"的阶段性目标。

到二十一世纪中叶把我国建成社会主义现代化强国、实现中华民族伟大复兴中国梦之时，我国将迈向生态文明建设新阶段。

江苏省常熟市城西污水处理厂尾水生态净化系统的多水塘活水链湿地局部①

（五）中国式现代化是走和平发展道路的现代化

治国常富，而乱国必贫。和平与发展是相互联系、辩证统一的。和平是发展的前提，发展是和平的保障。当前，世界百年未有之大变局加速演进，国际力量对比深刻调整，我国发展面临新的战略机遇。同时，世界又进入了新的动荡变革期，逆全球化思潮、单边主义、保护主义抬头，世界经济复苏乏力，局部地区动荡冲突不断，全球性问题突出。面对

① 本书图片均来自公开网络。

以前所未有的方式展现在各国面前的世界之变、时代之变、历史之变，我国一以贯之地坚持走和平发展道路。反观西方各个国家的现代化进程：英国是靠海洋霸权走强盗式"自由贸易"（如贩卖鸦片）的路径，美国走的是殖民和压迫黑奴的道路，而德国、日本等后起资本主义国家走的是国家主导的带有军国主义色彩的道路。习近平总书记在党的二十大报告中指出，"我国不走一些国家通过战争、殖民、掠夺等方式实现现代化的老路"。中国自古以来就是亲仁善邻的礼仪之邦，中华民族自古以来就是爱好和平的民族，600多年前郑和下西洋时率领的是当时世界最庞大的船队，带去的是丝绸、茶叶和瓷器，而不是战争。

2022年11月4日，习近平总书记在人民大会堂会见来华正式访问的德国总理朔尔茨时，向他介绍了二十大主要情况，重点阐述了中国式现代化的实质意义。习近平总书记指出，现代化是各国人民的共同期待和目标，但每个国家都应结合自身实际作出路径选择。中国式现代化既有各国现代化的共同特征，更有基于自己国情的中国特色，这是中国独特的客观条件决定的，是中国社会制度和治国理政的理念决定的，也是中国在实现现代化长期实践中得到的规律性认识决定的。中国始终以自身发展维护和促进世界和平，中国发展同世界发展相互交融、相互成就。中国将坚定不移推进高水平对外开放，坚持经济全球化正确方向，继续推动建设开放型世界经济，扩大同各国利益的汇合点。

我们坚定站在历史正确的一边、站在人类文明进步的一边，高举和平、发展、合作、共赢旗帜，以胸怀天下的大国情怀将本国发展与世界和平统一起来，为世界和平与发展注入强大力量。近 10 年来，中国是派遣维和人员最多的安理会常任理事国和联合国第二大维和摊款国，我国经济对世界经济增长的平均贡献率达到 38.6%，成为世界经济增长第一动力。从倡导践行真正的多边主义，构建新型国际关系到积极参与全球治理体系变革，从提出全球发展倡议、构建人类命运共同体到推进"一带一路"建设，中国一贯以实际行动维护世界和平、促进共同发展。中国式现代化道路是和平发展之路，主张国家不分大小、强弱、贫富一律平等，尊重各国人民自主选择的发展道路和社会制度，反对一切形式的霸权主义和强权政治。

以上五个方面，构成了中国式现代化最主要的特色，并在有关方针政策、战略战术、政策举措、工作部署中得到了切实体现。中国式现代化既切合中国实际，体现了社会主义建设规律，也体现了人类社会发展规律。

二　中国式现代化的本质要求

党的二十大报告明确提出了中国式现代化的本质要求，这就是：坚持中国共产党领导，坚持中国特色社会主义，实现高质量发展，发展全过程人民民主，丰富人民精神世界，实现全体人民共同富裕，促进人与自然和谐共生，推动构建人类命运共同体，创造人类文明新形态。这是我们党深刻总结我国和世界其他国家现代化建设的历史经验，对我国这样一个东方大国如何加快实现现代化在认识上不断深入、战略上不断成熟、实践上不断丰富而形成的思想理论结晶，为坚定不移走中国式现代化道路、以中国式现代化全面推进中华民族伟大复兴提供了科学指南和根本遵循。

（一）从本质特征看，中国式现代化是中国共产党领导的社会主义现代化

党的二十大报告指出，"中国特色社会主义最本质的特征是中国共产党领导，中国特色社会主义制度的最大优势是中国共产党领导，中国共产党是最高政治领导力量，坚持党中央集中统一领导是最高政治原则"。政党作为一个政治组织，它在现代化进程中产生，又是现代化的领导者和推动者，在现代化后发国家更是如此。近代以来，历经磨难的中华民族苦苦探索民族复兴的现代化之路，但在中国共产党诞生之前，都没有取得成功。中国共产党自成立起团结带领中国人民所进行的一切奋斗，就是为了把我国建设成为现代化强国，实现中华民族伟大复兴。新中国成立以后，我们党孜孜以求，带领人民对中国现代化建设进行了艰辛探索。社会主义革命和建设时期，我们党提出努力把我国逐步建设成为一个具有现代农业、现代工业、现代国防和现代科学技术的社会主义强国目标。改革开放和社会主义现代化建设新时期，我们党提出"中国式的现代化"论断，制定了到 21 世纪中叶分三步走、基本实现社会主义现代化的发展战略。党的十八大以来，中国特色社会主义进入新时代。党的十九大站在新的更高的历史起点上，对实现第二个百年奋斗目标作出分两个阶段推进的战略安排，提出到 2035 年基本实现社会主义现代化，到本世纪中叶把我国建成富强民主文明和谐美丽的社会主义现代化强国。在新中国成立特别是改革开放以来长期探索和实践基础上，经过党的十八大以来在理论和实践上的创新突破，我们党成功推进和拓展了中国式现代化，开辟了以中国式现代化全面推进中华民族伟大复兴的新境界。在中国式现代化道路上，我国仅用几十年的时间就走完了西方发达国家几百年走过的工业化历程，经济实力、科技实力、综合国力、国际影响力持续增强，创造了世所罕见的经济快速发展和社会长期稳定两大奇迹。历史和现实都证明：中国式现代化必须由中国共产党来领导，也只能由中国共产党来领导，而不能由别的什么政党和政治力量来领导。

党的领导直接关系中国式现代化的根本方向、前途命运、最终成败。党的领导决定中国式现代化的根本性质。党的性质宗旨、初心使命、信仰信念、政策主张决定了中国式现代化是社会主义现代化，而不是别的什么现代化。习近平在学习贯彻党的二十大精神研讨班开班式上发表的重要讲话强调了四个方面：一是党的领导决定中国式现代化的根本性质，只有毫不动摇坚持党的领导，中国式现代化才能前景光明、繁荣兴盛；否则就会偏离航向、丧失灵魂，甚至犯颠覆性错误。二是党的领导确保中国式现代化锚定奋斗目标行稳致远，我们党的奋斗目标一以贯之，一代一代地接力推进，取得了举世瞩目、彪炳史册的辉煌业绩。三是党的领导激发建设中国式现代化的强劲动力，我们党勇于改革创新，不断破除各方面体制机制弊端，为中国式现代化注入不竭动力。四是党的领导凝聚建设中国式现代化的磅礴力量，我们坚持党的群众路线，坚持以人民为中心的发展思想，发展全过程人民民主，充分激发全体人民的主人翁精神。这个问题是我们在推进中国式现代化进程中第一和头等重要的问题。须臾不可忘记，必须时刻铭记。

方向决定道路，道路决定命运。我们党和人民在长期实践探索中，坚持独立自主走自己的路，取得革命、建设、改革伟大胜利，开创和发展了中国特色社会主义，推动中国特色社会主义进入新时代，从根本上改变了中国人民和中华民族的前途命运。中国特色社会主义，是党和人民历尽千辛万苦、付出巨大代价取得的根本成就，是实现中华民族伟大复兴的必由之路，是中国共产党和中国人民团结的旗帜、奋进的旗帜、胜利的旗帜。习近平总书记指出，只有社会主义才能救中国，只有中国特色社会主义才能发展中国，只有坚持和发展中国特色社会主义才能实现中华民族伟大复兴。

以中国式现代化全面推进中华民族伟大复兴，必须坚持中国特色社会主义，坚定道路自信、理论自信、制度自信、文化自信。始终保持头脑清醒，坚持以经济建设为中心，坚持四项基本原则，坚持改革开放，坚持独立自主、自力更生，坚持道不变、志不改，不为任何风险所惧、不为任何干扰所惑，毫不动摇沿着这条通往复兴梦想的人间正道奋勇前进。始终坚定对党的基本理论特别是习近平新时代中国特色社会主义思想的高度自信，以科学理论引领伟大实践，不断推动中国特色社会主义事业新发展。坚持好、巩固好、完善好我国国家制度和国家治理体系，不断把制度优势更好转化为治理效能。坚持马克思主义在意识形态领域指导地位的根本制度，以社会主义核心价值观为引领，发展社会主义先进文化，弘扬革命文化，传承中华优秀传统文化，不断激发全民族文化创造活力，更好构筑中国精神、中国价值、中国力量，为人民提供精神指引。正是在这个意义上，我们讲中国式现代化就是基于中国特色社会主义而形成的，统一于我们党领导的中国特色社会主义伟大实践。

（二）从科学内涵看，推进中国式现代化的奋斗目标是把我国建成富强民主文明和谐美丽的社会主义现代化强国，必须全面提升我国的经济建设、政治建设、文化建设、社会建设、生态文明建设

中国式现代化的本质要求传递着清晰的判断、鲜明的态度、深厚的情怀，突出中国式现代化本身的全面性、系统性、协调性和多维性，明确了中国式现代化的立体目标。"五位一体"总体布局协调发展，共同构筑起中国特色社会主义事业的全局。坚持以推动高质量发展为主题，把实施扩大内需战略同深化供给侧结构性改革有机结合起来，增强国内大循环内生动力和可靠性，提升国际循环质量和水平，加快建设现代化经济体系，推动经济实现质的有效提升和量的合理增长，不断厚植现代化的物质基础和人民幸福生活的物质条件，全面提高我国经济实力、科技实力和综合国力。坚定不移走中国特色社会主义政治发展道路，发展全过程人民民主，健全人民当家作主制度体系，扩大人民有序政治参与，保证人民依法实行民主选举、民主协商、民主决策、民主管理、民主监督，发挥人民群众积极性、主动性、创造性。建设社会主义文化强国，发展面向现代化、面向世界、面向未来的，民族的科学的大众的社会主义文化，不断满足人民日益增长的精神文化需求，丰富人民精神世界，增强实现中华民族伟大复兴的精神力量。全面提升社会文明水平，必须坚持以实现全体人民共同富裕为方向，坚持把实现人民对美好生活的向往作为现代化建设的出发点和落脚点，着力维护和促进社会公平正义，保证社会既充满活力又和谐有序。牢固树立和践行绿水青山就是金山银山的理念，站在人与自然和谐共生的高度谋划发展，促进人与自然和谐共生，坚定不移走生产发展、生活富裕、生态良好的文明发展道路，实现中华民族永续发展。

（三）从全球责任和文明贡献看，中国式现代化打破了"现代化＝西方化"的迷思，为全球提供了一种全新的现代化模式

当前，世界百年未有之大变局加速演进，世界之变、时代之变、历史之变正以前所未有的方式展开。面对"世界怎么了，我们怎么办"这一世界之问，中国式现代化顺应世界人民要发展、要合作、要和平生活的普遍愿望，高举和平、发展、合作、共赢的旗帜，始终坚定站在历史正确的一边、站在人类文明进步的一边。中国式现代化立足中国本土，与整个世界相联系。推动构建人类命运共同体和创造人类文明新形态，充分体现了中国与世界的良性互动关系，彰显了中国式现代化致力于人类发展与进步的天下情怀和世界意义。

构建人类命运共同体就是中国式现代化给出的明确答案。中国式现代化与一些老牌资本主义国家走暴力掠夺殖民地的道路和以其他国家落后为代价的现代化不同，我们强调的是同世界各国互利共赢、推动构建人类命运共同体、共建更加美好的世界。人类命运共同体理念实现了历史使命与时代潮流的高度统一、民族精神与国际主义的高度统一、中国气派与世界情怀的高度统一，闪耀着马克思主义的真理光芒，彰显着推动时代的思想伟力。以中国式现代化全面推进中华民族伟大复兴，必须坚持对话协商，推动建设一个持久和平的世界；坚持共建共享，推动建设一个普遍安全的世界；坚持合作共赢，推动建设一个共同繁荣的世界；坚持交流互鉴，推动建设一个开放包容的世界；坚持绿色低碳，推动建设一个清洁美丽的世界。这充分体现了中国式现代化内含的"共赢主义"的世界发展观，明确了中国式现代化为解决全球治理难题所提供的中国智慧、中国方案。

创造人类文明新形态，一方面揭示了中国式现代化对世界文明发展的巨大贡献，另一方面又赋予了中国式现代化的文化使命和责任担当。作为一种新的文明形态，中国式现代化彰显了人类文明发展的多样性，给世界现代化提供了一种新的文化样态；作为一种使命担当，中国式现代化必须始终"弘扬和平、发展、公平、正义、民主、自由的全人类共同价值"，"尊重世界文明多样性，以文明交流超越文明隔阂、文明互鉴超越文明冲突、文明共存超越文明优越"，以面向未来的人类现代文明的中国形态，展现了不同于西方现代化模式的新图景。

以上三个方面是对中国式现代化本质要求的概括，这些本质要求紧密联系、内在贯通，构成了一个系统完备、科学严密的有机整体。领导力量＋旗帜方向＋"五位一体"总体布局的五大建设＋对外交往＋文明形态，这种形式概括既简洁凝练，又内涵丰富。在本质特征上，强调了坚持中国共产党领导和坚持中国特色社会主义；在总体布局上，强调了坚持经济建设、政治建设、文化建设、社会建设、生态文明建设一体推进，涵盖了富强、民主、文明、和谐、美丽的奋斗目标；在全球责任上和在文明贡献上，彰显了中国式现代化的世界意义和世界贡献。

第二章

中国式现代化是强国建设、
民族复兴的康庄大道

中国式现代化是绝无仅有、史无前例、空前伟大的。历史已经证明，中国式现代化是我们党领导人民长期探索和实践的重大成果，这条路走得通、行得稳，是强国建设、民族复兴的康庄大道。党的二十大对未来五年乃至更长时期党和国家的目标任务和大政方针做了全面部署，对以中国式现代化全面推进中华民族伟大复兴提出了明确要求。当前，世界百年未有之大变局加速演进，前进道路上各种矛盾问题和风险挑战更加错综复杂，目标越宏大，形势越复杂，我们必须牢牢把握全面建设社会主义现代化国家的重大原则，推进中国式现代化需要处理好的重大关系，使中国式现代化始终沿着正确方向前进。

 关于全面建成社会主义现代化强国的战略安排和目标任务

立足党和国家事业发展所处历史方位，对奋斗目标接续作出战略规划和安排，并坚持抓好落实，是我们党成功领导和推进现代化进程的重要经验。党的十八大着重对全面建成小康社会、实现第一个百年奋斗目标进行谋划；党的十九大对第二个百年奋斗目标作出分两个阶段推进的战略安排；党的二十大进一步对全面建成社会主义现代化强国两步走战略安排进行宏观擘画，提出到 2035 年我国发展的总体目标，展望到本世纪中叶把我国建设成为综合国力和国际影响力领先的社会主义现代化强国的目标，同时明确了未来五年的主要目标任务。这一系列战略安排，细化了全面建成社会主义现代化强国的时间表、路线图，展现了中华民族伟大复兴的光明前景。

（一）2035 年我国发展的总体目标

党的二十大报告明确了全面建成社会主义现代化强国，总的战略安排是分两步走：从二〇二〇年到二〇三五年基本实现社会主义现代化；从二〇三五年到本世纪中叶把我国建成富强民主文明和谐美丽的社会主义现代化强国。习近平总书记在党的二十大报告中从八个方面明确了第一步到 2035 年我国发展的总体目标。

第一，经济实力、科技实力、综合国力大幅跃升，人均国内生产总值迈上新的大台阶，达到中等发达国家水平。实现人均国内生产总值达到中等发达国家水平，意味着我国将成功跨越中等收入阶段，并在高收入阶段继续向前迈进一大步。届时，我国经济实力、科技实力、综合国力将大幅跃升，社会生产力、国际竞争力、国际影响力将再迈上新的大台阶。

第二，实现高水平科技自立自强，进入创新型国家前列。坚持走中国特色自主创新道路，在创新型国家建设上取得长足发展，在关键共性技术、前沿引领技术、现代工程技术、颠覆性技术创新等方面取得重大突破，实现关键核心技术自主可控，进入创新型国家前列，把发展主导权牢牢掌握在自己手中。

第三，建成现代化经济体系，形成新发展格局，基本实现新型工业化、信息化、城镇化、农业现代化。推进"新四化"同步发展、建成现代化经济体系和形成新发展格局，既是我国实现社会主义现代化的基本路径，也是重要目标。届时，我国将迈向制造强国、质量强国、航天强国、交通强国、网络强国、数字中国，以城市群和都市圈为依托的大中小城市协调发展格局基本形成、以人为核心的新型城镇化基本实现，农业现代化短板加快补齐，乡村振兴取得决定性进展。

第四，基本实现国家治理体系和治理能力现代化，全过程人民民主制度更加健全，基本建成法治国家、法治政府、法治社会。支撑中国特色社会主义制度的根本制度、基本制度、重要制度等各方面制度将更加完善。人民当家作主制度体系更加健全，人民依法实行民主选举、民主协商、民主决策、民主管理、民主监督得到充分保证。依法治国、依法执政、依法行政共同推进，法治国家、法治政府、法治社会一体建设，形成科学立法、严格执法、公正司法、全民守法的良好格局。

第五，建成教育强国、科技强国、人才强国、文化强国、体育强国、健康中国，国家文化软实力显著增强。教育、科技、人才是全面建设社会主义现代化国家的基础性、战略性支撑，文化、体育、健康是人的全面发展的应有之义。建成教育强国、科技强国、人才强国、文化强国、体育强国、健康中国，意味着我国将总体实现教育现代化、实现高水平科技自立自强，国民思想道德素养、科学文化素质明显提高，社会文明程度达到新高度，人民身体素养和健康水平、体育综合实力和国际影响力居于世界前列，国家文化软实力和中华文化影响力全面提升。

第六，人民生活更加幸福美好，居民人均可支配收入再上新台阶，中等收入群体比重明显提高，基本公共服务实现均等化，农村基本具备现代生活条件，社会保持长期稳定，人的全面发展、全体人民共同富裕取得更为明显的实质性进展。在幼有所育、学有所教、劳有所得、病有所医、老有所养、住有所居、弱有所扶上不断取得进步，居民人均可支配收入随着经济增长将再上新台阶，分配制度更加完善，基本公共服务实现均等化，中等收入群体显著扩大，农村基础设施和基本公共服务明显改善，改革发展成果更多更公平惠及全体人民，促进人的全面发展，朝着实现全体人民共同富裕迈出坚实步伐。

第七，广泛形成绿色生产生活方式，碳排放达峰后稳中有降，生态环境根本好转，美丽中国目标基本实现。我国生态文明制度体系将更加完善，绿色生产方式和生活方式蔚然成风，碳排放总量在达峰后稳中有降，空气质量和水环境质量根本改善，土壤环境安全得到有效保障，山水林田湖草沙生态功能稳定恢复，蓝天白云、绿水青山将成为常态。

第八，国家安全体系和能力全面加强，基本实现国防和军队现代化。平安中国建设达到更高水平，国家安全法治体系、战略体系、政策体系、人才体系和运行机制更加健全，粮食安全、能源安全、重要产业链供应链安全和公共安全能力全面提高。同国家现代化进程相一致，全面推进军事理论现代化、军队组织形态现代化、军事人员现代化、武器装备现代化，基本实现国防和军队现代化。

党的二十大对于发展目标的战略性谋划主要是抓住了"全面性"，这种"全面性"体现为目标涵盖领域的广泛性、现代化标识的系统性以及实现目标过程的渐进性。在目标涵盖领域的广泛性上，不仅包括"五位一体"总体布局的内容，而且包括国家安全、国防和军队建设、综合国力和国际地位等方面的目标，每个领域都有相应的发展任务；在现代化标识的系统性上，到2035年我国发展的总体目标包括基本实现新型工业化、信息化、城镇化、农业现代化以及国家治理体系和治理能力现代化、国防和军队现代化等具有标识性的现代化目标，要求建成教育强国、科技强国、人才强国、文化强国、体育强国、健康中国，美丽中国目标基本实现等，这些目标对整体推进中国式现代化发挥着重要引领作用；在实现目标过程的渐进性上，明确了在基本实现现代化基础上到本世纪中叶把我国建设成为综合国力和国际影响力领先的社会主义现代化强国的宏伟蓝图。

（二）未来五年主要目标任务

党的二十大既放眼长远，又立足当前，指出未来五年是全面建设社会主义现代化国家开局起步的关键时期，提出未来五年的主要目标任务，从八个方面明确了未来五年发展的主要目标任务，体现了由远及近、以近启远、远近呼应的周密部署。完成好这些目标任务对于实现第二个百年奋斗目标至关重要。

第一，经济高质量发展取得新突破，科技自立自强能力显著提升，构建新发展格局和建设现代化经济体系取得重大进展。完整、准确、全面贯彻新发展理念，坚持以推动高质量发展为主题，切实转变发展方式，推动质量变革、效率变革、动力变革。加快实施创新驱动发展战略，提升科技自立自强能力，实现关键核心技术自主可控。加快构建以国内大循环为主体、国内国际双循环相互促进的新发展格局，加快建设现代化经济体系，推动经济实现质的有效提升和量的合理增长。

第二，改革开放迈出新步伐，国家治理体系和治理能力现代化深入推进，社会主义市场经济体制更加完善，更高水平开放型经济新体制基本形成。深入推进改革创新，坚定不移扩大开放，着力破解深层次体制机制障碍，不断彰显中国特色社会主义制度优势，不断增强社会主义现代化建设的动力和活力，把我国制度优势更好转化为国家治理效能。

第三，全过程人民民主制度化、规范化、程序化水平进一步提高，中国特色社会主义法治体系更加完善。发展全过程人民民主，健全人民当家作主制度体系，全面发展协商民主，积极发展基层民主，巩固和发展最广泛的爱国统一战线。坚持走中国特色社会主义法治道路，建设中国特色社会主义法治体系、建设社会主义法治国家，完善以宪法为核心的中国特色社会主义法律体系，扎实推进依法行政，严格公正司法，加快建设法治社会。

第四，人民精神文化生活更加丰富，中华民族凝聚力和中华文化影响力不断增强。坚持中国特色社会主义文化发展道路，增强文化自信，建设社会主义文化强国，建设具有强大凝聚力和引领力的社会主义意识形态，广泛践行社会主义核心价值观，提高全社会文明程度，繁荣发展文化事业和文化产业，增强中华文明传播力影响力。

第五，居民收入增长和经济增长基本同步，劳动报酬提高与劳动生产率提高基本同步，基本公共服务均等化水平明显提升，多层次社会保障体系更加健全。坚持在发展中保障和改善民生，健全基本公共服务体系，提高公共服务水平，增强均衡性和可及性，扎实推进共同富裕。坚持按劳分配为主体、多种分配方式并存，构建初次分配、再分配、第三次分配协调配套的制度体系，健全覆盖全民、统筹城乡、公平统一、安全规范、可持续的多层次社会保障体系。

第六，城乡人居环境明显改善，美丽中国建设成效显著。牢固树立和践行绿水青山就是金山银山的理念，坚持山水林田湖草沙一体化保护和系统治理，统筹产业结构调整、污染治理、生态保护、应对气候变化，协同推进降碳、减污、扩绿、增长，加快发展方式绿色转型，深入推进环境污染防治，提升生态系统多样性、稳定性、持续性，积极稳妥推进碳达峰碳中和。

第七，国家安全更为巩固，建军一百年奋斗目标如期实现，平安中国建设扎实推进。坚定不移贯彻总体国家安全观，健全国家安全体系，增强维护国家安全能力，提高公共安全治理水平，完善社会治理体系。加快把人民军队建成世界一流军队，全面加强人民军队党的建设，全面加强练兵备战，全面加强军事治理，巩固拓展国防和军队改革成果，巩固提高一体化国家战略体系和能力。

第八，中国国际地位和影响进一步提高，在全球治理中发挥更大作用。坚持维护世界和平、促进共同发展的外交政策宗旨，致力于推动构建人类命运共同体，坚定奉行独立自主的和平外交政策，坚持在和平共处五项原则基础上同各国发展友好合作，坚持对外开放的基本国策，坚定奉行互利共赢的开放战略，积极参与全球治理体系改革和建设，弘扬全人类共同价值。

中国—中亚峰会新闻中心外景

在未来五年目标任务和 2035 年我国发展总体目标的设定上，既保持连续性，又体现发展性。这种战略安排和目标设定上的一体化、递进式特点，体现了我们党治国理政的鲜明特点。只要坚持一张蓝图绘到底、一棒接着一棒跑，全面建成社会主义现代化强国的宏伟蓝图必将一步一步变成现实。

二 推进中国式现代化必须把握的重大原则和重大关系

习近平总书记在党的二十大报告中指出："全面建设社会

主义现代化国家，是一项伟大而艰巨的事业，前途光明，任重道远。"我们必须牢牢把握五项重大原则和若干重大关系，认清当前形势，增强信心，为全面建设社会主义现代化国家开好局起好步。

（一）前进道路上必须牢牢把握的重大原则

在前进的道路上，推进中国式现代化，总结历史和现实经验，遵循客观发展规律，我们必须牢牢把握五项重大原则：一是坚持和加强党的全面领导，二是坚持中国特色社会主义道路，三是坚持以人民为中心的发展思想，四是坚持深化改革开放，五是坚持发扬斗争精神。

第一，坚持和加强党的全面领导，强调的是领导力量问题。中国共产党领导是中国特色社会主义最本质的特征，是中国特色社会主义制度的最大优势，是党和国家的根本所在、命脉所在，是全国各族人民的利益所系、命运所系。我们的全部事业都根植于这个最本质特征和最大优势，只要坚持党的全面领导不动摇，坚决维护习近平总书记党中央的核心、全党的核心地位，坚决维护党中央权威和集中统一领导，把党的领导落实到社会主义现代化建设各领域各方面各环节，就一定能够确保我国社会主义现代化建设正确方向，确保拥有团结奋斗的强大政治凝聚力、发展自信心，凝聚起万众一心、共克时艰的磅礴力量。

第二，坚持中国特色社会主义道路，强调的是前进方向问题。方向决定道路，道路决定命运。中国特色社会主义道路是创造人民美好生活、实现中华民族伟大复兴的康庄大道。实践充分证明，走符合中国国情的正确道路，党和人民就具有无比广阔的舞台，具有无比深厚的历史底蕴，具有无比强大的前进定力。必须坚持以经济建设为中心，坚持四项基本原则，坚持改革开放，坚持独立自主、自力更生，坚持道不变、志不改，既不走封闭僵化的老路，也不走改旗易帜的邪路，坚持把国家和民族发展放在自己力量的基点上，坚持把中国发展进步的命运牢牢掌握在自己手中，把我国建设成为富强民主文明和谐美丽的社会主义现代化强国。

专家观点

陈晋（中央党史和文献研究院原院务委员）：长期以来，我们在中国特色社会主义道路上不断探索和前进，对这条道路的内涵和价值理解得越来越深入，同时对这条道路的未来发展也越来越自觉和自信。首先，道路自信来自历史和人民的选择；其次，道路自信来自道路前伸的内生动力；最后，道路自信来自当代中国的成功实践。在涉及国家前途的道路问题上，在业已证明成功的情况下，来不得半点庸俗的谦虚和无谓的自卑。

第三，坚持以人民为中心的发展思想，强调的是发展目的问题。人民对美好生活的向往就是我们的奋斗目标，增进民生福祉是我们坚持立党为公、执政为民的本质要求，让老百姓过上好日子是我们一切工作的出发点和落脚点。在全面建设社会主义现代化国家进程中，必须始终牢记江山就是人民，人民就是江山，坚持一切为了人民、一切依靠人民，坚持发展为了人民、发展依靠人民、发展成果由人民共享，坚定不移走共同富裕道路，让现代化建设成果更多更公平惠及全体人民。

第四，坚持深化改革开放，强调的是发展动力问题。全面建设社会主义现代化国家、全面推进中华民族伟大复兴，动力在于全面深化改革开放。必须以维护社会公平正义、增进民生福祉为出发点和落脚点，突出问题导向，聚焦进一步解放思想、解放和发展社会生产力、解放和增强社会活力，深入推进改革创新，坚定不移扩大开放，准确识变、科学应变、主动求变，着力破解深层次体制机制障碍，不断彰显中国特色社会主义制度优势，不断增强社会主义现代化建设的动力和活力，把我国制度优势更好转化为国家治理效能。

第五，坚持发扬斗争精神，强调的是方式手段问题。敢于斗争、敢于胜利，是我们党和人民不可战胜的强大精神力量。我们比历史上任何时期都更接近、更有信心和能力实现中华民族伟大复兴的目标。同时，必须清醒认识到，中华民族伟大复兴绝不是轻轻松松、敲锣打鼓就能实现的，必须把握好我国发展面临的新的历史特点，统筹把握好新的战略机遇、新的战略任务、新的战略阶段、新的战略要求、新的战略环境，我们要增强全党全国各族人民的志气、骨气、底气，不信邪、不怕鬼、不怕压，知难而进、迎难而上，统筹发展和安全，全力战胜前进道路上各种困难和挑战，依靠顽强斗争打开事业发展新天地。

综上所述，这五条重大原则，是在全面总结党的百年奋斗历史经验特别是中国特色社会主义发展实践经验、深刻把握我国发展新的历史特点、统筹考虑当前和今后一个时期发展目标的基础上提出来的，内涵丰富、意义重大，我们要深入学习领会、不折不扣贯彻落实。

（二）推进中国式现代化要正确处理好的重大关系

在学习贯彻党的二十大精神研讨班开班式上，习近平总书记强调，推进中国式现代化是一个系统工程，需要统筹兼顾、系统谋划、整体推进，正确处理好顶层设计与实践探索、战略与策略、守正与创新、效率与公平、活力与秩序、自立自强与对外开放等一系列重大关系。

第一，顶层设计与实践探索。我们党在波澜壮阔的改革发展历程中，既注重顶层设计，又重视实践探索。将顶层设计与实践探索有机结合，既是一条重要经验，也是一种重要思维方法。我们对中国式现代化发展规律的认识越来越深刻，这也需要我们加强顶层设计。进行顶层设计，需要深刻洞察世界发展大势，准确把握人民群众的共同愿望，深入探索经济社会发展规律，使制定的规划和政策体系体现时代性、把握规律性、富于创造性，做到远近结合、上下贯通、内容协调。这是顶层设计需要把握的内容。同时，也要重视实践探索。推进中国式现代化是一个探索性事业，还有许多未知领域，需要我们在实践中去大胆探索，通过改革创新来推动事业发展，决不能刻舟求剑、守株待兔。比如，我们党科学谋划和推进脱贫工作，把扶贫开发工作纳入"五位一体"总体布局、"四个全面"战略布局，明确脱贫攻坚的目标任务，提出精准扶贫精准脱贫，建立中国特色脱贫攻坚制度体系，为全面打赢脱贫攻坚战提供了科学指引。同时，鼓励贫困地区在党和国家大政方针的指引下，注重实践探索，因村因户因人施策，对症下药、精准滴灌、靶向治疗，真正发挥拔穷根的作用，取得了脱贫攻坚战的伟大胜利。我国国土面积广袤、人口规模巨大、地区发展不平衡，在我们这样超大规模的国家实现现代化，尤其需要整体层面的战略谋划和部署。同时也要看到，各地情况复杂、差异大，顶层设计在基层落地，离不开基于客观实际的实践探索。推进中国式现代化，要坚持顶层设计与实践探索相结合，不断推动党和国家事业向前发展。

第二，战略与策略。战略和策略是辩证统一的关系，战略是从全局、长远、大势上作出判断和决策，策略是在战略指导下为战略服务的，正确的战略需要正确的策略来落实。正确运用战略策略是我们党创造辉煌历史、成就千秋伟业、战胜各种风险挑战、不断从胜利走向胜利的成功秘诀。推进中国式现代化必须把这一成功秘诀总结好、运用好。要增强战略的前瞻性，准确把握事物发展的必然趋势，敏锐洞悉前进道路上可能出现的机遇和挑战，以科学的战略预见未来、引领未来。要增强战略的全局性，谋划战略目标、制定战略举措、作出战略部署，都要着眼于解决事关党和国家事业兴衰成败、牵一发而动全身的重大问题，比如，党的二十大报告着眼以中国式现代化全面推进中华民族伟大复兴，提出深入实施科教兴国战略、人才强国战略、创新驱动发展战略等一系列重大战略。要增强战略的稳定性，战略一经形成，就要长期坚持、一抓到底、善作善成，不要随意改变，这是各项战略取得实际成效的重要原因。策略是战略实施的科学方法。要取得各方面斗争的胜利，我们不仅要有战略谋划，有坚定意志，还要有策略、有智慧、有方法。应该看到，实施战略的环境条件随时都在发生变化，每时每刻都会遇到新情况新问题。这就需要把战略的原则性和策略的灵活性有机结合起来，灵活机动、随机应变、临机决断，在因地制宜、因势而动、顺势而为中把握战略主动。

第三，守正与创新。守正创新是我们党在新时代治国理政中的重要思想方法。中国式现代化的探索就是一个在继承中发展、在守正中创新的历史过程。在推进中国式现代化的新征程上，必须守好中国式现代化的本和源、根和魂，毫不动摇坚持中国式现代化的中国特色、本质要求、重大原则，坚持党的基本理论、基本路线、基本方略，坚持党的十八大以来的一系列重大方针政策，确保中国式现代化的正确方向。实践没有止境，变化永不停息。唯有创新，才能把握时代、引领时代。因此，要把创新摆在国家发展全局的突出位置，顺应时代发展要求，着眼于解决重大理论和实践问题，积极识变应变求变，大力推进理论创新、实践创新、制度创新、文化创新以及其他各方面创新，不断开辟发展新领域新赛道，塑造发展新动能新优势，让创新在全社会蔚然成风。坚持守正与创新的辩证统一，以守正为创新凝心铸魂，以创新为守正注入活力，就能始终沿着正确方向推动中国式现代化行稳致远。

第四，效率与公平。中国式现代化是全体人民共同富裕的现代化，既要创造比资本主义更高的效率，又要更有效地维护社会公平，更好实现效率与公平相兼顾、相促进、相统一。要坚持和完善社会主义基本经济制度，毫不动摇巩固和发展公有制经济，毫不动摇鼓励、支持、引导非公有制经济发展，充分发挥市场在资源配置中的决定性作用，更好发挥政府作用，构建全国统一大市场，深化要素市场化改革，建设高标准市场体系，营造市场化、法治化、国际化一流营商环境，持续优化劳动、资本、土地、资源等生产要素配置，着力提高全要素生产率。要加快建立以权利公平、机会公平、规则公平为主要内容的社会公平保障体系，保证人民平等参与、平等发展权利，实现更高质量、更有效率、更加公平、更可持续、更为安全的发展，使全体人民共享发展成果。

第五，活力与秩序。综观世界现代化发展历程，一个国家从传统社会走向现代社会，往往伴随着社会结构、社会关系、社会心理等多方面的深刻变化。处理好活力与秩序的关系，是一道世界性难题。新中国成立 70 多年来，中国共产党团结带领人民经过艰辛探索、付出巨大努力，创造了经济快速发展和社会长期稳定两大奇迹。推进中国式现代化，必须深入推进改革开放，激发全社会创新创造活力，为现代化建设注入源源不断的动力。深化各方面体制机制改革，鼓励科学家、企业家、艺术家等各方面人才特别是青年人才创新创造，采取切实有效措施解决一些党员干部不愿担当、不敢担当、不善担当等问题，发挥制度保障和激励作用，充分调动广大党员干部干事创业的积极性。更好统筹发展和安全，贯彻总体国家安全观，健全国家安全体系，增强维护国家安全能力，坚定维护国家政权安全、制度安全、意识形态安全和重点领域安全。基层稳则国家安。要注重完善社会治理体系，在社会基层坚持和发展新时代"枫桥经验"，提升社会治理效能，确保人民安居乐业。

第六，自立自强与对外开放。探索现代化道路，不能跟在他人后面亦步亦趋，而要扎根本国土壤、顺应本国人民期待，同时借鉴各国经验。我们党坚持独立自主、自力更生，保持定力、坚定信心，持续推进理论和实践创新，成功推进和拓展了中国式现代化，使之既有各国现代化的共同特征，更有基于自己国情的鲜明特色。我们要坚持高水平对外开放，加快构建以国内大循环为主体、国内国际双循环相互促进的新发展格局。要坚持独立自主、自立自强，坚持把国家和民族发展放在自己力量的基点上，坚持把我国发展进步的命运牢牢掌握在自己手中。2023 年 4 月，习近平总书记在广东考察时指出，实现高水平科技自立自强，是中国式现代化建设的关键。2023 年 5 月 12 日，习近平总书记来到河北省石家庄，走进生产车间察看芯片生产流程，步入展厅察看医药产品展示时又强调："加快建设科技强国是全面建设社会主义现代化国家、全面推进中华民族伟大复兴的战略支撑。"还要不断扩大高水平对外开放，深度参与全球产业分工和合作，用好国内国际两种资源，拓展中国式现代化的发展空间。习近平总书记在广东考察时强调，"中国改革开放政策将长久不变，永远不会自己关上开放的大门"。在深入推进京津冀协同发展座谈会上，习近平总书记要求京津冀 3 省市"要进一步推进体制机制改革和扩大对外开放，下大气力优化营商环境，积极同国内外其他地区沟通对接，打造全国对外开放高地"。2023 年 5 月 17 日，习近平总书记在听取陕西省委和省政府工作汇报会上，再提"扩大高水平对外开放"。

江苏太仓港集装箱码头灯火通明

五项重大原则与六条重大关系是相辅相成、相互依托的，我们要把握好这些重大原则和重大关系，正确理解和大力推进中国式现代化。

（三）准确把握当前和今后一个时期我国发展面临的战略环境

党的二十大报告指出，"我国发展进入战略机遇和风险挑战并存、不确定难预料因素增多的时期"。这为我们准确把握当前和今后一个时期我国发展面临的战略环境，提供了科学指引。

第一，当前国内外环境给我国发展带来一系列新课题新挑战。从国际看，世界百年未有之大变局加速演进，逆全球化思潮抬头，单边主义、保护主义明显上升，世界经济复苏乏力，乌克兰危机未解且影响外溢，世界进入新的动荡变革期。从国内看，我国经济社会发展面临一些新的矛盾风险挑战，由经济下行压力引发的各种经济问题、民生问题、稳定问题日益凸显，各领域都还存在一些深层次矛盾和问题，也有不少风险隐患。我们面临关键核心技术受制于人、产业链供应链安全、粮食和能源安全、防范金融风险等战略性问题。各种敌对势力加紧进行渗透、破坏、颠覆、分裂活动，企图在思想上、政治上搞乱我们，动摇党执政的社会基础和群众基础。在社会领域、民生领域出现了一些新矛盾新问题。总的来看，我国将在一个更加复杂严峻的战略环境中谋求和推动自身发展。

第二，我国发展面临的形势总体上是战略机遇和风险挑战并存。一方面，我们面临的风险挑战可能增大。我国改革发展稳定面临不少深层次矛盾躲不开、绕不过，党的建设特别是党风廉政建设和反腐败斗争面临不少顽固性、多发性问题，来自外部的打压遏制随时可能升级，各种"黑天鹅""灰犀牛"事件随时可能发生，不确定难预料因素增多。我们要保持"时时放心不下"的精神状态和责任担当，决不能有丝毫松懈和麻痹。另一方面，我国发展仍具有多方面优势和有利条件。比如，经济韧性强、潜力足、回旋余地广、长期向好的基本面没有变；产业结构持续优化升级，新动能增长，抗风险能力增强；已形成拥有14亿多人口、4亿多中等收入群体的全球最大最有潜力市场；拥有丰富人力资源，高等教育在学总规模和年毕业人数居世界首位，接受高等教育的人口达 2.4 亿，高技能人才超过 6000 万人；社会保持长期稳定，"中国之治"优势日益彰显；等等。总的来看，"危"与"机"交织并存，能否化危为机、转危为安，最根本的是要把我们自己的事情做好。

第三，增强斗争勇气、战略能力、应对水平，努力掌握发展的主动权。要看到，尽管处于百年未有之大变局，但和平与发展仍然是世界各国人民的共同愿望，各国相互依存加深，加强交流合作的动能依然强劲，经济全球化不可逆转，新一轮科技革命和产业变革深入发展，我国发展面临新的战略机遇。还要看到，我国仍处在成长上升期，发展的内生动力依然强劲，实现中华民族伟大复兴的历史进程不可阻挡。特别是我们有以习近平同志为核心的党中央的坚强领导，有社会主义制度能够集中力量办大事的制度优势，有长期积累的雄厚物质基础，时与势在我们这边，一定能攻克一个个难关险隘，在危机中育新机、于变局中开新局。要树立机遇意识，积极努力发现机遇、抓住机遇、塑造机遇，准确识变、科学应变、主动求变，趋利避害、赢得先机。2022 年 10 月 23 日，在党的二十届一中全会上，习近平总书记强调："历史反复证明，以斗争求安全则安全存，以妥协求安全则安全亡；以斗争谋发展则发展兴，以妥协谋发展则发展衰。"推进中国式现代化，是一项前无古人的开创性事业，必然会遇到各种可以预料和难以预料的风险挑战、艰难险阻甚至惊涛骇浪，必须增强忧患意识，坚持底线思维，居安思危、未雨绸缪，敢于斗争、善于斗争，通过顽强斗争打开事业发展新天地。同时，我们也要保持战略清醒，对各种风险挑战做到胸中有数；保持战略自信，增强斗争的底气；保持战略主动，增强斗争本领。要加强能力提升，让领导干部特别是年轻干部经受严格的思想淬炼、政治历练、实践锻炼、专业训练，在复杂严峻的斗争中经风雨、见世面、壮筋骨、长才干。

习近平主席在 2023 年新年贺词中指出，历史长河波澜壮阔，一代又一代人接续奋斗创造了今天的中国。今天的中国，是梦想接连实现的中国；今天的中国，是充满生机活力的中国；今天的中国，是赓续民族精神的中国；今天的中国，是紧密联系世界的中国。明天的中国，奋斗创造奇迹。路虽远，行则将至；事虽难，做则必成。只要有愚公移山的志气、滴水穿石的毅力，脚踏实地，埋头苦干，积跬步以至千里，就一定能够把宏伟目标变为美好现实。今年是全面贯彻落实党的二十大精神的开局之年，做好经济工作意义重大。当前，世界之变、时代之变、历史之变正以前所未有的方式展开，我国经济恢复的基础尚不牢固，需求收缩、供给冲击、预期转弱三重压力仍然较大，外部环境动荡不安，给我国经济带来的影响加深。但要看到，我国经济韧性强、潜力大、活力足，长期向好的基本面没有变，各项政策效果持续显现，今年经济运行有望总体回升，我们要坚持以既定目标作为战略指引，坚定做好经济工作的信心，为全面建设社会主义现代化国家开好局起好步。

第二篇

开拓进取　勇毅前行

——扎实走好中国式现代化的经济发展之路

习近平总书记在党的二十大报告中指出："没有坚实的物质技术基础，就不可能全面建成社会主义现代化强国。"我们要全面贯彻党的二十大精神，完整、准确、全面贯彻新发展理念，坚持以推动高质量发展为主题，把实施扩大内需战略同深化供给侧结构性改革有机结合起来，增强国内大循环内生动力和可靠性，提升国际循环质量和水平，扎实推进现代化产业体系建设，为全面建成社会主义现代化强国、实现第二个百年奋斗目标奠定坚实的物质技术基础。

第三章
构建国内国际相互促进的新发展格局

　　构建以国内大循环为主体、国内国际双循环相互促进的新发展格局，是根据我国发展阶段、环境、条件变化，特别是基于我国比较优势变化，审时度势作出的重大决策。构建新发展格局是事关全局的系统性、深层次变革，是立足当前、着眼长远的战略谋划。2020 年 4 月，习近平总书记在中央财经委员会会议上首次提出，构建以国内大循环为主体、国内国际双循环相互促进的新发展格局；在党的十九届五中全会第二次全体会议上，全面阐释了构建新发展格局的重大意义、深刻内涵和工作着力点。党的十九届五中全会通过的《中共中央关于制定国民经济和社会发展第十四个五年规划和二〇三五年远景目标的建议》提出，要加快构建以国内大循环为主体、国内国际双循环相互促进的新发展格局。2023 年 1 月，习近平总书记在二十届中共中央政治局第二次集体学习时强调，加快构建新发展格局，增强发展的安全性主动权。

　　2023 年是全面贯彻落实党的二十大精神的开局之年，要以习近平新时代中国特色社会主义思想为指导，全面贯彻落实党的二十大精神，扎实推进中国式现代化，坚持稳中求进工作总基调，完整、准确、全面贯彻新发展理念，加快构建新发展格局，着力推动高质量发展，为全面建设社会主义现代化国家开好局起好步。

一 国内国际近年来面对的形势变化

进入新时代以后，我国社会主要矛盾已经发生了重大改变，人民日益增长的美好生活需要和不平衡不充分的发展之间的矛盾已经成为主要矛盾。当前的国际力量发生深刻变化，中国的国际地位得到显著提升，新旧秩序不断变化，逆全球化和贸易保护主义也此起彼伏。要统筹中华民族伟大复兴战略全局和世界百年未有之大变局，深刻认识我国社会主要矛盾变化带来的新特征新要求，深刻认识错综复杂的国际环境带来的新矛盾新挑战。

（一）我国发展面临的国内环境

一方面，我国已转向高质量发展阶段，继续发展具有多方面优势和条件。主要表现在以下四个方面：

一是物质基础更加坚实。我国经济实力、科技实力、综合国力显著增强。2023 年《政府工作报告》显示，过去五年我国国内生产总值增加到 121 万亿元，财政收入已达 20.4 万亿元，粮食产量连年稳定在 1.3 万亿斤以上，工业增加值突破 40 万亿元，城镇新增就业年均 1270 多万人，外汇储备稳定在 3 万亿美元以上。科技创新成果丰硕，一些关键核心技术攻关取得新突破，载人航天、探月探火、深海深地探测、超级计算机、卫星导航、量子信息、核电技术、大飞机制造、人工智能、生物医药等领域创新成果不断涌现。产业体系更加完备，我国是全世界唯一拥有联合国产业分类中全部工业门类的国家。经济结构进一步优化，高新技术产业占比明显提高，数字经济不断壮大，新产业新业态新模式增加值占国内生产总值的比重达到17%以上。基础设施更加完善，已经建成发达的现代综合交通体系。人民生活水平不断提高，建成世界规模最大的教育体系、社会保障体系、医疗卫生体系。

数据链接

2023年政府工作报告数据显示，我国高速铁路运营里程增加到4.2万公里，高速公路里程增加到17.7万公里，新建改建农村公路125万公里，新增机场容量4亿人次。基本养老保险参保人数增加1.4亿、覆盖10.5亿人，基本医保水平稳步提高。多年累计改造棚户区住房4200多万套，累计改造农村危房2400多万户。

二是制度保证更加完善。全面深化改革，各领域基础性制度框架基本确立，许多领域实现历史性变革、系统性重塑、整体性重构，党的领导、人民当家作主、依法治国有机统一的制度建设全面加强，中国特色社会主义制度更加成熟更加定型。中国共产党领导是中国特色社会主义最本质的特征，是我们的最大制度优势。我们有以习近平同志为核心的党中央的坚强领导，有习近平新时代中国特色社会主义思想的科学指引，有社会主义制度能够集中力量办大事的制度优势，在面对困难复杂局面时能够万众一心、众志成城，凝聚起破浪前行的强大力量。

中国共产党的领导是最大优势

三是科技革命和产业变革带来新机遇。以新一代信息技术、新能源、新材料、生物医药、绿色低碳等交叉融合为特征的新一轮科技革命和产业变革蓬勃发展，引领科技产业发展方向，开辟出新的巨大增长空间。融合机器人、数字化、新材料的先进制造技术正在加速推进制造业向智能化、服务化、绿色化转型，清洁能源技术加速发展引发全球能源变革，空间和海洋技术正在拓展人类生存发展新疆域。新一轮科技革命和产业变革正在重构全球创新版图、重塑全球经济结构，深刻影响着国家前途命运、人民生活福祉，也为我国发展提供了新的重大机遇。

河北某公司内工人在单晶硅棒生产车间内工作

　　四是国际地位和国际影响力显著提升。我们全面推进中国特色大国外交，推动构建人类命运共同体，坚定维护国际公平正义，倡导践行真正的多边主义，旗帜鲜明反对一切霸权主义和强权政治，毫不动摇反对任何单边主义、保护主义、霸凌行径，有力维护我国主权、安全、发展利益和广大发展中国家利益。展示负责任大国担当，深度参与全球治理体系改革和建设，积极推动经济全球化朝着更加开放、包容、普惠、平衡、共赢的方向发展，在气候变化、减贫、反恐、网络安全和维护地区安全等领域发挥重要作用，我国国际影响力、感召力、塑造力显著提升。

另一方面，我国发展不平衡不充分问题仍然突出。当前，我国发展面临的主要问题是，创新能力不适应高质量发展要求，农业基础还不稳固，城乡区域发展和收入分配差距较大，生态环保任重道远，民生保障存在短板，社会治理还有弱项。归结起来，就是发展不平衡发展不充分。发展不平衡，主要是各区域各领域各方面存在失衡现象，制约了整体发展水平提升；发展不充分，主要是我国全面实现社会主义现代化还有相当长的路要走，发展任务仍然很重。推动解决这些问题，要坚持辩证唯物主义和历史唯物主义的世界观、方法论。既然是社会主要矛盾的反映，解决起来就不可能一蹴而就，必须既积极有为又持之以恒努力。要坚持问题导向和目标导向，坚持系统观念，着力固根基、扬优势、补短板、强弱项，推动经济社会全面协调可持续发展。

当前，我国经济面临周期性因素和结构性因素叠加、短期问题和长期问题交织等多重影响，可以说困难前所未有。外部冲击倒逼我们加快了自主创新步伐，我国经济长期向好的基本面没有改变。党的坚强领导，我国社会主义制度能够集中力量办大事的制度优势，是实现经济行稳致远、社会安定的根本保证。长期以来，我国积累的雄厚物质基础、丰富人力资源、完整产业体系、强大科技实力，以及我国全球最大最有潜力的市场，是我们推动经济发展和抵御外部风险的根本依托。

（二）风高浪急的国际环境

当今世界正经历百年未有之大变局，但和平与发展仍然是时代主题。新一轮科技革命和产业变革深入发展，国际力量对比深刻调整，人类命运共同体理念深入人心。新兴市场国家和发展中国家快速崛起，世界经济格局正在发生近代以来最具革命性的变化。新兴市场和发展中经济体占世界经济比重持续提升，对世界经济增长的贡献率已经达到80%，成为全球经济增长的主要动力。经济实力此长彼消，对世界经济、科技、文化、安全、政治格局等都产生深刻影响，推动全球治理体系发生深刻变革，新兴市场国家和发展中国家的国际地位和话语权不断提高。全球治理体系和国际秩序变革加速推进，各国相互联系和依存日益加深，和平发展的大势日益强劲。国际社会面临"治理赤字、信任赤字、和平赤字、发展赤字"四大挑战，解决应对气候变化、加强公共卫生治理等全球性难题必须开展全球行动、全球应对、全球合作，共同走和平共处、互利共赢之路已成为不可阻挡的时代潮流。

我国坚守和平、发展、公平、正义、民主、自由的全人类共同价值，弘扬共商共建共享的全球治理观，坚持人民至上、生命至上，积极履行国际责任，推动克服发达国家和发展中国家发展鸿沟，向世界贡献了中国智慧、提供了中国方案、分享了中国机遇，世界各国人民对构建人类命运共同体的理念更加认同。

同时也要清醒认识到，当前国际环境日趋复杂严峻，不确定性不稳定性明显增加。主要表现在以下三个方面：

一是疫情对世界经济产生深远影响。受新冠肺炎疫情冲击，世界各国产业链都受到不同程度的影响。各国都看到了全球供应链的脆弱性，纷纷把产业链供应链安全置于更加优先的位置，实行"内顾"政策，产业链供应链出现了本土化、区域化趋势，叠加美西方推行的脱钩战略，对我国产业链供应链安全稳定形成新的挑战。必须把发展的战略基点和自主权牢牢掌握在自己手上，既坚持改革开放不动摇，又坚持独立自主、自力更生发展自己，加快构建新发展格局。

二是全球性问题凸显，逆全球化思潮抬头，单边主义、保护主义明显上升。近年来，在应对气候变化，防控传染性疾病，保障粮食安全和能源安全等方面问题和挑战不断出现，给全球治理提出新的课题。特别是乌克兰危机爆发与美西方对俄实施全面制裁进一步恶化了外部环境。我国是最大的能源进口国，全球能源的供应短缺和价格波动对我国能源安全形成挑战。气候变化、新冠肺炎疫情和地缘政治冲突也给世界贸易和投资、全球金融市场稳定、全球粮食安全等造成严重影响。美国等西方发达国家为维护既有利益，还频频采取金融、科技、贸易等手段遏制新兴市场国家和发展中国家，不断挑起贸易摩擦，造成世界经济增长持续低迷，严重阻碍了全球产业链供应链价值链的有序重构。这些对我国应对全球性问题和参与全球治理，既提供了机遇，也提出了新的挑战。

三是美国调整对华战略，对我国千方百计遏制。斗争、竞争、遏制的一面在增强，合作的一面在减弱。以美国为首的一些西方国家不仅在经贸、科技、人文交流等方面设置障碍，而且还以意识形态划线，在各个方面不断制造麻烦，使我国面临着比以往更为严峻的国际环境。这就要求我们认清美国等西方国家的本质，坚定历史自信，增强历史主动，切实办好自己的事情，以泰山压顶不弯腰的战略定力，坚持斗争，战胜任何挑战和困难，确保中国特色社会主义航船行稳致远。

二 加快构建新发展格局意义重大

习近平总书记在党的二十大报告中强调，发展是党执政兴国的第一要务，并明确指出，高质量发展是全面建设社会主义现代化国家的首要任务。要推动高质量发展，必须加快构建以国内大循环为主体、国内国际双循环相互促进的新发展格局。构建新发展格局是适应我国发展新阶段要求、更好贯彻新发展理念的战略抉择和主动布局，对于实现高质量发展和全面建设社会主义现代化国家具有重大而深远的意义。

（一）加快构建新发展格局是推进中国式现代化的必由路径

习近平总书记指出，构建新发展格局明确了我国经济现代化的路径选择。中国式现代化是一项前无古人的伟大事业，我国 14 亿多人口整体迈进现代化社会，规模超过现有发达国家人口的总和，将极大改变世界现代化发展格局，其艰巨性和复杂性前所未有，必须把发展的主导权牢牢掌握在自己手中。我国是一个超大规模经济体，而超大规模经济体可以也必须内部可循环。事实充分证明，加快构建新发展格局，是立足实现第二个百年奋斗目标、统筹发展和安全作出的战略决策，是把握未来发展主动权的战略部署。我们只有加快构建新发展格局，才能夯实我国经济发展的根基、增强发展的安全性稳定性，才能在各种可以预见和难以预见的狂风暴雨、惊涛骇浪中增强我国的生存力、竞争力、发展力、持续力，确保中华民族伟大复兴进程不被迟滞甚至中断，胜利实现全面建成社会主义现代化强国目标。

（二）加快构建新发展格局是推动高质量发展的战略基点

没有坚实的物质技术基础，就不可能全面建成社会主义现代化强国。必须完整、准确、全面贯彻新发展理念，坚持社会主义市场经济改革方向，坚持高水平对外开放，加快构建以国内大循环为主体、国内国际双循环相互促进的新发展格局。习近平总书记在 2017 年中央经济工作会议上指出，高质量发展应该实现生产、流通、分配、消费循环通畅。实现经济循环的畅通无阻，需要把扩大内需战略同深化供给侧结构性改革有机结合起来，供需两端同时发力、协调配合。当前，我国正处于消费扩容提质、产业优化升级的关键时期，对于促进经济循环畅通无阻，实现供给和需求两端的动态平衡、良性互动提出了更高要求。只有加快构建新发展格局，完整、准确、全面贯彻新发展理念，促进生产、分配、流通、消费形成良性循环，才能实现更高质量、更有效率、更加公平、更可持续、更为安全的发展。坚持以推动高质量发展为主题，把实施扩大内需战略同深化供给侧结构性改革有机结合起来，增强国内大循环内生动力和可靠性，提升国际循环质量和水平，加快建设现代化经济体系，着力提高全要素生产率，着力提升产业链供应链韧性和安全水平，着力推进城乡融合和区域协调发展，推动经济实现质的有效提升和量的合理增长。

 高层声音

　　加快构建新发展格局，是推动高质量发展的战略基点。要把实施扩大内需战略同深化供给侧结构性改革有机结合起来，加快建设现代化产业体系。要坚持把发展经济的着力点放在实体经济上，深入推进新型工业化，强化产业基础再造和重大技术装备攻关，推动制造业高端化、智能化、绿色化发展，加快建设制造强省，大力发展战略性新兴产业，加快发展数字经济。要按照构建高水平社会主义市场经济体制、推进高水平对外开放的要求，深入推进重点领域改革，统筹推进现代化基础设施体系和高标准市场体系建设，稳步扩大制度型开放。

——习近平 2023 年 3 月 5 日在参加十四届全国人大一次会议江苏代表团审议时的讲话

（三）加快构建新发展格局是把握发展主动权的必然选择

《习近平新时代中国特色社会主义思想学习纲要（2023 年版)》明确指出，"构建新发展格局是把握未来发展主动权的战略性布局和先手棋，不是被迫之举和权宜之计"。加快构建新发展格局是对我国客观经济规律和发展趋势的自觉把握，明确了我国经济现代化的路径选择，是应对新发展阶段机遇和挑战、贯彻新发展理念的战略抉择。习近平总书记强调，构建新发展格局是适应我国发展新阶段要求、塑造国际合作和竞争新优势的必然选择。我国已开启全面建设社会主义现代化国家的新征程，推动经济高质量发展，更好满足人民日益增长的美好生活需要，客观上都对国内市场主导经济循环提出更高要求。

第三届中国国际消费品博览会在海南海口开幕

从大国经济发展规律看，都是内需为主导，主要发达国家都拥有强大内需市场。从内需潜力看，我国有 14 亿多人口、4 亿多中等收入群体，是全球规模最大、最具发展潜力的消费市场之一。居民消费优化升级空间广阔，国内市场规模还将持续扩张。从供给能力看，我国拥有雄厚物质基础、丰富人力资源、强大科研队伍、较充裕资本积累和最完整产业体系，为提高我国对全球要素资源的吸引力、在全球产业链供应链创新链中的影响力奠定了坚实基础。只有加快构建新发展格局，才能更好利用大国经济纵深广阔的优势，提高我国对全球要素资源的吸引力、在全球产业链供应链创新链中的影响力，使规模效应和集聚效应充分发挥，释放巨大而持久的发展动能。

资料链接

商务部将 2023 年定为"消费提振年",将联合有关部门,调动各地方、行业协会、企业组织开展系列促消费活动,营造"全年乐享 全民盛惠"的浓厚消费氛围,这八个字也是商务部的活动主题。具体安排是"6 + 12 + 52 + N":"6"就是六大主题活动,1~2 月是迎春消费季,3 月是全国消费促进月,此前商务部和北京市举办了启动仪式。后面还有绿色消费季、暑期消费季、金秋购物节、国际消费季等。"12"就是依托进博会等 12 个重点展会,促进供需对接,引领消费趋势。"52"是全年有 52 周,各地将有节奏地安排一些活动,比如"赏冰乐雪欢乐春节""家电焕新 绿享生活""喜迎亚运 嗨购亚洲"。"N"是支持各地结合自己的特色和消费场景,举办各具特色的消费活动。比如说京津冀消费季、上海五五购物节、浙江的"浙里来消费"等。

资料来源:《国务院新闻办就"坚定信心,奋发有为,推动商务高质量发展迈出新步伐"举行发布会》,中国政府网,https://www.gov.cn/xinwen/2023-03/03/content_5744259.htm。

构建国内国际双循环相互促进新发展格局的重点工作

习近平总书记在党的二十大报告中强调，"增强国内大循环内生动力和可靠性，提升国际循环质量和水平"。这是新形势新条件下对构建新发展格局提出的新的重大要求，是新时代新征程全面建设社会主义现代化国家需要采取的重大举措。近年来，构建新发展格局扎实推进，取得了一些成效，思想共识不断凝聚、工作基础不断夯实、政策制度不断完善，但全面建成新发展格局还任重道远。要坚持问题导向和系统观念，着力破除制约加快构建新发展格局的主要矛盾和问题，全面深化改革，推进实践创新、制度创新，不断扬优势、补短板、强弱项。

（一）增强国内大循环内生动力

国内大循环是针对全国范围而言的，是要建设全国统一的大市场，各地不能各自为政、封闭运行，不能搞省内、市内、县内的自我小循环。唯有这样，才能进一步扩大交易范围、拓展市场深度和广度、深化分工体系、提高经济效率，才能有效释放中国作为超大经济体所蕴含的规模经济和范围经济优势。《中共中央　国务院关于加快建设全国统一大市场的意见》强调，"建设全国统一大市场是构建新发展格局的基础支撑和内在要求"。党的二十大报告明确提出，"构建全国统一大市场，深化要素市场化改革，建设高标准市场体系"。2023 年的《政府工作报告》提出，加快建设全国统一大市场，建设高标准市场体系，营造市场化、法治化、国际化营商环境。

专家观点

北京大学马克思主义学院教授王在全：加快建设全国统一大市场，有利于加快完善我国社会主义市场经济体制，破除我国市场体系建设中存在的制度规则不统一、要素资源流动不畅、地方保护和市场分割等问题，提高资源配置效率和公平性，推动加快形成企业自主经营、公平竞争，消费者自由选择、自主消费，商品和要素自由流动、平等交换的现代市场体系，为经济高质量发展提供有力制度支撑。

全国政协委员、南开大学经济研究所教授钟茂初：形成全国统一的市场对于"双循环"的作用主要体现在，一是破除影响市场规模有效扩大的障碍；二是最大限度地减少不同区域间、行业间、群体间、大中小企业间、国企民企间的非市场因素的交易成本；三是通过全国范围内的要素优化配置，最大化地提高各经济主体的效率水平；四是通过全国范围内的要素和商品的自由流通，"倒逼"各经济主体进行创新和产业升级，以获取在统一大市场中的市场竞争力和市场影响力，同时使市场主体之间形成合理的竞争与合作关系（特别是在国际竞争中形成合作优势）；五是使各市场主体在可预期的营商环境中追求中长期的发展目标。

一是强化市场基础制度规则统一。健全市场体系基础制度是市场体系高效运行的根本。要完善统一的产权保护制度，坚持平等保护、全面保护、依法保护各类产权，提高制度化法治化水平；实行统一的市场准入制度，严格落实"全国一张清单"管理模式，推动实现市场准入效能评估全覆盖；维护统一的公平竞争制度，健全公平竞争制度框架和政策实施机制，建立公平竞争政策与产业政策协调保障机制，优化完善产业政策实施方式；健全统一的社会信用制度，推动社会信用体系建设高质量发展，加快推进社会信用立法。

基础设施互联互通是构建全国统一大市场的重要支撑

二是推进市场设施高标准联通。市场设施顺畅联通是经济循环畅通的基础条件。重点是以完善流通网络、畅通信息交互、丰富平台功能为抓手，着力提高市场运行效率。要推动国家物流枢纽网络建设，大力发展多式联运，完善国家综合立体交通网，推进多层次一体化综合交通枢纽建设；进一步优化市场主体信息公示，便利市场主体信息互联互通；深化公共资源交易平台整合共享，研究明确各类公共资源交易纳入统一平台体系的标准和方式，不断完善大宗商品期现货市场交易规则。

三是打造统一的要素和资源市场。要素资源自由流动是提高经济循环效率的重要保障，核心是引导各类要素资源协同向先进生产力集聚。要完善不同类型要素改革举措协同配合的机制，健全城乡统一的土地和劳动力市场，促进人才跨地区顺畅流动；加快发展统一的资本市场，坚持金融服务实体经济；加快培育统一的技术和数据市场，鼓励不同区域之间科技信息交流互动，建立健全数据安全、权利保护等基础制度和标准规范，提高全要素生产率；以建设全国统一的能源市场和培育发展全国统一的生态环境市场为依托，充分发挥资源流动的乘数效应，赋予经济增长强大动能。

四是推进商品和服务市场高水平统一。商品和服务市场是人民群众感受最直接的市场，与民生福祉密切相关。要以人民群众关心、市场主体关切的领域为重点，着力完善质量和标准体系。加快健全商品质量体系，推动重点领域主要消费品质量标准与国际接轨，推进内外贸产品同线同标同质；不断完善标准和计量体系，优化政府颁布标准与市场自主制定标准结构，对国家标准和行业标准进行整合精简；全面提升消费服务质量，围绕住房、教育培训、医疗卫生、养老托育等重点民生领域，推动形成公开的消费者权益保护事项清单，完善纠纷协商处理办法。

五是推进市场监管公平统一。提升政府监管效能是维护市场正常秩序的必然要求。要统一监管规则，加强市场监管行政立法工作，完善市场监管程序，加强市场监管标准化规范化建设，依法公开监管标准和规则；要强化统一执法，统筹执法资源，减少执法层级，统一执法标准和程序，规范执法行为，减少自由裁量权，促进公平公正执法；要全面提升监管能力，完善"双随机、一公开"监管、信用监管、"互联网＋监管"、跨部门协同监管，加快推进智慧监管，建立健全跨行政区域网络监管协作机制。

六是进一步规范不当市场竞争和市场干预行为。强化反垄断，依法查处不正当竞争行为。破除地方保护和区域壁垒，及时清理废除各地区含有地方保护、市场分割、指定交易等妨碍统一市场和公平竞争的政策，全面清理歧视外资企业和外地企业、实行地方保护的各类优惠政策，对新出台政策严格开展公平竞争审查。清理废除妨碍依法平等准入和退出的规定做法，不得设置不合理和歧视性的准入、退出条件以限制商品服务、要素资源自由流动。持续清理招标采购领域违反统一市场建设的规定和做法。

（二）增强国内大循环可靠性

在世界百年未有之大变局加速演进的形势下，来自外部的打压遏制随时可能升级，"脱钩""断链"风险加剧，需要树立底线意识、强化极限思维，坚决打赢关键核心技术攻坚战，着力提升产业链供应链韧性和安全水平，不断提升战略性资源供应保障能力，切实增强国内大循环的可靠性，确保在极端情况下我国经济建设正常运行和社会大局保持稳定。

一是强化高水平科技自立自强。坚决打赢关键核心技术攻坚战。把突破关键核心技术作为当务之急，尽快改变关键领域受制于人的局面。我们要完善党中央对科技工作统一领导的体制，健全新型举国体制，强化国家战略科技力量，优化配置创新资源，使我国在重要科技领域成为全球领跑者，在前沿交叉领域成为开拓者，力争尽早成为世界主要科学中心和创新高地。要实现科教兴国战略、人才强国战略、创新驱动发展战略有效联动，坚持教育发展、科技创新、人才培养一体推进，形成良性循环；坚持原始创新、集成创新、开放创新一体设计，实现有效贯通；坚持创新链、产业链、人才链一体部署，推动深度融合。

 资料链接

2023 年 5 月，习近平总书记在河北考察时指出，"加快建设科技强国是全面建设社会主义现代化国家、全面推进中华民族伟大复兴的战略支撑，必须瞄准国家战略需求，系统布局关键创新资源，发挥产学研深度融合优势，不断在关键核心技术上取得新突破。""要把北京科技创新优势和天津先进制造研发优势结合起来，加强关键技术联合攻关，共建京津冀国家技术创新中心，提升科技创新增长引擎能力。"

　　二是加快实现产业体系升级发展。新发展格局以现代化产业体系为基础，经济循环畅通需要各产业有序链接、高效畅通。习近平总书记在中共中央政治局第二次集体学习时强调："优化生产力布局，推动重点产业在国内外有序转移，支持企业深度参与全球产业分工和合作，促进内外产业深度融合，打造自主可控、安全可靠、竞争力强的现代化产业体系。"因此我们要继续把发展经济的着力点放在实体经济上，既要顺应产业发展大势，注重各产业、各要素的内在关联性，协同推进产业链上中下游和大中小企业融通发展，推动短板产业补链、优势产业延链，传统产业升链、新兴产业建链，增强产业发展的接续性和竞争力；又要深化改革健全区域战略统筹、市场一体化发展等机制，优化生产力布局，推动重点产业在国内外有序转移，支持企业深度参与全球产业分工和合作，促进内外产业深度融合，打造自主可控、安全可靠、竞争力强的现代化产业体系。

　　三是加快发展数字经济。习近平总书记在主持中共十九届中央政治局第三十四次集体学习时的讲话中提到，"数字经济健康发展，有利于推动构建新发展格局"。要以数字经济壮大国内循环、协调推进"双循环"，使其赋能于构建新发展格局，是我国加快推进高质量发展的重要抓手。提高数字技术基础研发能力，加快解决数字领域关键核心技术受制于人的问题，加强新一代数字技术产业布局，抢占未来竞争制高点。培育壮大新兴数字产业，提升通信设备、核心电子元器件、关键软件等相关产业发展水平。加快建设新一代移动通信、数据中心等数字基础设施，提升数据处理水平，促进信息高效联通和开发利用。深化新一代信息技术与制造业融合发展，深入实施智能制造工程，推进制造业数字化、网络化、智能化，创新发展智慧农业，推进"数商兴农"。发挥我国市场规模、人力资源和金融体系优势，充分发挥市场机制和企业主体作用，支持数字企业发展壮大，推动数字产业创新发展，培育一批具有国际竞争力的生态主导型企业和数字产业集群。加快构建数据基础制度体系，完善数据产权、交易、监管等机制，推动平台经济规范健康持续发展，支持平台企业加强技术创新，赋能实体经济转型升级，提升国际化水平，在引领发展、创造就业、国际竞争等方面发挥更大作用。

数据链接

根据《数字中国发展报告（2022 年）》显示，2022 年，我国网民规模达 10.67 亿，互联网普及率达 75.6%，数字经济规模达 50.2 万亿元，稳居世界第二，同比名义增长 10.3%，占 GDP 比重提升至 41.5%。截至 2022 年底，我国开通 5G 基站 231.2 万个，5G 用户达 5.61 亿户，全球占比超 60%。移动物联网终端用户数达 18.45 亿户，成为全球主要经济体中首个实现"物超人"的国家。2022 年，我国信息领域相关 PCT 国际专利申请近 3.2 万件，全球占比达 37%，数字经济核心产业发明专利授权量 33.5 万件，同比增长 17.5%。5G 实现技术、产业、网络、应用领先，6G 加快研发布局。在集成电路、人工智能、高性能计算等方面取得重要进展。2022 年，我国市值排名前 100 的互联网企业总研发投入达 3384 亿元。

（三）提升国际循环质量和水平

1. 继续扩大商品和要素流动型开放

强化我国国内市场形成的强大生产和消费能力，更好发挥其对全球商品和要素资源的强大吸引力，更好推动其向提升对外整合产业链供应链能力转换。推动货物贸易优化升级，协调推进新业态新模式创新发展，扩大优质产品进口。创新服务贸易发展机制，建立健全跨境服务贸易负面清单管理制度，建设国家服务贸易创新发展示范区。加快发展数字贸易，建设国家数字服务出口基地，打造数字贸易示范区，提升贸易数字化水平。合理缩减外资准入负面清单，实施好新版鼓励外商投资产业目录，吸引更多外资投向先进制造、节能环保、数字经济、研发等领域，落实好外商投资法，依法保护外商投资权益。以国际高标准、高水平为标杆，持续推动贸易和投资自由化便利化，全力打造市场化、法治化、国际化一流营商环境。

作为我国首批沿海开放城市，河北省秦皇岛市积极打造沿海经济崛起带

持续深化"一带一路"经贸合作，坚持共商共建共享原则，推进基础设施互联互通，支持中欧班列发展，建设国际陆海贸易新通道，高水平建设境外经贸合作区，积极推进数字丝绸之路建设。夯实双边合作基础，促进大国协调和良性互动，深化同周边国家经贸关系，加强与发展中国家团结合作，扩大互利共赢。参与全球性议题探讨和规则制定，在贸易投资、数

字经济、绿色低碳等领域，贡献更多中国智慧、中国方案，维护多元稳定的国际经济格局和经贸关系。

2. 稳步扩大规则、规制、管理、标准等制度型开放

主动对接高标准国际经贸规则。积极申请并签署更高标准的双边及多边自由贸易协定，通过对标自由贸易协定中的高标准规则倒逼国内市场化改革，加快推进制度型开放进程。

RCEP 成员国	中国对成员国立即零关税比例（%）	成员国对中国立即零关税比例（%）
文莱	67.9	76.5
柬埔寨	67.9	29.9
印度尼西亚	67.9	65.1
老挝	67.9	29.9
马来西亚	67.9	69.9
缅甸	67.9	30
菲律宾	67.9	80.5
新加坡	67.9	100
泰国	67.9	66.3
越南	67.9	65.8
日本	25	57
韩国	38.6	50.4
澳大利亚	64.7	75.3
新西兰	65	65.5

中国与 RCEP 成员国相互立即零关税比例

充分利用《区域全面经济伙伴关系协定》（RCEP）正式生效带来的发展机遇，主动对接《全面与进步跨太平洋伙伴关系协定》（CPTPP）和《数字经济伙伴关系协定》（DEPA）等高水平自由贸易协定规则，进一步健全完善自由贸易区规则标准，不断提升我国全球要素资源配置水平。打造制度型开放高地，应充分发挥好自由贸易试验区和自由贸易港制度改革和创新的"先行先试"作用，全面实施"准入前国民待遇 + 负面清

单"管理制度，进一步完善外资准入管理制度，推动和落实金融、医疗、教育、文化等领域开放，进一步放宽市场准入，合理压缩负面清单，形成更多有国际竞争力的制度创新成果，为中国加入《全面与进步跨太平洋伙伴关系协定》（CPTPP）等高标准自由贸易协定和更好参与国际经贸规则制定创造条件。

 资料链接

《区域全面经济伙伴关系协定》（Regional Comprehensive Economic Partnership Agreement，RCEP）是由东盟与中国、日本、韩国、澳大利亚、新西兰等自贸伙伴共同推动达成的大型区域贸易协定。RCEP 由东盟于 2012 年发起，在历经 8 年共计 31 轮正式谈判后，最终 15 方达成一致，于 2020 年 11 月 15 日签署 RCEP。2022 年 1 月 1 日，RCEP 在文莱、柬埔寨、老挝、新加坡、泰国、越南等 6 个东盟成员国和中国、日本、澳大利亚、新西兰 4 个非东盟成员国正式生效实施；2 月 1 日在韩国生效实施，3 月 18 日在马来西亚生效实施；5 月 1 日在中国与缅甸之间生效实施。

《全面与进步跨太平洋伙伴关系协定》（Comprehensive and Progressive Agreement for Trans - Pacific Partnership，CPTPP）是亚太国家组成的自由贸易区。2018 年 3 月 8 日，参与"全

面与进步跨太平洋伙伴关系协定"谈判的 11 国代表在智利首都圣地亚哥举行协定签字仪式。12 月 30 日，全面与进步跨太平洋伙伴关系协定正式生效。2021 年 9 月 16 日，中国正式提出申请加入《全面与进步跨太平洋伙伴关系协定》。

《数字经济伙伴关系协定》（Digital Economy Partnership Agreement，DEPA）由新西兰、新加坡、智利于 2019 年 5 月发起、2020 年 6 月签署，是全球首份数字经济区域协定。2022 年 8 月 18 日，根据《数字经济伙伴关系协定》（DEPA）联合委员会的决定，中国加入 DEPA 工作组正式成立，全面推进中国加入 DEPA 的谈判。

主动参与国际经贸规则制定。我国要主动担当作为，积极参与国际经济贸易领域相关规则制定，推动形成公正合理透明的国际规则体系，增强我国在全球治理体系变革中的话语权和影响力，推动经济全球化朝着更加开放、包容、普惠、平衡、共赢方向发展。一方面，可通过深入实施《区域全面经济伙伴关系协定》（RCEP）和高质量共建"一带一路"，为国际社会提供新的制度型公共产品；另一方面，积极推动互联网、物联网、大数据、区块链等新技术与传统领域结合所产生的新领域新模式新业态的国际规则制定，推动相关制度规则成为全球共识，努力在数字贸易规则制定中担当倡议者、推动者、引领者。

 **高层声音**

中国将继续扩大开放，着力推动规则、规制、管理、标准等制度型开放，持续营造市场化、法治化、国际化营商环境。中国将更加积极参与双边、多边和区域合作，同各国实现更高水平的互利共赢。

——2021 年 2 月 9 日，习近平在中国—中东欧国家领导人峰会上的主旨讲话

中国坚持以高水平开放促进高质量发展，不断放宽服务领域市场准入，提高跨境服务贸易开放水平，拓展对外开放平台功能，努力构建高标准服务业开放制度体系。

——2022 年 8 月 31 日，习近平致 2022 年中国国际服务贸易交易会的贺信

中国愿同所有国家在相互尊重、平等互利的基础上和平共处、共同发展。中国将坚持实施更大范围、更宽领域、更深层次对外开放，坚持走中国式现代化道路，建设更高水平开放型经济新体制，继续同世界特别是亚太分享中国发展的机遇。

——2022 年 11 月 18 日，习近平在亚太经合组织第二十九次领导人非正式会议上的讲话

推进高水平对外开放，稳步推动规则、规制、管理、标准等制度型开放，增强在国际大循环中的话语权。

——2023 年 1 月 31 日，习近平在中共中央政治局第二次集体学习时强调

要不断扩大高水平对外开放，深度参与全球产业分工和合作，用好国内国际两种资源，拓展中国式现代化的发展空间。

——2023 年 2 月 7 日，习近平在新进中央委员会的委员、候补委员和省部级主要领导干部学习贯彻习近平新时代中国特色社会主义思想和党的二十大精神研讨班开班式上的讲话

当前，世界百年未有之大变局加速演进，局部冲突和动荡频发，世界经济复苏动力不足。促进复苏需要共识与合作。中国提出全球发展倡议，得到国际社会的广泛支持和积极响应。中国将坚持对外开放的基本国策，坚定奉行互利共赢的开放战略，不断以中国新发展为世界提供新机遇。中国将稳步扩大规则、规制、管理、标准等制度型开放，推动各国各方共享制度型开放机遇。

——2023 年 3 月 26 日，习近平向中国发展高层论坛2023 年年会致贺信

要进一步推进体制机制改革和扩大对外开放，下大力气优化营商环境，积极同国内外其他地区沟通对接，打造全国对外开放高地。

——2023 年 5 月 12 日，习近平在深入推进京津冀协同发展座谈会上强调

3. 更好统筹发展和安全，增强忧患意识，做到居安思危

我们需要加强国际合作，在开放中谋求自身安全，扩大共同安全。高水平对外开放要统筹发展和安全，体现在更加注重开放安全，坚持总体国家安全观，坚持独立自主与扩大开放有机结合，深刻认识扩大开放中面临的新问题新挑战，把握好扩大开放的力度、速度和程度，以开放增实力防风险，炼就金刚不坏之身。着力增强自身竞争能力、开放监管能力、风险防控能力。坚持以开放促发展强安全，着力提升产业链供应链韧性和安全水平，在高水平对外开放中增强综合实力。加强事中事后监管，完善外商投资国家安全审查等制度，为开放发展上好"保险"。贯彻总体国家安全观，增强底线思维和风险意识，防范化解重大风险，在更高开放水平上动态维护国家经济安全。

第四章

着力推进供给侧结构性改革和扩大内需战略有机结合

供给和需求是经济发展的一体两面。党的二十大报告提出，"把实施扩大内需战略同深化供给侧结构性改革有机结合起来"。这是积极应对国内外环境变化、增强发展主动性的长久之策，是适应经济发展客观趋势的必然要求，是全面建设社会主义现代化国家的实践要求，是推动经济持续健康发展的重要基础。当前，世界经济复苏乏力，全球通胀持续高企，外需可能进一步波动收缩，一些国家试图通过脱钩断链等方式，阻碍我国经济发展和结构升级。从国内看，我国有 14 亿多人口，有世界上最大规模的中等收入群体，居民收入水平和消费水平不断提高，具有超大规模的市场优势。这都要求我们把发展放在自身力量的基础上，更好统筹供给侧结构性改革和扩大内需，加快形成需求牵引供给、供给创造需求的更高水平动态平衡，为高质量发展提供有力支撑。

一 供给侧结构性改革的总体脉络梳理

供给侧结构性改革是中国经济发展的重要战略，是推动新发展格局建设的关键着力点，提高供给质量和效益的实现载体。其核心在于推动生产要素从低端向高端转移，提高供给质量和效率，满足人民日益增长的美好生活需要。通过"三去一降一补""破立降"和"巩固、增强、提升、畅通"不同阶段的改革，我国供给质量水平得到显著提升，产业基础能力和产业链水平有所提升，国民经济循环得到有效畅通。

 资料链接

推进供给侧结构性改革，是适应和引领经济发展新常态的重大创新，是适应国际金融危机发生后综合国力竞争新形势的主动选择，是适应我国经济发展新常态的必然要求。

资料来源：《习近平关于社会主义经济建设论述摘编》，中共文献出版社 2017 年版。

（一）什么是供给侧结构性改革

供给侧结构性改革是指通过改革供给侧结构，优化供给结构，提高供给质量和效率，满足人民日益增长的消费需求和产业升级需求，推动经济转型升级、提高国际竞争力的一种改革。它旨在通过调整产业结构、优化企业布局、加快技术创新、推进市场化改革、提高生产效率等手段，从根本上解决当前我国经济增速放缓、结构性问题突出、发展动力不足等问题。

供给侧结构性改革与西方经济学的供给学派不是一回事。兴起于上世纪70年代的西方供给学派强调供给会自动创造需求，通过减税提高人们储蓄、投资的能力和积极性，进而增加生产和供给。其理论局限性在于过分突出税率的作用，思想方法比较绝对，只注重供给而忽视需求、只注重市场功能而忽视政府作用。供给侧结构性改革则是要用改革的办法推进结构调整，减少无效和低端供给，扩大有效和中高端供给，增强供给结构对需求变化的适应性和灵活性，提高全要素生产率。核心理念是以市场为导向，以供给侧为主线，通过优化供给结构、提高供给质量，来激发和满足消费需求和产业升级需求。

总之，供给侧结构性改革是在中国经济新常态下，为了适应经济发展的新趋势，推动中国经济由高速增长向高质量发展转型而进行的一项重大战略性改革。通过加快产业转型升级、推进科技创新、优化资源配置、提高供给质量和效率等措施，实现中国经济的持续健康发展。

（二）供给侧结构性改革的发展历程

1. 供给侧结构性改革初期阶段："三去一降一补"

"供给侧结构性改革"的提法，最早出现于2015年的中央财经领导小组第十一次会议。彼时，经过 30 多年高速增长的中国经济，正进入一个新发展阶段——经济增速持续回落且 CPI 持续低位运行、居民收入有所增加但企业利润率下降、消费上升而投资下降，等等。这些主要经济指标之间的背离，已无法用传统的经济学理论加以解释，需要有新的理论予以指导，即要从结构上、生产端、供给侧入手，寻找破解矛盾之路。为此，中央提出要促进过剩产能、房地产库存有效化解，去杠杆以防范化解金融风险，降低成本以帮助企业保持竞争优势。同年 12 月 18 日的中央经济工作会议明确指出要把"三去一降一补"作为今后一个时期经济社会发展的五大政策支柱。

 名词解释

"三去一降一补"，即去产能、去库存、去杠杆、降成本、补短板。

2. 供给侧结构性改革接续阶段："破""立""降"

随着供给侧结构性改革的持续推进，一些深层次问题日益显现。比如去产能市场化、法治化手段有待完善；房地产领域深层次矛盾亟待解决；降成本诸多体制机制障碍尚未消除；制造业发展困难犹存。为此，中央在 2017 年 12 月召开的中央经济工作会议上对深化供给侧结构性改革进行了进一步的部署，提出深化要素市场化配置改革，重点在"破""立""降"上下功夫。"破"，就是大力破除无效供给，把处置"僵尸企业"作为重要抓手，推动化解过剩产能。"立"，就是大力培育新动能，强化科技创新，推动传统产业优化升级，培育一批具有创新能力的排头兵企业。"降"，就是大力降低实体经济成本，降低制度性交易成本，清理涉企收费，降低用能、物流成本。通过"破""立""降"改革，推动中国制造向中国创造转变，中国速度向中国质量转变，制造大国向制造强国转变。

专家观点

国家行政学院研究员张春晓认为，"破""立""降"将为深化供给侧结构性改革保驾护航，劳动力、土地、资本、技术、信息等各要素全面发力，才能实现内涵式增长，使经济有质量的全面提升。

资料来源：《我国供给侧结构性改革将"破""立""降"》，中国政府网，https：//www.gov.cn/xinwen/2017 – 12/20/content_5248929.htm。

3. 供给侧结构性改革深化阶段："巩固、增强、提升、畅通"

"三去一降一补"和"破""立""降"改革的深入开展，供给侧结构性改革取得了重要阶段性成效。钢铁、煤炭"十三五"去产能目标基本完成，一大批"散乱污"企业出清，工业产能利用率稳中有升，传统产业加快改造，科技创新成果不断涌现，新动能加快成长，特别是去产能使得重点行业供求关系发生明显变化。2018年12月中央经济工作会议指出，"必须坚持以供给侧结构性改革为主线不动摇"，并将"巩固、增强、提升、畅通"八个字作为当前和今后一个时期深化供给侧结构性改革、推动经济高质量发展总的要求。

 资料链接

"巩固"是要巩固"三去一降一补"成果，加大破、立、降力度，通过处置"僵尸企业"，推动更多产能过剩行业加快出清；"增强"是要增强微观主体活力，发挥企业和企业家主观能动性，促进正向激励和优胜劣汰，发展更多优质企业。"提升"是要提升产业链水平，提升我国在全球供应链、产业链、价值链中的地位。"畅通"是指畅通经济循环，加快建设统一开放、竞争有序的现代市场体系。

资料来源：《聚焦"八字方针"深化供给侧结构性改革》，载于《经济日报》2019年1月17日。

（三）供给侧结构性改革的显著成效

1. 供给质量水平显著提升

供给侧结构性改革的目的是通过优化供给结构，提高供给质量，推动经济发展模式的转型升级。在此过程中，供给质量水平的显著提升是一个重要的成果。一方面，供给侧结构性改革促进了经济结构的调整。通过淘汰低效产能，优化产业结构，加强环保治理等措施，推动了供给结构的升级。另一方面，供给侧结构性改革还促进了企业的技术创新。随着经济的发展，市场竞争日益激烈，企业不得不加强技术创新，提高产品的质量和性能，以满足市场需求。在供给侧结构性改革的推进下，一些传统行业加快了技术创新，推出了更加先进的产品，提高了企业的竞争力。

2. 产业基础能力和产业链水平有所提升

在供给侧结构性改革的推进过程中，中国的产业基础能力和产业链水平得到了显著提升。一方面，加强了技术研发和创新能力的建设。通过加强科技投入、加强人才培养、加强知识产权保护等措施，中国在高端装备制造、新材料、新能源、生物医药等领域取得了重大突破，提升了产业基础能力。另一方面，加强了产业链的建设。通过加强产业协同、优化供应链、推动产业转型升级等措施，中国加强了产业链上下游的协同，推动了传统产业向智能化、绿色化、低碳化方向转型升级，提升了产业链水平。

 名词解释

产业基础能力是指一个国家或地区在一定时期内所具备的产业技术、人才、设备、资金、管理等方面的综合实力，是支撑产业发展的基础。

产业链则是指不同企业、组织和机构之间的相互关系，包括供应商、制造商、分销商和消费者等，是产业发展的重要支撑。

 高层声音

要打造具有战略性和全局性的产业链，围绕"巩固、增强、提升、畅通"八字方针，支持上下游企业加强产业协同和技术合作攻关，增强产业链韧性，提升产业链水平，在开放合作中形成更强创新力、更高附加值的产业链。

——2019 年 8 月 26 日，习近平在中央财经委员会第五次会议上的讲话

3. 国民经济循环得到有效畅通

供给侧改革的目的之一是优化供给结构，通过改革和创新，使得我国经济循环更加顺畅。通过加强内外需联动，加强产业链协同发展，我国经济内部循环得到了有效畅通，同时外部市场也得到了更好的开发和利用。一方面，通过完善金融体系和资本市场，优化了资金链，加强了对实体经济的支持。同时，通过加强人才培养和引进，优化人才链，提高了企业创新能力和核心竞争力。另一方面，通过加强与国际市场的联系，引进外资和先进技术，推动产业转型升级，促

进经济结构优化。

"一带一路"持续为世界提供新机遇

 151国
截至目前,我国已与151个国家、32个国际组织签署200余份共建"一带一路"合作文件,成为25个沿线国家最大的贸易伙伴。

 1.6万列
2022年全年开行中欧班列1.6万列、发送160万标箱,同比分别增长9%、10%;西部陆海新通道班列发送货物75.6万标箱,同比增长18.5%。

 3979亿元
截至2022年底,我国企业在沿线国家建设的合作区已累计投资3979亿元,为当地创造了42.1万个就业岗位。

 31个
2022年,我国全年与相关国家签署绿色发展、数字经济、蓝色经济等领域投资合作备忘录达到了31个,为共建"一带一路"拓展了更大的发展空间。

 32.9%
2022年,我国与"一带一路"沿线国家的进出口规模创历史新高,占我国外贸总值的比重达32.9%,较上年提升了3.2个百分点,较共建"一带一路"倡议提出的2013年提升了7.9个百分点。

 3200万人
世界银行预计,到2030年共建"一带一路"有望帮助全球760万人摆脱极端贫困、3200万人摆脱中度贫困,并将使参与国贸易增长2.8%至9.7%、全球贸易增长1.7%至6.2%、全球收入增加0.7%至2.9%。

共建"一带一路"倡议十周年硕果累累

 ## 二 深刻理解全面实施扩大内需战略

扩大内需战略是加快构建新发展格局的关键着力点,是促进经济回升向好的紧迫要求,是应对外部风险挑战、保持我国经济长期向好发展趋势的战略基点,是推动经济持续健康发展的重要基础,是彰显大国担当的主动选择,也是坚持以人民为中心的发展思想的必然要求。实施扩大内需战略的意义在于,在当前国内外多重挑战下,实施扩大内需战略可以增强我国经济发展的韧性和自主性,为经济发展注入强劲动力。

（一）扩大内需战略的内涵

我国是一个拥有 14 亿人口、9 亿劳动力、超 4 亿中等收入群体的经济大国，具有超大规模市场优势，内需在我国经济发展中始终占有重要地位，扩大内需是满足人民日益增长的美好生活需要的必然要求。20 世纪 90 年代末，为了应对亚洲金融危机，扩大内需被作为国家战略首次提出。经过党的十八大、十九大，扩大内需战略不断得到完善充实。党的十九届五中全会更是把"坚持扩大内需"提到了"战略基点"的高度。2022 年，党的二十大更进一步提出要"把实施扩大内需战略同深化供给侧结构性改革有机结合起来"。同年，中央印发了《扩大内需战略规划纲要（2022—2035 年)》，明确了中国未来一段时期扩大内需的发展目标和重点任务。

实施扩大内需战略，首先要把握扩大内需战略的新内涵，找准发力方向。扩大内需战略是指在经济发展中，通过增加国内消费和投资需求，促进经济增长，以此为基础推动产业升级和结构调整，实现经济持续健康发展的战略。从投资看，传统产业出现了产能过剩，铁路、公路等传统基础设施建设也已进入成熟期。从消费看，传统消费市场需求已经趋于饱和。这表明，实施扩大内需战略，必须摆脱传统思路束缚，统筹推进传统基础设施"补短板"与新型基础设施建设、传统消费升级与新兴消费培育、内需结构升级与空间优化，激活我国超大规模市场的新型需求潜力，形成能够有效抵御冲击、强健可持续的内需主导型增长体系，开创经济高质量发展新局面。

扩大内需战略是综合性系统性的部署，要统筹好供给和需求、消费和投资、内需和外需、数量和质量、国内和国际、速度和效益、效率和公平、发展和安全等重大关系。坚定实施扩大内需战略，把我国超大规模市场优势和内需潜力充分激发出来，将有力推动我国经济攻坚克难，把疫情造成的损失和外部环境影响降到最低限度。

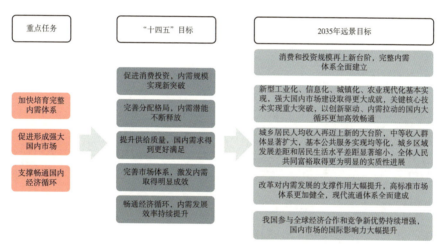

《扩大内需战略规划纲要（2022—2035年）》任务目标

（二）坚定实施扩大内需战略的意义

1. 加快构建新发展格局的关键着力点

在新发展格局下，经济发展的内外环境发生了深刻变化，传统的外向型发展方式已经难以为继。扩大内需是新发展格局的重要支撑，是适应经济发展新环境的必然要求。实施扩大内需战略可以促进消费投资。随着人民生活水平的提高和消费观念的转变，消费需求不断扩大。实施扩大内需战略，可以通过调整收入分配结构、改善民生福利、加强品牌建设等措施，激发消费潜力，扩大消费规模。同时，通过加大投资力度，推动基础设施建设、扩大制造业投资、加大环保投入等，进一步推动内需增长。实施扩大内需战略，可以通过加大科技创新、推进制造业转型升级、推动绿色低碳发展等措施，推动供给侧结构性改革，提升供给质量，为满足国内需求提供更好的产品和服务。

2. 推动经济持续健康发展的重要基础

中国经济正面临结构性调整的挑战，需要通过扩大内需来促进经济结构的优化。通过扩大消费需求和加强投资的引导，可以促进产业结构的调整和优化，提高供给侧的质量和效率，从而实现经济结构的升级和优化。扩大内需是实现可持续发展的重要保障。在经济增长的同时，还需要关注环境和资源的保护，实现经济、社会和环境的协调发展。扩大内需可以促进绿色低碳产业的发展，提高资源利用效率和环境保护水平，从而实现经济的可持续发展。扩大内需战略可以实现经济发展和社会进步的良性循环。

3. 彰显大国担当的主动选择

当今世界正在经历百年未有之大变局。国际形势不稳定性不确定性增强，全球经济复苏面临巨大阻力。根据联合国发布的《2023 年世界经济形势与展望》报告，受多重危机交汇的影响，世界经济前景暗淡且存在不确定性。2023 年，全球经济增速预计为 1.9%，成为数十年来增速最低的年份之一。在此背景下，作为世界第二大经济体，中国经济的快速发展已成为全球经济增长的重要动力，扩大内需战略的实施，将使中国经济更加稳健，为全球经济的稳定和发展作出贡献。

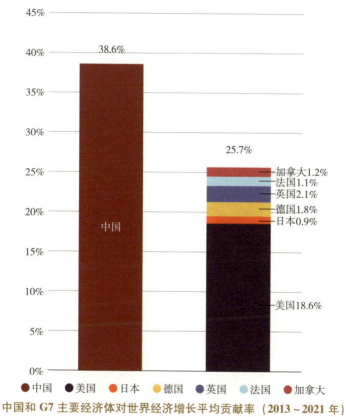

中国和 G7 主要经济体对世界经济增长平均贡献率（2013～2021 年）

资料来源：《世行报告：中国经济十年对世界经济增长贡献率超 G7 总和》，中国政府网，https：//www. gov. cn/xinwen/2022－11/28/content_5729266. htm。

4. 坚持以人民为中心的发展思想的必然要求

中国共产党的初心和使命就是为人民服务，让人民过上更加美好的生活。坚持以人民为中心的发展思想是推动中国经济发展的关键所在。人民是经济发展的主体和最终受益者。只有把人民的需求和利益放在首位，才能推动中国经济发展不断向更高质量、更高水平迈进。实施扩大内需战略的根本目的是满足人民的需求和提高人民的生活水平。只有把人民的利益放在首位，才能更好地推进供给侧结构性改革和扩大内需战略，实现经济发展和人民福祉的双赢。

📊 典型案例

在党的二十大中央和国家机关代表团讨论现场，中国城市规划设计研究院上海分院院长孙娟代表讲述了上海普陀区曹杨新村改造项目带来的变化。原本楼道里的公共厨卫巧妙腾挪后，每家每户拥有了独立的厨卫；符合条件的老楼加装了电梯，过去蛛网般的架空线消失在地下；与此同时，砖红瓦片、老式木窗等得以保留，让小区留住了历史记忆。2022年8月17日，习近平总书记在辽宁省沈阳市皇姑区三台子街道牡丹社区考察时指出，"老旧小区改造是提升老百姓获得感的重要工作，也是实施城市更新行动的重要内容。"新时代十年来，全国改造棚户区住房四千二百多万套。老旧小区居住条件的显著改善，成为我们党坚持人民至上价值追求的一个生动写照。

资料来源:《坚持以人民为中心的发展思想》，载于《人民日报》2022 年 10 月 28 日。

（三）实施扩大内需战略的着力方向

1. 促进消费与投资，推动内需规模实现新突破

党的二十大报告中明确提出，"着力扩大内需，增强消费对经济的发展的基础性作用和投资对优化供给结构的关键作用。"当前，我国居民消费提质扩容潜力巨大，消费结构逐渐升级，多样化、个性化、品质化的消费趋势愈发明显。例如，电器类的洗地机、衣物消毒机、油烟净化器，日用品类的留香珠、洗衣凝珠，运动户外品类的瑜伽装备、各类健身器械等，都已成为消费者"购物车"里的常客。同时，补短板锻长板投资需求旺盛，加强消费和投资的协同作用，可以有效地扩大内需规模。通过提高消费者信心和消费者购买力，鼓励人们增加消费，进而带动产业链条的发展。同时，加大投资力度，特别是加强基础设施建设和科技创新投资，可以提高经济发展的质量和效益，为内需的不断扩大提供更加牢固的基础。

2. 完善分配格局，内需潜能不断释放

改革开放，特别是党的十八大以来，我国居民收入较快增

长，收入结构不断改善，城乡和地区居民收入差距不断缩小，居民消费水平持续提高，生活质量稳步提升。但也存在着一些问题，比如收入差距仍然处于高位，合理的收入分配格局尚未形成，劳动收入占比较低。因此，推动内需的增长，需要从改善分配格局入手，提升居民收入水平，增强消费能力，激发内需潜能。构建初次分配、再分配、第三次分配协调配套的制度体系。改革完善初次分配制度，着力创造一个更加公平的市场环境，尽可能促进实现机会均等，努力提高居民收入在国民收入分配中的比重，提高劳动报酬在初次分配中的比重，努力提高中等收入家庭人口比重，多渠道增加城乡居民财产性收入。要加大收入分配调节力度，提高低收入群体的收入水平，增强其消费能力。加强社会保障体系的建设，保障低收入群体的基本生活需求。

📚 名词解释

初次分配是根据土地、资本、劳动力、数据等各种生产要素在生产过程中的贡献进行分配。市场在生产要素配置中发挥决定性作用，根据各种生产要素的边际贡献决定的要素价格来进行要素报酬分配，是我国社会主义市场经济初次分配的基本原则。发挥市场在初次分配中的决定性作用，可以优化生产要素的配置，提高生产效率，更好地做大蛋糕，体现了效率优先的原则，也是高质量发展的本质要求。

再分配是指政府根据法律法规，在初次分配的基础上通过征收税收和政府非税收入，在各收入主体之间以现金或实物进行的收入再次分配过程。与初次分配不同，再分配中起主导作用的是政府，强调公平的原则，具有通过国家权力强制进行的特征。除了公平的目标外，再分配也通过教育、健康等基本公共服务的提供，创造机会平等的养教环境，以提升社会经济发展的可持续性。

三次分配主要是企业、社会组织、家族、家庭和个人等基于自愿原则和道德准则，以募集、捐赠、资助、义工等慈善、公益方式对所属资源和财富进行分配。社会组织和社会力量是三次分配的中坚力量。

3. 提升供给质量，国内需求得到更好满足

随着人民生活水平的不断提高，消费结构不断升级，从传统消费转向新兴消费，从商品消费转向服务消费，由模仿型、同质化、单一化向差异化、个性化、多元化转变。提升供给质量可以满足消费升级的需求。引导企业增加性价比高的商品和服务供给，既要对传统产品升级改造，也要在用户、品类、体验、方式等多个维度进行全面拓新。不断提升国内供给质量水平，更好满足居民中高端消费需求。利用互联网等技术创新，

通过融合、体验，让零售、文化产业和服务业有机结合，塑造消费新场景，推动文化、旅游、医疗健康、生活服务等服务性消费快速增长。通过跨界经营和产品迭代，把扩大消费同改善人民生活品质有机结合起来，推动打造高质量消费供给体系。

专家观点

国务院发展研究中心市场经济研究所研究员陈丽芬认为：新消费的潜力是很大的，它主要是由年轻的消费群体来作为主要的引领，沉浸式、体验式的消费会更加迸发出它的活力和潜力，新的一些零售企业更是挖掘新消费的潜力和模式，来创新场景吸引消费者。

4. 完善市场体系，激发内需取得明显成效

市场体系是经济运行的基础性制度，是实现内需扩大的关键因素之一。当前，我国消费市场的主体是居民消费，其增长对于内需扩大至关重要。要进一步完善市场体系，建立健全消费者权益保护体系，提高消费者权益保护的法律法规和标准，加强消费者权益保护的监督和执法力度，增强消费者的信心和安全感，从而推动消费市场的发展。建立健全投资市场的法律法规和标准，规范投资市场的行为，加强投资市场的监管和执法力度，提高投资市场的透明度和公正性，从而增强投资市场的吸引力和稳定性，推动投资市场的发展。

三　供给侧结构性改革和扩大内需战略有机结合

供给侧结构性改革和扩大内需战略的有机结合是中国经济发展的必由之路。只有通过不断深化改革，优化供给结构，扩大内需，才能实现经济高质量发展，推动中国经济向着更高水平、更高质量的方向迈进。

 高层声音

要坚持以推动高质量发展为主题，把实施扩大内需战略同深化供给侧结构性改革有机结合起来，增强国内大循环内生动力和可靠性，提升国际循环质量和水平，加快建设现代化经济体系，着力提高全要素生产率，着力提升产业链供应链韧性和安全水平，着力推进城乡融合和区域协调发展，推动经济实现质的有效提升和量的合理增长。

——2022 年 10 月 16 日，习近平在中国共产党第二十次全国代表大会上的报告

（一）供给侧结构性改革和扩大内需战略有机结合的时代背景

1. 应对国内外多重挑战的主动选择

当前，中国面临着国内外多重挑战，迫切需要采取主动措

施来应对。一方面，当今世界经济格局正在发生重大变化，以美国为首的西方国家对中国遏制日渐加强，逆全球化浪潮涌现，推进供给侧结构性改革和扩大内需战略有机结合，可以有效应对国际贸易保护主义抬头的挑战。另一方面，随着中国经济进入新常态，经济增长速度已经从过去的高速增长转向中高速增长，需要通过调整经济结构、提高供给质量、扩大内需等措施来稳定经济增长。推进供给侧结构性改革和扩大内需战略有机结合，可以有效应对经济增长速度放缓的挑战。

 名词解释

全球化是指世界全国及地区在经济、贸易、技术、文化及政治等各个维度方面的整合。

逆全球化是指一个把全世界各国及地区因为全球化而导致的相互依赖及整合回退的一个过程。

2. 适应经济发展客观趋势的必然要求

一方面，随着我国经济的快速发展，人民对于生活品质和消费水平的要求也越来越高。传统的出口和投资驱动模式只注重经济规模的扩大，而忽视了人民对于生活品质和消费水平的需求。因此，扩大内需可以满足人民对于生活品质和消费水平的需求，推动消费市场的发展，从而实现经济持续健康发展。另一方面，随着我国经济的转型升级，产业结构也发生了变化。传统的出口和投资驱动模式主要依赖于低端制造业和基础设施建设，而这些行业的增长空间已经越来越小，不能满足经济发展的需求。必须要促进新兴产业的发展，提高供给质量和效率，推动经济结构的转型升级。

专家观点

中国社会科学院经济研究所所长黄群慧认为：实施扩大内需战略，并不意味着可以仅从需求侧单向突进促进经济增长、构建新发展格局，并不意味着供给侧结构性问题已经得到了解决而可以放弃深化供给侧结构性改革这个主线。实施扩大内需战略，还必须同深化供给侧结构性改革有机结合起来，统筹推进。

3. 全面建设社会主义现代化国家的实践要求

团结带领全国各族人民全面建成社会主义现代化强国、实现第二个百年奋斗目标是新时代中国共产党的中心任务。当前，我国已全面建成小康社会，大部分领域"有没有"的问题基本解决，"好不好"的问题更加突出，需要通过高质量发展解决我国社会主要矛盾。要有效发挥超大规模市场优势，实施好扩大内需战略，深化供给侧结构性改革，推动经济实现质的有效提升和量的合理增长，更好实现人民日益增长的美好生活需要，不断推进和拓展中国式现代化。

（二）供给侧结构性改革和扩大内需战略有机结合的内在逻辑

1. 供给和需求是经济发展的一体两面

供给和需求是经济发展的一体两面，它们相辅相成、相互依存、相互制约。供给和需求的相互作用具有很强的时空性和差异性，不同的产业、不同的地区、不同的时间段，供给和需求的关系都会发生变化。在市场经济体制下，供给和需求的关系是通过价格机制来实现的。价格是供给和需求双方的交点，反映了市场供求关系的变化。在经济发展中，供给和需求的相互作用还反映在产业结构、资源配置、技术创新等方面。供给侧结构性改革就是通过改变供给结构，提高供给质量，以适应需求结构的变化，促进经济发展的转型和升级。同时，扩大内需战略则是通过促进消费投资、完善分配格局、提升供给质量、完善市场体系、畅通经济循环等方面，刺激市场需求，推动经济发展。

2. 提高供给结构对需求结构的适应性

供给侧结构性改革和扩大内需战略是当前中国经济发展的两个重要战略，二者之间的有机结合是实现高质量发展的必要条件。其中，提高供给结构对需求结构的适应性是实现有机结合的关键。从国内大循环来看，坚持供给侧结构性改革，就是要不断提升供给体系对国内需求的适配性，形成需求牵引供给、供给创造需求的更高水平动态平衡。主要原因在于以国内大循环为主体是经济发展基本规律的反映，国家的经济体量越大，国内循环的比重就越高。从国内国际双循环来看，通过供给侧结构性改革促进经济高质量发展，有助于在提升本国经济国际竞争力的基础上，全面提高对外开放水平。

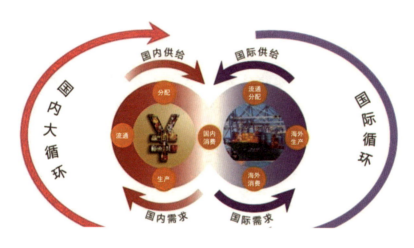

3. 以深化供给侧结构性改革为主线

当前，制约我国经济发展的因素，供给和需求两侧都有，但矛盾的主要方面仍在供给侧，必须在适度扩大总需求的同时，着力加强供给侧结构性改革，着力改善供给结构，提高供给体系质量和效率。一方面，复杂多变的国际环境促使全球产业链供应链面临调整和重塑，全球生产网络格局发生深刻变化，产业链供应链本土化趋势凸显，跨国公司战略调整推动多元化发展。为此，中国需要从供给侧发力，以更高质量的产品和服务供给，提升我国在全球供应链、产业链、价值链中的地位，培育国际经济合作和竞争新优势。另一方面，进入新时代，我国发展不平衡不充分问题仍然突出，长期积累的结构性问题没有根本解决，新的供需结构性问题又不断出现。高端供给短板明显，关键核心技术"卡脖子"问题更加突出，创新能力不适应高质量发展要求。

 名词解释

关键核心技术是指在生产系统或技术系统中起关键或核心作用的技术，具有知识基础密集、产业支撑带动作用强的特征，是产业技术系统的共性基础或是链接耦合的瓶颈环节。根据影响范围和战略意义的不同，关键核心技术可以分为"国家—产业—企业"三个层面。对企业来讲，关键核心技术是指企业能够进入某一领域并能在竞争中获取优势所必须拥有或掌握的技术；从产业层面来讲，关键核心技术是支撑产业活动的关键技术环节的链接，是由关键制造技术、核心元件技术和产品构架技术链接而成的技术群，关键核心技术水平是决定产业国际竞争力的关键指标之一。国家层面的关键核心技术不仅要支撑经济社会发展、国家安全对技术的需求，在新时期还要考虑发达国家对我国高新技术发展的遏制。

"卡脖子"困境是指国外对我国的专利壁垒、技术封锁、投资限制、产品进出口限制和市场准入限制等导致关键核心技术被"卡脖子"的风险，以及由此引发的企业生存、技术发展、产业发展甚至是国防安全遭遇重大挑战。关键核心技术"卡脖子"困境的成因有三：一是核心技术受制于人；二是技术引进渠道和技术合作伙伴单一；三是技术替代和储备不足。

（三）供给侧结构性改革和扩大内需战略有机结合的主要任务

1. 以完善供给体系更好地适应需求结构变化

立足新发展阶段，贯彻新发展理念，构建新发展格局，要向形成更高效率、更好质量、更强竞争力的高水平供给体系切实发力。加快提升供给体系对国内需求的适配性，针对高端产品、关键装备、基础核心零部件缺失的问题，发挥好新型举国体制优势，构建以企业为主体、产业为主导的协同创新体系，对少数关键技术进行集中投入、协同攻关，补齐供给体系的能力短板，实现产业体系、要素体系和创新体系的统一。提高供给质量，减少无效供给、扩大有效供给，优化现有生产要素配置和组合，优化现有供给结构，优化现有产品和服务，着力提升整个供给体系的质量，以创新驱动、高质量供给引领和创造新的需求。

专家观点

对外经济贸易大学国家对外开放研究院教授吕越认为：通过全面提高产品和服务的质量和种类，加快增长动力转换，全面提拔实体经济，优化生产要素配置，促进全要素生产率提高，可以有效提升供给体系对国内需求的适配性。

资料来源：《全面提升供给体系对国内需求的适配性》，光明网，https：//m. gmw. cn/baijia/2020 –09/16/34193236. html。

典型案例

随着我国在电子产业方面突飞猛进的发展，除了芯片之外，屏幕也成为国内科技产业重点关注的领域之一。不管是手机、电脑还是汽车，屏幕已经是大众的必备产品。其中OLED屏幕在电子产业更是不可或缺。真空蒸镀机是OLED面板制程的"心脏"。长期以来，日本Canon Tokki独占高端市场，掌握着该产业的咽喉。根据公开数据显示，国内对OLED屏幕的市场需求从2019年的2.9亿片提升到了2022年的4.5亿片，国内对OLED屏幕的需求量也在逐日提升。目前，合肥莱德设备技术有限公司成功研发出OLED生产所需的核心设备真空蒸镀机，填补了国内在该领域的空白。

资料来源：《全面提升供给体系对国内需求的适配性》，光明网，https：//m. gmw. cn/baijia/2020 –09/16/34193236. html。

2. 以建设全国统一大市场畅通国内大循环与国际国内双循环

建设全国统一大市场是构建新发展格局的基础支撑和内在要求，是我国应对百年未有之大变局的积极举措，是充分发挥我国较大市场规模优势的重要举措。加快建设全国统一大市场，可以充分发挥市场促进竞争、深化分工等优势，在更大范围内优化配置资源，提高效率。同时，有助于更好厘清政府与市场的边界，加快转变政府职能，不断提高政策的统一性、规则的一致性、执行的协同性。建设全国统一大市场，既是畅通国内大循环的基础支撑，也是促进国内国际双循环的内在要求。一方面，建设全国统一大市场，通堵点，畅流通，有利于形成供需互促、产销并进、畅通高效的国内大循环；另一方面，市场是全球最稀缺的资源，建设全国统一大市场，有利于保持和增强对全球企业、资源的强大吸引力，更好推动市场相通、产业相融、创新相促、规则相联，促进国内国际双循环。

3. 以制度优化形成更高水平的供求动态平衡

提供制度性保障可以确保高质量供给形成正向反馈，不断激发和创造新的有效需求，从而实现更高水平的供给需求良性循环和投资消费动态平衡。完善相关体制机制，使市场在资源配置中起决定性作用，更好发挥政府作用，打破垄断，健全要素市场，使价格机制真正引导资源配置。以完善产权制度和要素市场化配置为重点，深化经济体制改革，推动降低制度性交易成本。深化"放管服"改革，不断增强市场微观主体活力。特别是占市场主体比例超过 90% 的民营企业，是供给体系和需求体系的重要结合点，必须完善产权保护、市场准入、公平竞争、社会信用等市场经济基础制度，不断激发企业创造力。

第五章

加快构建现代化产业体系

加快建设现代化产业体系，是我国经济体系现代化的产业基础，也是推进我国现代化国家建设的根基。党的二十大报告提出："建设现代化产业体系。坚持把发展经济的着力点放在实体经济上，推进新型工业化，加快建设制造强国"，为新时代产业发展指明了前进方向，提供了基本遵循。当前，河北正处在转变发展方式、优化经济结构、转换增长动力的爬坡过坎的关键时期，面临着加快提升产业能级、促进经济高质量发展等重任，加快构建符合河北实际的现代化产业体系，是事关我省经济社会发展全局的重大战略问题。深刻理解和准确把握现代化产业体系的内涵和本质，统一思想认识，扎实推进，具有十分重要的理论和现实意义。

一 构建现代化产业体系的重要意义

现代化产业体系是指符合当代技术进步趋势、具有较强综合竞争力的产业生态系统，具有生产效率高、产业功能强和可持续发展水平优的基本特征，是我国经济高质量发展的物质技术基础。"现代化产业体系"反映了党中央在加快高质量发展进程中的新把握、新要求。习近平总书记多次强调指出，要加快建设实体经济、科技创新、现代金融、人力资源协同发展的产业体系。加快现代化产业体系建设，是解放和发展生产力、推动经济持续健康发展的内在要求，也是增强综合国力、增进人民福祉的基础支撑和根本保证。

（一）构建现代化产业体系是实现经济创新发展的内在要求

（1）现代化产业体系构建推动经济稳定发展。现代产业体系所构建的产业发展目标极具前瞻性，明确了实现现代化应重点建设的产业，以产业发展稳定实现经济稳定。习近平总书记在党的二十大报告中强调，建设现代化产业体系，"坚持把发展经济的着力点放在实体经济上，推进新型工业化，加快建设制造强国、质量强国、航天强国、交通强国、网络强国、数字中国"，发展迅猛的数字经济和高新技术产业发挥更好的产业优势，这充分展示出我国未来产业发展重点要放在实体经济和新型工业现代化上，实现"由大到强"的产业发展转变。历史经验也告诉我们，要全面建设社会主义现代化国家，就必须深度参与乃至引领新一轮工业革命，加快建设面向未来的现代化产业体系。

高层声音

　　加快实现产业体系升级发展。要在重点领域提前布局，全面提升产业体系现代化水平，既巩固传统优势产业领先地位，又创造新的竞争优势。

　　——2022 年 12 月 15 日，习近平在中央经济工作会议上的讲话

　　（2）现代化产业体系构建培育创新驱动力。加快现代化产业体系建设，转变低附加价值粗放型经济发展模式，构建具有高附加价值核心竞争力的经济体系，才能大幅提升我国的综合竞争力。党的二十大报告明确提出要"健全新型举国体制，强化国家战略科技力量""集聚力量进行原创性引领性科技攻关，坚决打赢关键核心技术攻坚战"，表明我国已将创新的地位提到新高度，是居"核心竞争力地位"、是"第一动力"。现代产业体系通过持续加大对技术创新的投入力度，加快培育新产业、新业态、新模式等方式，不断激发我国创新驱动力，为实现中国式现代化提供发展新动能。

　　（3）现代化产业体系构建加快实现经济均衡。加快构建现代产业体系，不仅带动了产业间的融合、协同发展，还促进了生产要素、产业链、价值链、产业生态圈深度融合，实现各类生产要素资源合理流动、高效聚集、优化配置，形成高效一体

的产业空间格局，从而解决经济发展中的众多不平衡问题。对于区域经济发展而言，加快现代化产业体系构建，应立足优势互补、高质量发展的产业发展模式，大力实施区域协调发展战略、主体功能区战略和新型城镇化战略等，以产业区域协调实现我国经济均衡发展。

（二）构建现代产业体系是改善民生、促进共同富裕的迫切需要

（1）构建现代化产业体系带动就业增收。提高居民收入水平，是实现民富国强的前提，构建现代化产业体系在带动群众就业增收方面能起到重要作用。其一，能加快传统行业转型升级，提高传统产业附加值，带动产业发展与居民增收。其二，促使新产业、新业态不断萌发，生产方式逐渐信息化、数字化、智能化，促进居民参与生产的方式多样化、便利化、灵活化。其三，可以保障就业结构多样化，拓宽人们的增收渠道。人工智能、区块链、机器人等新技术的开发应用越来越广泛，灵活就业成为新的就业增收方式，各类新兴职业岗位不断涌现。互联网医疗、线上办公、新个体经济等新业态和新模式层出不穷，创造了大量灵活的就业岗位。类似"数字型""技能型""能工巧匠"之类的岗位，为庞大的就业群体提供了更多样化的选择。

（2）构建现代化产业体系提升民生服务质量。其一，从消费服务供给层面讲，现代化产业体系的创新性特征将推动各产业与企业不断转型升级，三次产业内的企业将不断贴合消费者需求，消费者将享受到产业升级后更高质量的、更便利化的商品和服务供给。其二，从公共服务供给层面讲，构建现代化产业体系促进公共服务供给质量的提升主要体现在增加税收方面，税收收入的增长不仅来源于现代化产业体系下整体经济增长所增加的税收收入，还来源于构建现代化产业体系所促进的产业内部结构优化所增加的税收。税收收入可以更好地解决社会保障、社会事业、环境资源等历史欠账问题，可以加大教育、医疗、交通等方面的公共服务基础设施与服务的投入力度，为"增进民生福祉，提高人民生活品质"提供更多的社会保障。

（三）构建现代产业体系是实现生态文明、建设美丽中国的必由之路

（1）构建现代化产业体系优化产业结构、淘汰落后产能。随着经济发展水平的提升，当前我国资源禀赋结构发生了巨大变化，经济发展的资源环境约束日益趋紧，不仅成本上升成为产业发展面临的"新常态"，资源能源消耗快速增长也对资源供给安全造成了巨大压力。随着我国"双碳"目标的提出，加快建设现代化产业体系，推动传统高消耗行业转型升级迫在眉睫。其一，从产业结构层面上讲，现代化产业体系将以产业绿色低碳、高质量发展为导向，提升新兴绿色产业的占比，降低传统高能耗的落后产能与产业，从而降低整体的碳排放量。其二，从项目结构层面上讲，现代化产业体系下的高能耗、重污染的"两高"产业项目将受到重点管控，绿色创新项目得到支持，这也能在一定程度上减少传统行业中的碳排放量。其三，从产品结构层面上讲，依托现代化产业体系的配套政策，将减少高投入的粗放式产品生产，重点提升产品品质，大力扶持绿色低碳产品生产，从而减少单位效益碳排放量。

（2）构建现代化产业体系推进绿色技术赋能、能源绿色化。我国目前处于新旧动能转换时期，要构建现代化产业体系，实现产业与经济绿色低碳高质量发展，就要打造基于绿色、低碳、高效理念的能源供给体系。其一，通过对能源产业内部结构的调整和升级，从供给端逐渐降低石化类传统能源的开发企业数量，支持和鼓励新能源行业与企业发展；从需求端加快依赖传统石化能源的产业转型，鼓励使用太阳能、风电、核能等新能源作为能源供给的产业链建设，从供需两端同时降低传统能源的使用，促进产业发展能源绿色化。其二，现代化产业体系具备较强的技术创新与赋能能力，在实现产业发展绿色化、低碳化方面，将在生产、流转、包装、销售、回收等全产业链条逐步提升产业绿色技术应用与生产工艺绿色化，从而推动产业生态化、绿色化、低碳化水平持续提升。

名词解释

　　绿色经济是人类社会进入工业化中后期以来，在资源环境约束日趋强化背景下，国际社会在探索经济发展与资源节约和环境、保护协调发展过程中产生的一种新的经济发展模式和形态。绿色能源生成转换领域包括：生物质能、智能电网、储能等清洁绿色能源和可替代能源产业；绿色产业领域包括：环保技术研发及装备制造、分布式新能源、资源综合利用等节能环保产业生物材料、稀土功能材料、激光晶体材料、石墨及碳素制品等新材料产业碳排放控制、气候变暖治理等气候应对技术；绿色生活领域包括：新能源汽车、共享交通工具等绿色出行产业，加快发展高效节能家电、绿色家居等绿色消费产业；绿色金融领域包括：污染权交易、碳排放交易、气候指数交易等。

　　（3）构建现代化产业体系加强产业集群、推进循环生产。加快构建现代化产业体系，产业集聚性发展将促进产业生态化、低碳化、绿色化。其一，在空间地理维度上，产业集聚式的发展可以大大加强产业间的生产衔接，对接循环产业需求，从而推进产业间资源循环与高效回收利用，实现产业再生资源变废为宝。其二，加快现代化产业体系建设，产业集聚也便于政府强化对产业园区内各企业的绿色治理与服务，推行园区低碳绿色生产标准，构建良好的绿色产业园区营商环境，实现产业的绿色、低碳、循环发展。

 现代化产业体系建设的趋势方向

（一）现代化产业体系的基本内涵

产业体系一词来源于产业结构，是对产业结构的发展和延伸。国际上并没有"现代化产业体系"这一专有概念。现代化产业体系可以说是产业结构和产业体系的"现代化"，是新发展形势下对产业结构与产业体系进行全面升级和优化的新经济概念，是一种具备面向未来发展趋势、更适应国家现代化建设的科学的产业发展架构。

从现代化产业体系的本质来看，主要有六个突出特征：一是动态性，是随着环境变化而不断变化的。现代化是一个动态的概念，随着技术革命和产业变革的变化，现代化的含义必然也要发生变化，现代化产业体系的目标也会随之变化。二是创新性，是通过技术创新和管理创新来提高产品技术含量和附加值的。只有不断地技术创新，才能不断生产高新技术产品；只有不断地管理创新，才能打造著名的品牌，提高产品的附加值。创新的本质是满足人们不断变化的需求，在创新中引领着产业发展、产品更新的方向。三是高端性，在产业分工中是处于统治性地位的。现代化产业体系中的产业主要处于产业分工体系中高端的产业。随着经济发展和消费结构升级，三次产业按产业发展规律不断演进，由低端向高端优化升级。四是特色性，是经过长期积累形成、并不易被模仿的。因为影响产业体系的因素很多，如区位、资源、产业基础、文化传统等，不同国家和不同区域必然形成特色不同的现代化产业体系。这是经过长期积淀、不断提升形成的，初始因素的差异和特殊发展路径也不容易被模仿。五是开放性，是在国际产业分工和竞争中形成的。在全球经济一体化发展背景下，只有将产业发展融入国际分工体系，才能形成利用全球资源和占领国际市场的产业体系。同时，推动产业向全球价值链高端迈进，才能形成具有国际竞争力的现代化产业体系。六是可持续性，是不以过度消耗资源和破坏环境为代价。现代化产业体系的本质是具有持续竞争优势，必然不过度依赖不可再生的自然资源。

（二）现代化产业体系主要框架

现代化产业体系的构成包括框架结构和相互作用的内在机制。从框架结构看，现代产业体系框架主要包括：一是体现经济实力的一二三次产业。二是体现动力的主导产业、支柱产业、基础产业，形成层次分明、梯次发展的产业演进系统。三是体现竞争力的产业组织，包括各类企业、企业集团、产业集群、产业链条、产业联盟等。产业组织是产业的集合体，是构成产业部门的基本单元。四是体现支撑能力的相关产业基础条件，包括区域能力、融资能力、基础设施支撑能力、城市承载能力等。五是体现产业发展环境的政府调控政策、政治法治、社会人文等。

从产业联系看，表现在：一是网络化的结构。现代化产业体系中的各个组成部分是一个有机的整体，相互联系、相互制约、相互依存，上下游产业和横向相关产业之间存在着大量的信息、物质和资金等方面的交换关系，形成多层次的网络化结构。二是专业化的精细分工。技术进步导致生产效率的提升，使专业化分工更加细化。一些包含在生产过程中的生产服务部门逐渐分离出来，形成独立发展的新兴产业，专业化分工更加细致。三是要素的高效流动和资源的有效配置，各产业可以便捷地获得各类生产要素，同时使各类资源有效配置。四是产业自动调整机制。在政府发出政策信号，或者市场变化信号后，通过产业体系的传递，自动调整产业体系运行的方向。

（三）现代化产业体系建设重点方向

（1）现代化产业体系建设的战略目标。具体包括以下方面：其一，产业层面的结构优化。加快推进产业结构优化升级，形成高端化、智能化、绿色化产业结构；三次产业内部产业向产业链条高端上移，大部分产品处在产业层次的中高端；主导产业不断转换，形成主导产业、支柱产业、基础产业层次分明、梯次发展的产业动力系统。其二，企业层面的竞争力强大。打造一批国际化、竞争力强的大型企业集团；形成一批有国际影响的产业集群、现代化产业链条、产业技术联盟，发挥聚集发展、组织竞争、技术创新的作用。其三，产品层面的高技术含量和高附加值。基础支撑的高新技术产品群，这也代表着我国的产业形象；形成一批以高技术含量产品、高附加值产品为特征、以著名品牌商标为标志的产品群。其四，要素层面资源有效流通与配置。通过深化改革消除产业发展中的不协调因素，加快科技要素、资本要素、人力资本要素以及新兴要素的有效流通与配置；完善市场机制，充分调动产业要素促进产业发展的活力与潜能。其五，明确产业功能。要以产业功能为导向，对各产业及相互关系所形成的经济作用、民生功能、生态影响进行宏观和微观的把握；充分发挥现代产业体系在现代化经济体系中的支撑作用，满足发展需要。

（2）现代化产业体系建设的总体思路。以习近平新时代中国特色社会主义思想为指导，紧紧抓住加快中国式现代化的发展时机，以提高产业国际竞争力为目标，以体制、机制和管理创新为动力，将区域建设作为现代化产业体系的重要载体，大力推进自主创新，加快转变经济发展方式，推动产业转型升级，优化产业发展环境，建设蓝色驱动、金色支撑、绿色映衬的主体产业群。其一，"蓝色"驱动：重点发展具有带动全局作用的临港、临海蓝色产业，加速构建钢铁、石化、造船等先进工业为主，以港口物流、临港产业后续加工业、海洋生物产业为特点的新型临港和临海产业体系。其二，"金色"支撑：大力培育具有未来战略支撑作用的金色产业。大力发展先进装备制造、生物医药、新材料、新能源和电子信息等产业，支撑经济未来发展，打造具有区域特色的现代化产业园区。其三，"绿色"映衬：鼓励发展具有关联配套和净化作用的绿色产业。以现代物流、生态工业、环保和绿色产业等为重点，建立资源节约型产业体系，强化生态环境建设。

从现代化主体产业群涉及的重点产业领域看，主要包括：一是注重实体经济，以现代装备制造、现代钢铁等产业为主体，大力发展先进制造业。二是大力发展高新技术产业，如发展以新能源、新材料、生物制药等为主导的高新技术产业等。要通过宏观的产业政策和技术政策，引导高端要素流动与集聚，为高新技术产业发展提供充足的土地、人才、资金等要素支撑，提高高新技术产业的投资力度和生产规模。三是充分利用科技革命和技术创新，通过高新技术改造推动传统产业高端化、智能化、绿色化转型。通过广泛运用新一代信息技术增强传统制造业竞争力，充分释放数据这一新型生产要素的生产力，加快建设"数字中国"。四是实现产业深度融合，加快发展现代生产性服务业，加大服务业市场化改革力度，形成多元投资主体、多种经济成分相互竞争的局面，实现经济增长主要由工业推动向由工业和服务业协同推动转变，重点发展技术服务、商贸物流、金融保险、商务服务、文化创意和信息咨询等生产性服务业，促进现代生产性服务业与制造业融合发展。五是发展以质量效益为导向的现代农业，健全现代农业服务体系。六是发展以能源、交通、水利等为支撑的基础产业。

（3）现代化产业体系建设的现实途径。其一，引进吸收。积极创造条件，吸引国内外资金，引进先进技术和重大技术项目，以外引方式加快现代化产业体系建设。打造并改善投资环境，吸引国内外纵向或横向产业转移，尤其吸引国企、央企和竞争力强的民营企业进入，快速成为龙头企业或专精特新中小企业异地发展的选择地域，注重招商引资的技术先进性和管理有效性，不断改善产业发展的软环境，使其和引进产业同步进入现代化。其二，空间集聚。以企业集群、成片开发为基础，以具有产业规模并具备发展潜力的专业化生产区域为重点，以大型生产企业为龙头，优化整合并集中配置各种资源，延伸产业链条，打造产业关联度高、配套能力强、颇具竞争优势的特色产业集群。规划布局要突出空间集聚特征，加强产业的空间整合，统一规划，集聚发展。其三，做强做优。一方面，着力培育优势产业和龙头骨干企业，加快形成行业内竞争优势，努力打造产业局部领域强势。在经济全球化发展过程中，不断推进产业功能升级，推动更多企业占据全球价值链高端环节，提高我国企业在全球产业链功能分工中的地位，从而加快建设"制造强国"。另一方面，大力发展循环经济，以龙头企业为中心，延伸接续产业和资源再生产业项目，形成产业间循环系统。合理布局各个产业聚集区和企业园区，清洁生产，最大限度地确立现代产业生态优势。

现代化产业体系建设的重点任务和举措

（一）加强顶层设计，加快构建产业创新体系

（1）从不同层面建立战略思路，加强顶层设计。一是在区域层面，打造具有较强竞争力和影响力的现代产业集群，比如高端装备制造、精细化工、绿色食品加工、钢铁、医药、电子信息等，还应特别注重对智能产业集群和产业体系的培育。二是在产业层面，加快打造网络型、智能化、数字化生产制造方式与产业运行新模式，推进现代化产业体系建设。三是在产业链层面，在继续强化现代化重点产业创新和竞争力提升的基础上，把握全球产业分工和价值链重构的新趋势，扬长避短，加快从现有产业链由中低端向全球价值链中高端跃升。四是构建高水平市场经济体制。推动市场支撑系统升级，加大基础设施建设力度；围绕要素市场化改革进一步健全市场规则体系，全面破除阻碍要素自由流动的制度障碍；完善产业政策体系，统筹制定实施选择性和功能性产业政策，引导政策资源向重点产业、重点环节和重点技术领域倾斜。

（2）加快现代化产业体系的重点产业创新。随着各地区产业生产成本的不断升高，现代化产业体系中各类产业的发展环境都发生了很大变化，必须脚踏实地抓产业生产经营、研发转化环境的改善，不断提高其自立自强创新能力。体现现代化产

业体系动力的重点产业，主要包括：先导产业、主导产业、支柱产业、基础产业，形成层次分明、梯次发展的产业演进系统，特别是主导产业具有突出区域特色和国际竞争力。其一，补短板。把发展经济的出发点和着力点放在实体经济上，尤其是放在实体经济的核心——制造业上，加大在高新领域的基础研发投入。其二，铸长板。利用我们庞大的市场、健全的工业门类等优势，加快技术应用和更新迭代，不断提升产业链供应链附加值，推进产业高质量发展。

（3）围绕重点产业构建多链生态体系。在现代化产业体系中的重点产业创新中，关键核心技术攻关还需实现创新链、技术链与产业链的高效畅通与有机结合。其一，提高创新链效能缓解科技资源配置结构不合理、配置区域的局限性、配置手段行政化和配置政策脱离市场等矛盾。应整合优化科技资源配置，加强基础研究和应用基础研究。其二，瞄准关键核心技术和前沿共性技术，增强自主创新能力，补足技术链。针对重点产业优先进行技术瓶颈突破，聚焦技术链"薄、弱、缺"环节，补足技术的短板和弱项。其三，优化科技创新成果转化体系，提升产业价值链。发挥引领性科技成果的"头雁效应"，政府、企业、金融机构、高校和科研院所等多方协同，促进科技成果顺利转化。

（二）培育创新型企业，引领经济高质量发展

（1）明确创新型企业的特征及培育标准。创新型企业体现的是强大，而不仅仅是规模，应从技术创新能力、行业标准制定、品牌效应和市场控制这四个层面系统构建企业培育标准。加快现代化产业体系建设，关键是加快引进和培育一批创新能力强、成长速度快的创新型企业。建议加快引培"五类企业"：一是引培一批国内领先或世界一流的行业领军企业。注重技术创新和管理创新、商业模式创新的结合，培育一批核心技术能力突出、集成创新能力强、引领重要产业发展的行业引领型创新型企业，聚集高端创新人才、带动相关产业链发展。二是注重发挥平台型企业在打造产业创新生态中的积极作用。一方面，利用产业创新生态吸引"双创"人才、吸引产业聚集，加快培育聚集平台企业；另一方面，通过专业化众创空间、"互联网+平台"、双创战略投资、企业生态圈等不同模式，引导大型企业的平台化转型。三是加快培育独角兽企业。重点关注在产业数字化、智能化发展中出现的高成长新业态企业、新模式企业、生态卡位等新企业。四是培育一批先锋技术优势企业。加大对原创前沿技术、硬科技、颠覆性技术创业的资金和政策扶持，培育一批拥有先发技术优势企业，孕育催生出新兴产业和未来产业。五是吸引培育高新技术企业和众多科技型中小企业，推动"大众创业、万众创新"。

**资料链接**

　　北京是中国独角兽第一城，字节跳动、滴滴出行、快手、京东科技、猿辅导、京东物流和商汤科技，占全国超级独角兽企业的58.3%。中关村是国内最早关注高成长企业培育的地区，率先搭建"创业—瞪羚—独角兽"全生命周期挖掘和培育体系。中关村于2003年开始制定并实施国内首个"瞪羚计划"，先后出台《关于支持瞪羚重点培育企业的若干金融措施》《中关村科技园区瞪羚计划》等系列政策。

　　（2）发挥创新型企业的创新主体地位。其一，要提高关联度大、带动性强、具有国际竞争力的大型企业的创新效率，形成一批能引领、带动先进制造集群竞争力提升的旗舰企业集团。同时，要高度重视高科技中小企业创新集群的战略地位，重点推动处于产业链和价值链高端环节的众多高科技中小企业，通过创新网络大量地开展各种创新活动，构建一批专业化优势明显、竞争能力强的"专精特新"企业。其二，强化创新型企业作为管理职能，以并购、引进、参股等方式对产业进行垂直整合。一方面，围绕创新型企业建立现代化产业备选企业清单，加大企业创新分类跟踪辅导和精准服务力度；另一方面，发掘龙头企业、瞪羚企业、独角兽企业、平台型企业的组织力、号召力和影响力，推动中小企业协同创新、联合创新。

其三，发挥国有企业在现代化产业体系建设中的关键作用。聚焦基础产业、专业化设备密集的重型制造业等领域，做大做优做强国有企业，发挥其在创新资源整合、成果转化、市场销售等方面的优势。同时，通过对国有企业进行改革优化，在现代化产业体系建设过程中建立共性技术平台，重点解决跨行业、跨领域的关键共性技术问题。

（3）构建良好完善的创新发展生态。自主可控的现代产业体系实际上就是创新链—技术链—产业链—价值链—服务链的顺畅衔接，相互支撑。坚持以企业为核心、以应用为主导，做好前沿技术研发、资金投入、人才培育、机制建设等保障，构筑完善的创新发展生态。以科技创新促进服务链、资金链、政策链、人才链等各链条和各环节互动，多维度共同发力加快推动现代化产业体系建设。

（三）加强产业集聚，促进产业间协同发展

（1）促进传统产业与新兴产业协同发展。其一，发展战略性新兴产业。新材料、新能源、新技术的加速迭代，为战略性新兴产业发展奠定了技术基础。其二，实现传统产业提档升级。针对传统产业存在的技术、资源堵点，利用新一代信息技术、人工智能、量子科技等新兴产业的技术优势精准发力，赋能改造传统产业，延展其产业周期。其三，带动整体产业体系竞争力提升。通过建立传统产业与新兴产业相互促进和协同创新的产业集群，通过新兴产业提供的"新引擎"在新赛道上换道超车。

（2）促进制造业和生产性服务业协同发展。当前，现代生产性服务业发展无法满足制造业价值链向中高端攀升的需求。一方面，必须布局高端制造、研发设计、总部经济、销售服务等产业链环节，推动生产性服务业向专业化和价值链高端延伸。另一方面，必须加快推进制造业和生产性服务业深度融合，注重差异化发展，形成新业态、新行业、新模式，加快发展服务型制造。

其一，加快完善服务型制造发展的政策体系，充分利用制造业集群优势，加快制定和完善指导意见和行动方案，不断推动制造业与生产性服务业，特别是与现代物流业的融合发展。以河北省为例，装备制造、钢铁等重化工产业所占比重高，应在新一代信息技术推动下，重点鼓励大型制造企业发展现代物流、电商平台等服务产业，推动制造企业由传统的材料供应商向综合服务商转变。其二，以满足或挖掘客户需求为突破口，重点围绕装备制造、精细化工、电子信息、医药等先进制造业，大力发展研发设计、定制化服务、供应链管理、产品全生命周期管理、信息增值服务等专业化服务模式。其三，结合服务型制造的典型模式，对先进制造企业进行分类指导。如大力推进创新型企业以兼并重组、众包、产业联盟等形式整合产业链上下游产业，最大限度地发挥其对先进制造业集群的引领作用；加快推动中小微制造企业发展专业服务外包，实现向服务提供商的转型等。

（四）促进要素流动，加强产业基础设施现代化建设

（1）基础设施建设。基础设施在经济社会发展中具有先导性、基础性和战略性作用，应加大符合现代化产业体系发展需要的基础设施建设力度，特别是工业互联网、大数据中心、高速轨道交通等新型基础设施建设，完善市场运行支撑系统，提高商品与要素流动效率，降低科技创新、新兴产业发展的成本。"十四五"时期，涉及数字经济发展的新型基础设施是建设的重点。其一，加快新型基础设施建设，加快5G网络、数据中心优化布局和建设步伐，构建高速、移动、安全、泛在的新一代信息基础设施，推进传统基础设施数字化建设和改造。其二，推进关系到数据流通的新基建稳步推进，挖掘数字经济潜力，加快推进相关基建技术标准的制定，占领技术发展的制高点。其三，支持企业开展网络改造升级，推动IPv6、5G等新一代通信技术在企业内网的应用。围绕个性化定制等新模式新业态，创建试点示范项目，支持搭建企业级工业互联网平台。其四，建设完善企业上云公共服务平台，推进企业上云规模化。完善工控安全保障体系。通过有计划的高质量筹办国际数字经济博览会，进一步提升国际化水平，深入推动全球数字经济交流合作。

高层声音

面向未来，我们要站在统筹中华民族伟大复兴战略全局和世界百年未有之大变局的高度，统筹国内国际两个大局、发展安全两件大事，充分发挥海量数据和丰富应用场景优势，促进数字技术和实体经济深度融合，赋能传统产业转型升级，催生新产业新业态新模式，不断做强做优做大我国数字经济。

——2021 年 10 月 18 日，习近平总书记在中共中央政治局第三十四次集体学习时强调

（2）加快高端人才引进和流动。这是区域现代产业体系建设的重要任务。以地处京津冀经济圈的河北为例，高端人才引进和流动不仅可以吸收到北京、天津科研机构和大学最密集、最高端的创新资源，甚至会吸引海归、海外的高端创新人才，加快河北以各级各类高素质人才引领、支撑现代化产业体系建设。因此，未来应在以下方面发力：一是着力打造宜居宜业的生态环境，吸引海内外人才，重点引进一批掌握行业核心技术、具有世界前沿水平的创新型领军人物和高层次人才团队；二是利用产业基础与研发平台，培养集聚一批科研骨干力量，并完善职业教育体系和在岗培训制度，造就一批既熟悉数字技术和智能化应用又了解产业运作的复合型人才；三是依托河北

省高校和科研院所，优化课程体系，推进高校学科交叉融合发展，加快培养人工智能和数字经济方面的专业人才。

（3）推进数字经济发展。目前，以机器人等代表先进生产力方向的一批颠覆性技术将引领和带动新科技产业革命走向新的技术高潮，推动更深层次的产业升级。其一，加快推进产业数字化发展。以"5G＋工业互联网"作为数字化转型的强大引擎，通过打造工业互联网平台，对产业进行全方位、全角度、全链条的升级改造，不断释放数字技术赋能红利。其二，大力发展数字产业，让数字产业成为引领技术创新的核心引擎。重点加快5G、大数据、物联网、新型显示等新一代信息技术产业发展；围绕新一代信息技术、人工智能、数字创意、工业软件、物联网、虚拟现实等产业方向，打造一批具有影响力的创新型产业集群。就河北而言，推动产业数字化稳步发展，如不断扩大张家口、廊坊等地市数据中心产业规模，加快华为、腾讯等一批大数据应用企业集聚。其三，大力发展数字经济。围绕5G、信息网络等谋划实施一批大项目，形成滚动接续的项目储备，在顶层设计方面推动重大项目落地实施。其四，加快建设数字化产业园区。构建以软件开发、数字加工和大数据孵化为主的数字产业发展生态圈，一方面，汇集物联网、软件开发、线上直播等相关的数字化企业，加速形成数字产业集聚效应；另一方面，打造不同类型、不同层次的产业平台。就河北省而言，要用好中国国际数字经济博览会重大平台，做大做强行业领军企业，推动生物医药健康产业数字化水平，打造京津冀生物医药产业集群，加速通信、卫星导航等产业资源集聚等。同时，加快推进数字化应用试点示范和重点园区建设，如张承廊大数据产业基地、承德钒钛产业链现代化示范基地等，不断推动现代化产业体系建设。

（五）立足现有产业基础，优化产业空间布局

（1）强化区域专业化分工协作。我国各地区依据要素资源禀赋、产业基础和差异化竞争优势，形成各具特色的地方产业体系，重点在京津冀、长三角、粤港澳大湾区、成渝、黄河流域等区域实现地区间产业更强的相互依赖性，形成区域分工和协调机制。重点模式有：其一，雁阵引领式。以产业间分工为主导思路，在符合区域定位前提下，做强优势产业的引领优势，通过构建强大的引擎并发挥辐射带动作用，拉动区域的整体发展。要巩固和完善当前已经形成的产业格局，必须以优势产业发展为指向，通过要素资源的全面流动和区域市场一体化发展，强化重点产业作为头雁的引领优势，带动雁身和雁尾地区共同发展，夯实头部引领、两翼支撑的梯度发展格局。其二，错位集聚式。以产业内分工为主导思路，在符合区域定位前提下，要对产业进行细分，依据区域产业内各领域的发展水平，确定各地区的优势产业领域，明确差异化发展方向，有针对性地进行重点布局和培育，以错位分工推动形成差异化布局。通过细化产业内分工明确错位发展领域，引导资源的定向、有序集聚，推动各区域在专业化布局基础上形成更大规模的特色化产业集群，构筑基于地区特色、多点发力的错位发展格局。其三，随着新一轮科技革命和产业革命的深入推进，各城市群的产业协作也从要素协作阶段迈入基于产业链的多链融合发展分工协作阶段。各区域要以产业内分工与产业链分工相结合为主导思路，在符合区域定位前提下，进一步明确区域差异化发展方向和产业链定位，细化区域产业领域分工，深化区域产业功能定位和产业链纵向协作，强化地区间横向互补和纵向协同，塑造专业化、多样化产业链条和产业集群，构建符合产业规律和地区优势的特色化产业链空间布局，推动形成有机联动、深度融合的协同发展格局。

（2）发挥产业增长极辐射带动作用。产业增长极要注重体现竞争力的产业组织，产业组织是产业的"集合体"，是构成产业部门的基本单元。包括各类企业、企业集团、产业集群、产业链条、产业联盟、产业生态圈等。重点在以下方面发力：其一，培育壮大产业生态圈，适应国际创新发展趋势，瞄准产业技术前沿和创新发展需求，充分借鉴国内外成功经验，精准选择、顶层设计，研究制定针对性支持政策，培育打造一批有优势的产业生态圈，使之成为引领区域创新发展的主体力量。其二，加快推动综合型园区建设，重点发展各类融合型产业及技术创新、综合治理型的开发区园区。其三，打造专业化园区，发展某些主导产业、特色产业、专项科技的开发区园区。

其四，加快构建特色园区，以园区平台商为治理主体。

"十四五"甚至未来更长时期，应重点探索创新链和产业链"双链"驱动发展模式，推动重点产业向产业链的前后端延伸和聚集，增加与邻近城市功能区的互动，构建起聚集度高、技术领先、竞争力强的现代产业体系。就河北省而言，应学习借鉴重庆、四川等地发展经验，依托两江新区、天府新区等重大产业发展平台，进一步优化产业空间布局，强化产业空间聚集和错位发展。一方面，加强北京、天津两地的产业发展规划对接，统筹承接其产业的转移，细化各市（区）优先承接发展的产业目录和引导优化调整的产业目录。另一方面，不断优化重点产业项目区域布局，选择重点突破的产业链环节，吸引培育一批企业主体，促进产业链上下游企业协作配套，构建大中小城市优势互补、协同发展的产业体系。只有这样，才能不断增强产业体系的自主可控能力，加快实现产业链集群化、供应链本土化、创新链自主化，打造现代化产业体系最强集聚力。

第三篇

秉轴持钧　靶向发力
——加快构筑中国式现代化的经济战略支撑

党的十八大以来，以习近平同志为核心的党中央针对关系全局、事关长远的问题作出系统谋划和战略部署。坚持把创新摆在国家发展全局的突出位置，加快实现高水平科技自立自强，面向世界科技前沿、面向经济主战场、面向国家重大需求、面向人民生命健康，加快实施创新驱动发展战略；紧紧围绕解决发展不平衡不充分的突出问题，深入实施了乡村振兴、区域协调发展等重大发展战略，以重点突破带动我国发展水平整体提升。这些重大战略的深入实施，为中国式现代化构筑起了坚实的经济战略支撑。

第六章

推进高水平科技自立自强

科技自立自强是国家强盛之基、安全之要。科技是第一生产力、第一竞争力，是全面建设社会主义现代化国家的基础性、战略性支撑。自力更生是中华民族自立于世界民族之林的奋斗基点，自主创新是我们攀登世界科技高峰的必由之路。中国要强盛、要复兴，就一定要大力发展科学技术，增强自主创新能力，建设世界科技强国。党的二十大报告强调，坚持创新在我国现代化建设全局中的核心地位，加快实现高水平科技自立自强，加快建设科技强国。这是以习近平同志为核心的党中央立足当前、着眼长远、把握大势，有效应对风险挑战，确保实现新时代新征程党的历史使命作出的重大战略抉择，充分彰显了坚定不移走中国特色自主创新道路的决心和信心，为新时代科技发展指明了方向。

 一　高水平科技自立自强是我国现代化建设的战略支撑

科技兴则民族兴，科技强则国家强。党的十八大以来，党中央全面分析国际科技创新竞争态势，深入研判国内外发展形势，提出坚持创新在我国现代化建设全局中的核心地位，坚持创新驱动发展，最根本的是要增强自主创新能力，实现高水平科技自立自强。科技自立自强是促进发展大局的根本支撑，是决定我国生存和发展的基础能力，必须把高水平科技自立自强作为建设社会主义现代化国家的基础性、战略性支撑。

（一）实现高水平科技自立自强是国家强盛和民族复兴的战略基石

科技是第一生产力、人才是第一资源、创新是第一动力。回顾近代以来世界发展历程，可以清楚看到，一个国家和民族的创新能力，从根本上影响甚至决定国家和民族前途命运。科技创新是百年未有之大变局中的一个关键变量，各主要国家纷纷把科技创新作为国际战略博弈的主要战场，围绕科技制高点的竞争空前激烈，谁牵住了科技创新这个"牛鼻子"，谁走好了科技创新这步先手棋，谁就能占领先机、赢得优势。反之，则会造成发展动力衰减和能力天花板。党的十八大以来，以习近平同志为核心的党中央坚持把国家和民族发展放在自己力量的基点上，把科技创新摆在国家发展全局的核心位置，以改革驱动创新、以创新驱动发展，我国经济实力、科技实力、综合国力跃上新的大台阶。科技自立自强不仅是发展问题，更是生存问题，以高水平科技自立自强支撑强国建设、民族复兴是面向未来的必然选择。

高层声音

16世纪以来，人类社会进入前所未有的创新活跃期，几百年里，人类在科学技术方面取得的创新成果超过过去几千年的总和。特别是18世纪以来，世界发生了几次重大科技革命，如近代物理学诞生、蒸汽机和机械、电力和运输、相对论和量子论、电子和信息技术发展等。在此带动下，世界经济发生多次产业革命，如机械化、电气化、自动化、信息化。每一次科技和产业革命都深刻改变了世界发展面貌和格局。一些国家抓住了机遇，经济社会发展驶入快车道，经济实力、科技实力、军事实力迅速增强，甚至一跃成为世界强国。发端于英国的第一次产业革命，使英国走上了世界霸主地位；美国抓住了第二次产业革命机遇，赶超英国成为世界第一。从第二次产业革命以来，美国就占据世界第一的位置，这是因为美国在科技和产业革命中都是领航者和最大获利者。

——2016年1月18日，习近平总书记在省部级主要领导干部学习贯彻党的十八届五中全会精神专题研讨班上的讲话

（二）实现高水平科技自立自强是贯彻新发展理念、构建新发展格局的本质要求

新发展理念是我国进入新发展阶段、构建新发展格局的战略指引，必须坚定不移贯彻创新、协调、绿色、开放、共享的新发展理念。新时代新征程，贯彻新发展理念、构建新发展格局，比过去任何时候都更需要科学技术解决方案，都更需要增强创新这个第一动力。其中，创新是引领发展的第一动力。科技创新已经成为提高综合国力的关键支撑，成为社会生产方式和生活方式变革进步的强大引领，必须坚持创新在我国现代化建设全局中居于核心地位，推进科技创新，加快实现高水平科技自立自强。在 2021 年初的省部级主要领导干部学习贯彻党的十九届五中全会精神专题研讨班上，习近平总书记指出，构建新发展格局最本质的特征是实现高水平的自立自强。当前，我国经济发展环境发生变化，特别是生产要素相对优势发生变化，劳动力成本在逐步上升，资源环境承载能力达到瓶颈，旧的生产函数组合方式难以持续，科学技术的重要性全面上升。在这种情况下，必须更强调自主创新，以科技自立自强推动国内大循环，提高供给体系质量和水平，以新供给创造新需求，以科技自立自强畅通国内国际双循环，保障产业链供应链安全稳定。

资料链接

　　"十四五"规划指出，坚持创新在我国现代化建设全局中的核心地位，把科技自立自强作为国家发展的战略支撑，面向世界科技前沿、面向经济主战场、面向国家重大需求、面向人民生命健康，深入实施科教兴国战略、人才强国战略、创新驱动发展战略，完善国家创新体系，加快建设科技强国。

　　（三）加快实现高水平科技自立自强，是推动高质量发展的必由之路

　　高质量发展是全面建设社会主义现代化国家的首要任务，也是我国经济发展的鲜明主题。习近平总书记在参加十四届全国人大一次会议江苏代表团审议时深刻指出："加快实现高水平科技自立自强，是推动高质量发展的必由之路。"我国经济已由高速增长阶段转向高质量发展阶段，正处在转变发展方式、优化经济结构、转换增长动力的攻关期，关键零部件、核心技术受制于人的局面还没有根本改变。我们党始终把发展放在自己力量的基点上、把中国发展进步的命运牢牢掌握在自己手中。必须以强大科技作支撑，以质量变革、效率变革、动力变革推动现代化经济体系建设。必须通过高水平科技自立自强，助力解决发展不平衡不充分问题，补齐诸多短板，推出更多涉及民生的科技创新成果，满足人民日益增长的美好生活需要。只有实现高水平科技自立自强，才能为构建新发展格局、推动高质量发展提供新的成长空间、关键着力点和主要支撑体系。

神舟十六号载人飞船成功对接于空间站天和核心舱径向端口

（四）实现高水平科技自立自强是应对风险挑战和维护国家利益的必然选择

发展和安全是两件大事，是一体之两翼、驱动之双轮，要把国家安全同经济社会发展一起谋划和部署。当前，国际环境错综复杂，逆全球化、单边主义、保护主义思潮暗流涌动，不稳定性不确定性明显增加。我国科技发展正处在将强未强、不进则退的关键阶段。全球产业链供应链面临重塑，部分国家不断泛化安全概念、滥用出口管制，我国面临核心科技领域遏制打压的形势愈发严峻，实现科技自立自强的任务更显迫切。为有效应对前进道路上的重大挑战，维护国家安全和战略利益，必须依靠科技自立自强，不断提升我国发展独立性、自主性、安全性。2016年4月19日，在网络安全和信息化工作座谈会上，习近平总书记指出，如果核心元器件严重依赖外国，供应链的"命门"掌握在别人手里，那就好比在别人的墙基上砌房子，再大再漂亮也经不起风雨，甚至会不堪一击。关键核心技术是要不来、买不来、讨不来的，只有把发展的主动权牢牢掌握在自己手中，通过科技创新塑造新的竞争优势，解决外国"卡脖子"问题，我国的现代化进程才不会遭遇迟滞甚至阻断的风险，才能从根本上保障我国产业安全、经济安全、国家安全。

 资料链接

中国电科产业基础研究院是我国半导体、传感器与微系统、集成电路原创技术策源地，产品包括固态微波产品、电子陶瓷外壳、碳化硅电力电子器件等，有力支撑了载人航天、月球火星探测、北斗组网等各类装备和以5G基站、新能源汽车等为代表的数字经济产业发展。自1956年从事半导体研究以来，这里先后研制成功60余项国内首创产品。在氮化镓射频芯片领域，中国电科产业基础研究院已实现外延生长、芯片设计、工艺加工、模块设计、封装测试等全产业链自主创新。目前，中国电科产业基础研究院正在第三代半导体等领域持续发力，不断完善从材料到核心元器件的产业链关键环节布局。

2023 年 5 月 12 日，习近平总书记在河北中国电科产业基础研究院考察调研时指出，加快建设科技强国是全面建设社会主义现代化国家、全面推进中华民族伟大复兴的战略支撑，必须瞄准国家战略需求，系统布局关键创新资源，发挥产学研深度融合优势，不断在关键核心技术上取得新突破。

二 新时代高水平科技自立自强取得历史性成就

党的十八大以来，以习近平同志为核心的党中央高度重视科技创新工作，坚持把创新作为引领发展的第一动力，把科技创新摆在国家发展全局的核心位置，全面谋划科技创新工作，加快推进科技自立自强，基础研究和原始创新不断加强，一些关键核心技术实现突破，战略性新兴产业发展壮大，重大创新成果竞相涌现，我国科技事业取得历史性成就、发生历史性变革，进入创新型国家行列，开启了实现高水平科技自立自强、建设科技强国的新阶段。

（一）科技实力跃升，在全球创新版图的影响力显著增强

新时代十年，我国科技事业从量的积累迈向质的飞跃、从点的突破迈向系统能力提升，重大科技创新成果竞相涌现，科技体制改革多点突破、纵深推进，科技自立自强迈出坚实步伐。2023 年 5 月，科技部公布的数据显示，我国全球创新指数排名从 2012 年的第 34 位上升至 2022 年的第 11 位。全社会研发经费从 2012 年的 1 万亿元增加到 2022 年的 3.09 万亿元，研发投入强度从 1.91% 提升到 2.55%；基础研究投入从 2012 年的 499 亿元提高到 2022 年约 1951 亿元，占全社会研发经费比重由 4.8% 提升至 6.3%。研发人员总量从 2012 年的 325 万人年提高到 2022 年预计超过 600 万人年，多年保持世界首位。我国不仅是国际前沿创新的重要参与者，也成为了解决全球问题的重要贡献者。

 **资料链接**

经济合作与发展组织（OECD）和联合国教科文组织（UNESCO）将研究与试验发展活动分为三类，包括：基础研究、应用研究和试验发展。其中，基础研究主要是为获得关于客观现象和可观察事实的基本原理的新知识所进行的实验性或理论性工作。应用研究是为获得新知识而开展的独创性研究，主要是为了达到某一特定的实际目标。试验发展是运

用基础研究和应用研究及实验的知识，为了推广新材料、新产品、新设计、新工艺和新方法，或为了对现有样机和中间生产进行重大改进的任何系统的创造性活动。

（二）科技全面赋能，为高质量发展提供更多高水平源头供给

突出原始创新，持续加大基础研究投入，成功组织一批重大基础研究任务，在量子信息、干细胞、脑科学、类脑芯片领域取得一批具有国际影响力的原创成果。载人航天、嫦娥探月、天问访火、人造太阳、北斗导航、万米海试等重大突破让我国在深空、深海、深蓝等领域牢牢占据科技制高点。围绕创新链布局产业链，聚焦数字经济、先进制造、新材料、能源、交通等战略性产业强化科研攻关，以关键核心技术突破推动产业向中高端攀升，高端产业发展取得新突破。国产 C919 大飞机市场化运营加速，时速 600 公里高速磁浮试验样车下线，高性能装备、智能机器人、增材制造、激光制造等技术有力推动"中国制造"迈向更高水平。聚焦种子和耕地两个关键问题，有力支撑保障国家粮食安全。面向人民生命健康，科技创新为疾病防治、公共卫生、应对人口老龄化提供更加精准而全面的支撑。移动支付、远程医疗、在线教育等新技术新模式深刻改变人们的生活方式。科技创新的渗透性、扩散性、颠覆性作用

充分显现，大幅提升我国的发展质量和持久动力，为中国式现代化创造更加广阔的新愿景、带来更加美好的新期待。

2023 年 5 月 28 日，C919 圆满完成首次商业航班飞行

资料链接

党的十八大以来，我国坚持自由探索和目标导向相结合，注重"从 0 到 1"的原创导向，在基础研究和战略高技术领域取得一批重大成果。北斗导航卫星全球组网成功，"嫦娥四号"首次登陆月球背面，"嫦娥五号"实现地外天体采样，"天问一号"抵达火星，空间站核心舱发射成功，"奋斗者"号完成万米载人深潜，"雪龙 2"号首航南极，悟空、墨子、碳卫星等科学实验卫星成功发射，磁约束核聚变大科学装置多项实验取得突破，散裂中子源、500 米口径球面射电望远镜等建成使用。2022 年，天和、问天、梦天三舱齐聚天宇，中国空间站傲立太空，夸父探日、青藏科考、微纳卫星、量子传输、质子治疗等一批重大创新成果竞相涌现。

（三）改革攻坚发力，国家创新体系整体效能显著提升

科技体制改革推动科技创新的基础性制度基本建立，科技体制改革三年攻坚加快推进。科技部公布数据显示，143 项科技体制改革任务高质量完成，重点领域和关键环节改革取得实质性进展和显著成效。强化国家战略科技力量建设，中国特色国家实验室体系加快构建，高水平研究型大学、科研院所在实施国家重大科技任务中发挥关键作用。企业科技创新主体地位进一步提升，高新技术企业从 2012 年的 3.9 万家增长至 2022 年的 40 万家，762 家企业进入全球企业研发投入 2500 强。统筹推进国际科技创新中心和区域科技创新中心建设，新一轮中关村先行先试在基础研究研发费用加计扣除、科技成果先试用后付费等方面率先开展，23 家国家自创区和 177 家国家高新区成为高质量发展的排头兵。有利于科技创新的法律政策和文化环境进一步优化，科学技术进步法修订实施，国家重大科技决策咨询制度有效运行，科技力量宏观统筹和优化配置效能不断提升，深化评价和激励制度改革，大力弘扬科学家精神，全社

会支持创新、投入创新、参与创新、推动创新的热情空前高涨。

 延伸阅读

在推进创新驱动发展中闯出新路子

2023 年 5 月，习近平总书记在河北考察时要求河北"在推进创新驱动发展中闯出新路子"，并在主持召开深入推进京津冀协同发展座谈会时指出，"要强化企业的创新主体地位，形成一批有自主知识产权和国际竞争力的创新型领军企业"。

近年来，河北省委、省政府深入学习贯彻习近平总书记关于科技创新的重要论述和对河北工作的重要指示批示，把创新作为引领发展的第一动力，夯实企业创新主体地位，持续提升企业创新能力。扎实推进创新驱动发展战略，开展科技体制改革三年攻坚，完善国有企业研发投入刚性增长机制，深入落实研发费用加计扣除政策，提高科技成果孵化转化产业化水平，培育更多科技领军企业、高新技术企业，塑造新的发展优势，科技创新力度持续加大，新动能加快培育，有利于普遍技术进步的创新氛围日益浓厚。河北省创新主体活力竞相迸发，2022 年，全省新增国家高新技术企业1300 家，国家科技型中小企业达到 9667 家，新增专精特新中小企业 1803 家、国家"小巨人"企业 135 家，创新驱动已成为全省经济发展的重要引擎。

钻坚仰高，加快实现高水平科技自立自强。瞄准国家战略需求，抢抓新一轮科技革命和产业变革重大机遇，系统布局关键创新资源，大力推动创新链产业链深度融合，通过补链、强链、延链，支撑传统产业转型升级，引领战略性新兴产业发展壮大。加快实现高水平科技自立自强。2020 年以来，河北在氢能、机器人、生物医药等重点领域稳定支持的关键核心技术攻关项目，带动企业收益超 35 亿元。

真金白银，激发企业创新活力。深入落实研发费用加计扣除等科技惠企政策，将科技型中小企业加计扣除比例由 75% 提高到 100%。2022 年以来，共安排 9.53 亿元财政资金，对 5356 家科技企业实施研发投入后补助。2022 年度 229 项河北省技术发明奖、科学技术进步奖获奖项目中，企业牵头或参与完成的有 144 项，占总数的 62.89%。

精准滴灌，下大气力优化创新环境。聚焦企业在技术、人才、资金等方面的急难愁盼，分类培育、综合施策，打出政策组合拳，厚植创新土壤，打破束缚创新的体制机制障碍，努力营造更加浓厚的创新氛围。加大科技企业信贷支持力度、举办政银联动金融对接活动，建立科技金融培训、科创上市辅导等长效工作机制，2022 年向科技企业发放贷款突破 2000 亿元。持续推动简政放权，取消下放省级行政审批事项 783 项，省级行政许可事项削减至 448 项。截至 2023 年 3 月，河北有经营主体 807.72 万户，其中，高新技术企业 1.2 万家，科技领军企业 64 家。一大批企业加大科技研发、技术攻关，让创新创造的活力在河北充分涌流。

资料来源：根据网络整理。

（四）扩大开放合作，积极打造有利于国际科技交流合作的创新生态

坚持开放包容、互惠共享的国际科技合作理念。科技部公布数据显示，我国与 160 多个国家和地区建立科技合作关系，参与 200 多个国际组织和多边机制。在应对气候变化、清洁能源等重点领域广泛开展国际合作研究，与 60 多个国家、地区和国际组织开展联合资助。"一带一路"科技创新行动计划成果丰硕，建设一批联合实验室。牵头组织国际大科学计划和大科学工程，积极参与国际热核聚变实验堆、平方公里阵列射电望远镜等国际大科学工程。在重点领域搭建更多国际科技交流合作平台，为来华工作的各国人才提供广阔发展舞台，让中国成为全球创新创业的沃土。

行驶中的雅万高铁综合检测列车

当前，我国发展进入战略机遇和风险挑战并存、不确定难预料因素增多的时期。世界新一轮科技革命和产业变革加速演进和拓展，同时，各种"黑天鹅""灰犀牛"事件随时可能发生。我们必须增强忧患意识，坚持底线思维，做到居安思危、未雨绸缪，坚定创新自信，抢抓创新机遇，勇攀科技高峰，破解发展难题，加快实现高水平科技自立自强，加快建设科技强国。

三　加快实现高水平科技自立自强

科技自立自强是国家强盛之基、安全之要。在全面建设社会主义现代化国家的新征程上，我们要完整、准确、全面贯彻新发展理念，坚持"四个面向"，加快实施创新驱动发展战略，以高水平科技自立自强助推高质量发展。

（一）实现科技自立自强的路径

实现高水平科技自立自强必须坚持以习近平新时代中国特色社会主义思想为指导，贯彻落实习近平总书记关于科技创新的重要论述和指示批示精神，贯彻新发展理念，深入实施创新驱动发展战略，走出一条中国特色科技自立自强的道路，为推动高质量发展、构建新发展格局提供有力支撑。

（1）科技创新和制度创新双轮驱动。科技创新依赖于基础科学的发展、应用与创新，同时也依赖于具体生产技术本身的创新。制度和体制机制的创新是实现技术创新的基础和前提。创新是一个系统工程，创新链、产业链、资金链、政策链相互交织、相互支撑，科技创新、制度创新要协调发挥作用，两个轮子一起转。

（2）有为政府和有效市场相紧密结合。既要发挥市场在科技资源配置中的决定性作用，激发创新主体活力，营造良好创新生态；又要发挥我国"集中力量办大事"的制度优势，构建社会主义市场经济条件下的关键核心技术攻关新型举国体制，提升创新治理能力。

（3）自主创新和开放合作相互推动。坚持自主创新与开放合作的良性互动，在自主创新中扩大开放、兼容并蓄，在开放合作中提升自己、实现更高层次的自主创新和自立自强。

（4）能力提升和体系建设相互促进。围绕科技创新体系化能力提升，强化创新体系和创新能力建设，优化创新要素组合，提升集成创新能力，构建系统、完备、高效的国家创新体系，激发调动广大科技人员和创新主体的积极性、创造性，加快走出一条从人才强、科技强到产业强、经济强、国家强的创新发展新路径。

（二）实现科技自立自强的重点举措

党的二十大报告明确提出，未来五年，科技自立自强能力显著提升，到 2035 年，我国经济实力、科技实力、综合国力大幅跃升，实现高水平科技自立自强，进入创新型国家前列，建成科技强国。为了实现这一目标，我们要深入贯彻落实习近平总书记关于科技创新的重要论述，扎实落实党的二十大确定的各项战略部署。

（1）持之以恒加强基础研究。基础研究是整个科学体系的源头，是所有技术问题的总机关，关乎我国源头创新能力和国际科技竞争力的提升。党的二十大报告突出强调要加强基础研究、突出原创，鼓励自由探索。一是要强化基础研究前瞻性、战略性、系统性布局。把握科技发展趋势和国家战略需求，加强基础研究重大项目可行性论证和遴选评估。有组织推进战略导向的体系化基础研究、前沿导向的探索性基础研究、市场导向的应用性基础研究。二是要坚持目标导向和自由探索并重。探索面向世界科学前沿的原创性科学问题发现和提出机制，构建从国家安全、产业发展、民生改善的实践中凝练基础科学问题的机制，聚焦信息技术、生物技术、纳米技术、认知科学等领域，加强交叉协同融合，推动颠覆性技术创新，提升科技持续供给能力。三是深化基础研究体制机制改革。加大对基础研究财政投入力度、优化支出结构，建立符合科学规律的评价体系和激励机制，创造有利于基础研究的科研生态。

 资料链接

　　党和国家历来重视基础研究工作。新中国成立后，党中央发出"向科学进军"号召，广大科技工作者自力更生、艰苦奋斗，取得"两弹一星"关键科学问题、人工合成牛胰岛素、多复变函数论突破、哥德巴赫猜想证明等重大基础研究成果。

　　改革开放后，我国迎来"科学的春天"，先后实施"863计划""攀登计划""973计划"，基础研究整体研究实力和学术水平显著增强。

　　党的十八大以来，党中央把提升原始创新能力摆在更加突出的位置，制定实施《关于全面加强基础科学研究的若干意见》《基础研究十年规划》，成功组织一批重大基础研究任务、建成一批重大科技基础设施，基础前沿方向重大原创成果持续涌现。

（2）坚决打赢关键核心技术攻坚战。关键核心技术是国之重器，对推动我国经济高质量发展、保障国家安全都具有十分重要的意义。虽然近年来我国科技创新能力显著提升，但科技发展水平特别是关键核心技术创新能力同国际先进水平相比还有很大差距，底层基础技术、基础工艺能力不足，工业母机、高端芯片、基础软硬件、开发平台、基本算法、基础元器件、基础材料等瓶颈仍然突出，关键核心技术受制于人的局面没有得到根本性改变。关键核心技术是要不来、买不来、讨不来的，只有把关键核心技术掌握在自己手中，才能从根本上保障国家经济安全、国防安全和其他安全。健全社会主义市场经济条件下关键核心技术攻关新型举国体制要强化国家战略科技力量，大幅提升科技攻关体系化能力，把政府、市场、社会有机结合起来，科学统筹、集中力量、优化机制、协同攻关。以国家战略需求为导向，以具有先发优势的关键技术和引领未来发展的基础前沿技术为突破口，集聚力量进行原创性引领性科技攻关，着力解决影响制约国家发展全局和长远利益的重大科技问题。以基础零部件、基础软硬件、基础工艺、基础材料等为突破口，加强仪器设备和关键试剂研发。聚焦制造业、生物药物、农业和原材料行业等战略领域，集中突破关键核心技术，加强战略技术储备。聚焦新兴技术、新兴产业的战略方向，加强前瞻性、引领性技术研发布局，瞄准量子信息、先进计算、信息光子、微纳电子、深海极地等方向，加强新兴信息技术与

制造技术融合的前沿技术理论攻关，实现新技术带动新产业的
突破性创新发展。

新能源汽车智能化生产线繁忙有序运转

 **资料链接**

新型举国体制新在哪里

2022 年 9 月，中央全面深化改革委员会第二十七次会议，审议通过了《关于健全社会主义市场经济条件下关键核心技术攻关新型举国体制的意见》。发展到今天，新型举国

体制有了新的核心任务——关键核心技术攻关；有了新的目标定位——在若干重要领域形成竞争优势、赢得战略主动。因此，新型举国体制既要发挥社会主义制度集中力量办大事的显著优势，强化党和国家对重大科技创新的领导，又要充分发挥市场机制作用，围绕国家战略需求优化配置创新资源。

（3）强化国家战略科技力量。建成创新型国家，为世界科技事业发展作出贡献，必须有一支能打硬仗、打大仗、打胜仗的战略科技力量，形成代表国家水平、国际同行认可、在国际上拥有话语权的科技创新实力，成为抢占国际科技制高点的重要战略创新力量。国家实验室、国家科研机构、高水平研究型大学、科技领军企业都是国家战略科技力量的重要组成部分，要自觉履行高水平科技自立自强的使命担当。以重大科技任务攻关和国家大型科技基础设施为主线，依托最有优势的创新单元，整合全国创新资源，建立目标导向、绩效管理、协同攻关、开放共享的新型运行机制，建设突破型、引领型、平台型一体的国家实验室。制订实施战略性科学计划和科学工程，推进科研院所、高校、企业科研力量优化配置和资源共享。布局建设综合性国家科学中心和区域性创新高地，支持北京、上海、粤港澳大湾区形成国际科技创新中心，支持有条件的地方建设国际和区域科技创新中心。

 名词解释

国家实验室是以国家现代化建设和社会发展的重大需求为导向，开展基础研究、竞争前沿高技术研究和社会公益研究，积极承担国家重大科研任务的国家级科研机构。国家实验室是一个国家科研力量的"国家队"，"十四五"规划纲要提出要"加快构建以国家实验室为引领的战略科技力量"。国家实验室作为一种世界通行的科研基地形式，兴起和发展于"二战"前后。作为世界头号科技强国，美国拥有庞大的国家实验室体系。美国国家实验室主要隶属美国能源部、国防部和国家航空航天局等联邦部委。其中，能源部下属的 17 个国家实验室是典型代表。

国家重点实验室是国家组织开展基础研究和应用基础研究、聚集和培养优秀科技人才、开展高水平学术交流、具备先进科研装备的重要科技创新基地，是国家创新体系的重要组成部分。经过 30 多年的建设发展，已成为孕育重大原始创新、推动学科发展和解决国家战略重大科学技术问题的重要力量。"十四五"规划纲要提出了"重组国家重点实验室"

的具体任务，通过调整、充实、整合、撤销等方式，对现有国家重点实验室进行优化整合；在国家重大创新领域、基础学科、新兴交叉学科等新建一批国家重点实验室。

（4）突出企业的技术创新主体地位。企业是科技和经济紧密结合的重要力量，是推动创新创造的生力军。科技创新绝不仅仅是实验室里的研究，而是必须将科技创新成果转化为推动经济社会发展的现实动力。多年来，我国科研和经济联系不紧密是一大痼疾，科研和经济始终是"两张皮"，直接制约了科技创新效率的提高。要着力构建以企业为主体、市场为导向、产学研相结合的技术创新体系，加快科技创新，加强产品创新、品牌创新、产业组织创新、商业模式创新，使企业真正成为技术创新决策、研发投入、科研组织、成果转化的主体，变"要我创新"为"我要创新"。制定和落实鼓励企业技术创新各项政策，鼓励企业加大研发投入，支持企业牵头组建创新联合体，承担国家重大科技项目。中央企业等国有企业要勇挑重担、敢打头阵，勇当原创技术的"策源地"、现代产业链的"链长"。发挥大企业引领支撑作用，支持创新型中小微企业成长为创新重要发源地，推动产业链上中下游、大中小企业融通创新，培育一批"专精特新"中小企业。要激发和保护企业家精神，鼓励更多社会主体投身创新创业。企业家创新活动是推动企业创新发展的关键，企业家要做创新发展的探索者、组织者、引领者，勇于推动生产组织创新、技术创新、市场创新，重视技术研发和人力资本投入，有效调动员工创造力，努力把企业打造成为强大的创新主体。要依法保护企业家合法权益，加强产权和知识产权保护，形成长期稳定发展预期，鼓励创新、宽容失败，营造激励企业家干事创业的浓厚氛围。

（5）激发科技人才创新活力。人才是第一资源，也是创新活动中最为活跃、最为积极的因素。谁拥有了一流的创新人才，谁就拥有了科技创新的优势和主导权。必须深入实施新时代人才强国战略，加快建设世界重要人才中心和创新高地。打造大批一流科技领军人才和创新团队，跨部门、跨地区、跨行业、跨体制调集领军人才，围绕国家重点领域、重点产业，组织产学研协同攻关。培育大批卓越工程师，探索形成中国特色、世界水平的工程师培养体系，努力建成一支爱党报国、敬业奉献、具有突出技术创新能力、善于解决复杂工程问题的工程师队伍。造就规模宏大的青年科技人才队伍，完善优秀青年人才全链条培养制度，各类人才培养引进支持计划要向青年人才倾斜，让青年科技人才安身、安心、安业。深化人才发展体制机制改革，健全以创新能力、质量、实效、贡献为导向的科技人才评价体系，建立完善开放灵活的人才吸引机制，健全创新激励和保障机制，完善国际化人才制度和科研环境，形成有国际竞争力的人才培养和引进制度体系。要加强科研学风作风建设，引导科技人员摒弃浮夸、祛除浮躁，坐住坐稳"冷板凳"。要坚持走基础研究人才自主培养之路，深入实施"中学生英才计划""强基计划""基础学科拔尖学生培养计划"，优化基础学科教育体系，发挥高校特别是"双一流"高校基础研究人才培养主力军作用，加强国家急需高层次人才培养，源源不断地造就规模宏大的基础研究后备力量。

 资料链接

致全省广大科技工作者的慰问信

2023 年 5 月 30 日，河北省委书记倪岳峰、省长王正谱在致全省广大科技工作者的慰问信指出，当前，全省上下正在深入学习贯彻习近平总书记视察河北重要讲话精神，解放思想、奋发进取，加快建设经济强省、美丽河北，奋力谱写中国式现代化建设河北篇章。希望全省广大科技工作者深入开展学习贯彻习近平新时代中国特色社会主义思想主题教育，全面贯彻习近平总书记重要讲话精神，胸怀"国之大者"，大力弘扬科学家精神，以实际行动忠诚捍卫"两个确立"、坚决做到"两个维护"。要始终坚持"四个面向"，聚焦深入推进京津冀协同发展、高标准高质量推进雄安新区建设，推进集成电路、网络安全、生物医药、电力装备、安全应急装备等战略性新兴产业集群发展和开展盐碱地综合利用等重大使命任务，强化协同创新和产业协作，勇攀科技高峰，攻克前沿技术，为实现高水平科技自立自强作出新的更大贡献。

（6）加强党对科技工作的全面领导。办好中国的事情，关键在党。坚持党的全面领导，是国家和民族兴旺发达的根本所在。集中力量办大事是我们成就事业的重要法宝。要坚持发挥党的领导和我国社会主义制度的政治优势，把党的领导落实到科技事业各领域各方面各环节，坚决拥护"两个确立"，增强"四个意识"、坚定"四个自信"、做到"两个维护"，在政治立场、政治方向、政治原则、政治道路上始终同以习近平同志为核心的党中央保持高度一致，为我国科技事业发展提供坚强政治保证。加强党中央集中统一领导，完善党中央对科技工作统一领导的体制，建立权威的决策指挥体系。强化战略谋划和总体布局，调动各方面积极性，加速聚集创新要素，优化配置创新资源，实现创新驱动系统能力整合，增强科技创新活动的组织力、战斗力。

第七章

推动区域协调发展

　　千钧将一羽，轻重在平衡。区域协调发展，是一盘着眼全局、纵横联动东西南北、统筹联通国内国外的发展大棋局。党的十八大以来，习近平总书记登高望远、统揽全局，准确研判区域经济发展新形势，提出了一系列关于区域经济发展和空间治理的新理念新思想新战略，引领我国区域经济发展取得历史性成就、发生历史性变革。党的二十大报告明确提出，"深入实施区域协调发展战略、区域重大战略、主体功能区战略、新型城镇化战略，优化重大生产力布局，构建优势互补、高质量发展的区域经济布局和国土空间体系"，这为推动区域协调发展指明了前进方向、提供了根本遵循。

一　深入理解区域协调发展及其总思路

　　统筹区域发展是"国之大者"。我国地域之辽阔，人口之众多，东西南北中各区域情况之复杂，在世界上是罕见的，统筹区域发展从来都是一个重大问题。我们党历来重视区域发展问题，并不断调整区域发展战略，区域协调发展在党的十九大报告中正式成为国家发展战略。我们要深入理解区域协调发展及其总的思路。

（一）区域协调发展的辩证法

2019 年 8 月，习近平总书记在中央财经委员会第五次会议上指出，不平衡是普遍的，要在发展中促进相对平衡，这是区域协调发展的辩证法。我国幅员辽阔、人口众多，长江、黄河横贯东西，秦岭、淮河分异南北，各地区资源禀赋、经济基础、社会文化差别巨大，做好区域协调发展"一盘棋"这篇大文章，不能简单要求各地区在经济发展上达到同一水平，而是要根据各地区的条件，走合理分工、优化发展的路子。要坚持实施区域重大战略、区域协调发展战略、主体功能区战略，健全区域协调发展体制机制。

实现区域协调发展是一个长期过程。我国发展不协调是一个长期存在的问题，突出表现在区域、城乡、经济和社会、物质文明和精神文明等关系上。区域发展不平衡的问题由来已久，区域协调发展不可能一蹴而就，实现区域协调发展必然是一个长期的过程，需要久久为功。推动区域协调发展，要坚持发展两点论和重点论的统一、发展平衡和不平衡的统一、发展短板和潜力的统一，着力增强发展的整体性协调性。

高层声音

2023 年 5 月 10 日，习近平总书记在河北雄安新区考察并主持召开高标准高质量推进雄安新区建设座谈会上指出，建设雄安新区是千年大计、国家大事，既不能心浮气躁，也不能等靠要，要踏实努力，久久为功。

（二）区域协调发展经历的几个阶段

新中国成立以来，我们党一直高度重视区域经济发展，并不断探索和调整区域发展战略，优化生产力布局。20 世纪 50 年代，党中央提出要正确处理沿海与内地的关系，新时代以来，习近平总书记亲自谋划、亲自部署了一系列区域重大战略，我国的区域发展总体战略格局不断完善。我国区域发展战略大体上经历了四个阶段。

第一个阶段是新中国成立后到改革开放前的均衡发展战略。新中国成立初期，毛泽东同志结合当时的政治经济情况，提出了优先发展内地、平衡布局生产力的思想，之后形成了指导全国区域经济发展的均衡发展政策。这期间，我国生产力布局经历过几次重大调整。"一五"时期，苏联援建的 156 项重点工程，有 70% 以上布局在北方，其中东北占了 54 项。1956 年，毛泽东在《论十大关系》中提出正确处理沿海工业与内地工业的关系。20 世纪 60 年代初期，中共中央和毛泽东提出从战备需要出发，根据战略位置的不同，将我国各地区分为一线、二线、三线，以实现均衡发展。随后，开展了大规模的"三线"建设。这一时期，全国范围内建立起若干大工业基地、大城市集聚区以及经济协作区，它们后来成为各区域的经济增长极、特大城市以及高等教育、科技研发基地等。

第二个阶段是改革开放后到世纪之交的非均衡发展战略阶段。这一时期与改革开放政策相辅相成，邓小平同志提出"让一部分人、一部分地区先富起来，实行'先富'带'后富'"的"非均衡发展"思想，由此对以往发展战略和政策进行重大调整。党中央提出让沿海地区率先发展起来，进而带动内地发展，使整个国民经济不断地波浪式地向前发展。国家强调发挥东部沿海地区的区位优势，实施优先发展东部沿海地区的战略，20世纪80年代到21世纪初，国家批准5个经济特区、14个沿海开放城市、17个经济技术开发区全部集中在东部地区，极大地发挥了东部地区的优势和潜力，为全国的经济发展奠定了重要基础。

第三个阶段是促进东西差距缩小的发展阶段。随着东部经济的高速发展，东中西之间的经济发展差距逐渐扩大，缩小地区差距成为我国区域经济发展的重要目标。党中央在继续鼓励东部地区率先发展的同时，自上个世纪末开始，相继作出实施西部大开发、振兴东北地区等老工业基地、促进中部崛起等重大战略决策。1999年9月，党的十五届四中全会明确提出实施西部大开发战略，2003 年 10 月，党中央提出实施振兴东北地区等老工业基地的战略，2006 年 4 月，党中央发布了关于促进中部地区崛起的若干意见，这些战略构成我国区域发展的总体战略，覆盖我国大陆全部国土，既能平衡区域关系，又能解决不同区域的不同发展问题，有力推动了区域协调发展。

第四个阶段为进入新时代以来我国区域协调发展新阶段。党的十八大以来，以习近平同志为核心的党中央统揽全局，准确把握国内外发展大势特别是我国发展阶段变化和全面深化改革开放新形势，丰富完善区域发展理念、战略和政策体系。2012 年 11 月，党的十八大对区域协调发展作出新的阐述和部署。2017 年 10 月，党的十九大正式提出实施区域协调发展战略，强调加大力度支持革命老区、民族地区、边疆地区、贫困地区加快发展，强化举措推进西部大开发形成新格局，深化改革加快东北等老工业基地振兴，发挥优势推动中部地区崛起，创新引领率先实现东部地区优化发展，建立更加有效的区域协调发展新机制。特别是习近平总书记亲自谋划、亲自部署、亲自推动了京津冀协同发展、长江经济带发展、粤港澳大湾区建设、长三角一体化发展、黄河流域生态保护和高质量发展、海南全面深化改革开放等一系列区域重大战略。这些重大战略不断优化我国生产力布局，助力我国经济发展实现历史性跃升。

三门峡黄河大坝

（三）区域协调发展的总思路

党的十八大以来，我国区域发展总体形势是好的，但是也出现了一些新情况新问题。我国经济发展的空间结构发生深刻变革，中心城市和城市群成为承载发展要素的主要空间形式。2019 年 8 月，习近平总书记在中央财经委员会第五次会议上强调，"我们必须适应新形势，谋划区域协调发展新思路，要根据各地区条件，走合理分工、优化发展的路子，形成几个能带动全国高质量发展的新动力源，特别是京津冀、长三角、珠三角三大地区，以及一些重要城市群"。正是在这次会议上，习近平总书记提出了新形势下促进区域协调发展总的思路，即按照客观经济规律调整完善区域政策体系，发挥各地区比较优势，促进各类要素合理流动和高效集聚，增强创新发展动力，加快构建高质量发展的动力系统，增强中心城市和城市群等经济发展优势区域的经济和人口承载能力，增强其他地区在保障粮食安全、生态安全、边疆安全等方面的功能，形成主体功能明显、优势互补、高质量发展的区域经济格局。区域协调发展战略的目标主要包括三个方面：努力实现基本公共服务均等化、基础设施通达程度比较均衡、人民基本生活保障水平大体相当。

 延伸阅读

区域发展出现的新情况新问题

党的十八大以来，我国区域发展形势出现一些新情况新问题，从外部环境看，保护主义上升、世界经济低迷、全球市场萎缩，情况更加严峻复杂。从国内看，出现了下列现象：

一是区域经济发展分化态势明显。区域间南北差距扩大。长三角、珠三角等地区已初步走上高质量发展轨道，一些北方省份增长放缓，北方地区人均 GDP 从 2012 年开始低于南方地区。2019 年，北方地区经济总量占全国的比重为 35.4%，比 2012 年下降 7.4%，为 1978 年以来的占比新低。全国经济重心进一步南移。区域内部分化明显，有的省份内部也有分化现象。

二是发展动力极化现象日益突出。经济和人口向大城市及城市群集聚的趋势比较明显。人口、资本等要素逐渐向省会城市和中心城市聚集，北京、上海、广州、深圳等特大城市发展优势不断增强，杭州、南京、武汉、郑州、成都、西安等大城市发展势头较好，形成推动高质量发展的区域增长极。

三是部分区域发展面临较大困难。东北地区、西北地区发展相对滞后。2012 年至 2018 年，东北地区经济总量占全国的比重从 8.7% 下降到 6.2%，常住人口减少 137 万，年轻人和科技人才减少较多。西北地区基础设施落后，生态环境脆弱，一些资源枯竭型城市、传统工矿区城市发展活力不足，转型发展压力巨大。城乡差距依然较大。革命老区、民族地区、边疆地区、贫困地区等地区发展困难重重。

资料来源：《推动形成优势互补高质量发展的区域经济布局》，载于《求是》2019 年第 24 期。

二 深刻认识实施区域协调发展的重大意义

区域协调发展战略，是关乎我国经济发展全局的重要战略举措，是贯彻新发展理念、建设现代化经济体系的重要组成部分。深入实施区域协调发展战略，对推动区域经济持续发展和国土空间布局更加优化，构建优势互补、高质量发展的区域经济布局和国土空间体系具有重要意义。

一是构建新发展格局的必然要求。构建新发展格局是以全国统一大市场基础上的国内大循环为主体，不是各地都搞自我小循环。既要坚持全国一盘棋谋篇布局，也要发挥各地区比较优势落好棋子。这就要求各地区找准自己在国内大循环和国内国际双循环中的位置和比较优势，把构建新发展格局同实施区域重大战略、区域协调发展战略、主体功能区战略等有机衔接起来，促进各类要素合理流动和高效集聚，加快构建高质量发展的动力系统，推动形成优势互补、高质量发展的区域经济布局和国土空间体系，为构建新发展格局提供多层次、全方位的空间基础。

 资料链接

2023 年 4 月 20 日，"读懂中国·湾区对话"专题论坛在广州闭幕。本届会议以"中国式现代化与世界新机遇"为主题，来自全球的政治家、战略家、学者、企业家代表，通过17 场重磅会议，从不同视角观察中国式现代化带给世界的新机遇。在本届论坛上，粤港澳大湾区成为关注热点。与会人士表示，粤港澳大湾区的发展成果，已成为中国式现代化建设进程的缩影。透过粤港澳大湾区，世界正看见一个加快推动高质量发展的中国。

二是促进全体人民共同富裕的必然要求。共同富裕是社会主义的本质要求，是中国式现代化的重要特征。必须清醒地看到，我国幅员辽阔、人口众多，各地区自然资源禀赋差别之大在世界上是少有的，发展不平衡不充分的问题仍然突出，尤其是地区、城乡、收入差距比较明显。这就要求我们加快实施区域协调发展战略，协同推进新型城镇化和乡村振兴，构建优势互补、高质量发展的区域经济布局和国土空间体系，逐步缩小区域差距、城乡差距、收入分配差距，让欠发达地区和低收入人口共享发展成果，在现代化进程中不掉队、赶上来，逐步实现全体人民共同富裕。

三是实现人与自然和谐共生的必然要求。生态文明建设是关系中华民族永续发展的根本大计，要站在人与自然和谐共生的高度来谋划经济社会发展，形成节约资源和保护环境的空间格局、产业结构、生产方式、生活方式。这就要求我们按照主体功能区定位，立足资源环境承载能力，优化区域经济布局和国土空间开发保护格局，落实基本农田、生态保护、城镇开发等空间管控边界，强化国土空间规划和用途管控，使农产品主产区生产能力有效提升，生态功能区得到更好保护，城镇化地区紧凑集约发展，形成人与自然和谐共生的空间格局。

延伸阅读

2020 年 10 月，中共中央、国务院印发《黄河流域生态保护和高质量发展规划纲要》。

黄河流域是我国重要的生态屏障和重要的经济地带，保护黄河是事关中华民族伟大复兴和永续发展的千秋大计。面对黄河水患频发、生态本底差、水资源十分短缺、水土流失严重、资源环境承载能力弱、沿黄各省区发展不平衡不充分等问题，党中央把保护黄河作为治国理政的大事，把黄河流域生态保护和高质量发展作为国家重大战略，确定其战略定位为大江大河治理的重要标杆、国家生态安全的重要屏障、高质量发展的重要实验区、中华文化保护传承弘扬的重要承载区。要坚定不移走生态优先、绿色发展的现代化道路，要更加注重保护和治理的系统性、整体性、协同性，加快构建抵御自然灾害防线，走好水安全有效保障、水资源高效利用、水生态明显改善的集约节约发展之路，大力推动生态环境保护治理，加快构建国土空间保护利用新格局，保护传承弘扬黄河文化，让黄河成为造福人民的幸福河，推动黄河流域生态保护和高质量发展迈出新的更大步伐。

四是统筹发展和安全的必然要求。安全是发展的前提，发展是安全的保障。统筹发展和安全，既要推动区域经济持续健康稳定发展，筑牢国家繁荣富强、人民幸福安康、社会和谐稳定的物质基础，又要牢牢守住国土空间安全底线，为发展提供更为稳固的空间基础和条件。这就要求我们树立底线思维和战略眼光，通过构建优势互补、高质量发展的区域经济布局和国土空间体系，强化国家粮食安全、能源安全、产业链供应链安全，促进民族团结融合，维护边境安全和边疆稳定，推动我国实现更具韧性、更加安全的可持续发展。

三　全面把握新时代区域协调发展取得历史性成就

党的十八大以来，我国城乡区域协调发展取得了历史性的成就、发生历史性变革。"五大战略"深入推进，"四大版块"优化发展，区域协调发展体制机制不断建立健全，区域发展平衡性协调性进一步增强，优势互补、高质量发展的区域经济布局正在形成。

（一）深入实施区域重大战略，增长极增长带作用不断增强

一是京津冀协同发展取得新的显著成效。2022 年，北京、天津、河北经济总量突破 10 万亿元，按现价计算，是 2013 年的 1.8 倍。北京、河北地区生产总值跨越 4 万亿元量级，均为 4.2 万亿元，分别是 2013 年的 2.0 倍和 1.7 倍；天津地区生产总值为 1.6 万亿元，是 2013 年的 1.6 倍。疏解北京非首都功能初见成效。"轨道上的京津冀"加速形成，美丽宜居京津冀取

得丰硕成果，科技创新和产业融合发展水平持续提升。雄安新区建设取得重大阶段性成果。二是全面推动长江经济带发展。生态环境保护发生转折性变化，2021 年，长江经济带优良水质比例达到 92.8%，两岸绿色生态廊道逐步形成。长江干线港口完成货物吞吐量超 35 亿吨，创历史新高。沿江 11 省市经济总量占全国的比重，从 2015 年的 45.1% 提高到 2021 年的 46.6%；对全国经济增长的贡献率，从 2015 年的 47.7% 提高到 2021 年的 50.5%。三是积极稳妥推进粤港澳大湾区建设。2022 年，粤港澳大湾区经济总量超 13 万亿元人民币，以全国 0.6% 的国土面积创造了全国 1/9 的经济总量，大湾区外贸进出口总额 8.3 万亿元，占全国 1/5，综合实力显著增强，朝着建成国际一流湾区和世界级城市群的既定目标加速前进。四是提升长三角一体化发展水平。2022 年，长三角地区经济总量达到 29 万亿元，约占全国的 24%，全国发展强劲活跃增长极更加巩固。以科创产业融合为引领的协同创新产业体系建设成效显著。五是扎实推进黄河流域生态保护和高质量发展。黄河流域生态环境质量和稳定性持续向好，地表水优良断面比例不断提高，2022 年 1 ~ 6 月，黄河流域地表水 Ⅰ ~ Ⅲ 类水质断面比例达 82.4%，同比上升 5.8%。水资源节约利用水平提升，洪涝灾害应对能力增强，基本完成下游滩区 85 万群众迁建任务。

资料链接

　　2023 年 4 月 6 日，天津至北京大兴国际机场铁路（简称津兴铁路）安次站至胜芳站右线完成铺轨，标志着津兴铁路正线铺轨工程全线贯通。津兴铁路建成通车后，天津市、雄安新区、北京大兴国际机场将形成半小时交通圈，大兴机场出站旅客可以通过津兴城际最快 35 分钟到达天津西站，天津市民也可以经大兴机场最快 60 多分钟到达北京西站，实现两地三个机场和多个高铁节点连点成网，为沿线地区带来新的发展机遇。

中国星网雄安新区总部大楼

（二）扎实推进区域协调发展战略，区域发展相对差距持续缩小

一是推动西部大开发形成新格局。西部呈现出更加广阔的发展前景，2022 年西部地区生产总值 25.7 万亿元，占全国比重达到 21.4%，比五年前提高 1 个百分点。西部地区铁路里程、运输机场数量明显增长。5000 多万建档立卡贫困人口全部脱贫。二是推动东北全面振兴取得新突破。经济运行逐步企稳，营商环境进一步优化。2022 年，东北三省粮食实现"十九连丰"，总产量占全国的两成以上。改造升级装备制造业等"老字号"，培育壮大高新技术产业等"新字号"，深度开发石化、冶金、农产品加工等"原字号"，大国重器的产业根基进一步夯实。三是促进中部地区加快崛起。中部六省积极融入国家战略，不断增强地区综合实力和竞争力。经济增速连续多个季度居东中西和东北四大板块之首，武汉城市圈、长株潭城市群等鼎足而立、加强合作，粮食生产基地、能源原材料基地、现代装备制造及高技术产业基地和综合交通运输枢纽地位更加巩固。四是鼓励东部地区加快推进现代化。东部地区发展韧性强、活力足，创新要素快速集聚、高水平人才密集，在建设现代产业体系、推动高质量发展上走在全国前列。2022 年，面对超预期因素冲击，福建、山东、浙江经济增速分别为 4.7%、3.9%、3.1%，高于全国平均水平，发挥了东部经济大省稳经济挑大梁重要作用。五是支持革命老区、民族地区、边境地

区、资源型地区等特殊类型地区加快发展。据国家统计局发布的数据，截至 2022 年底，中央财政对相关地区转移支付资金比五年前增长 66.8%，全国 140 个边境县城镇居民人均可支配收入平均超过 3 万元，20 个革命老区重点城市人均地区生产总值超 6 万元。同时，随着陆海统筹力度加大，2022 年，我国海洋生产总值突破 9 万亿元，海洋科技自主创新成果丰硕，海洋产业向中高端迈进，海洋经济正成为新的增长点。

（三）区域平衡性协调性进一步增强

一是区域发展相对差距持续缩小。2021 年，中部和西部地区生产总值分别达到 25 万亿元、24 万亿元，与 2012 年相比增加 13.5 万亿元、13.3 万亿元，占全国的比重由 2012 年的 21.3%、19.6% 提高到 2021 年的 22%、21.1%。中西部地区经济增速连续多年高于东部地区，东西差距持续缩小，协调性逐步增强。二是动力源地区引擎作用不断增强。2021 年，京津冀、长三角、粤港澳大湾区内地 9 市地区生产总值分别达 9.6 万亿元、27.6 万亿元、10.1 万亿元，总量超过了全国的 40%，发挥了全国经济压舱石、高质量发展动力源、改革试验田的重要作用。三是重要功能区关键作用更加明显。黑龙江、河南、山东、安徽、吉林 5 个产粮大省 2021 年产量达到 5607.8 亿斤，超过全国 40%，有效维护了国家粮食安全。在重点地区建成了一批能源资源综合开发利用基地，国内能源供给保障水平持续提升。四是基本公共服务均等化水平不断提高。各地义务教育资源基本均衡，基本医疗保障实现全覆盖，中西部地区每千人口医疗卫生机构床位数超过东部地区。参加城乡居民基本养老保险人数超过 5.4 亿人，参加基本医疗保险人数超过 13.6 亿人。五是基础设施通达程度更加均衡。截至 2021 年底，中西部地区铁路里程突破 9 万公里，占全国比重近 60%。2012 年以来新增铁路里程占全国比重接近 70%。公路里程超过 350 万公里，2012 年以来新增公路里程占全国比重接近 80%。中部地区大通道大枢纽、西部地区"五横四纵四出境"综合运输通道建设加快推进，区域基础设施通达度、畅通性和均等化水平大幅提升。六是人民基本生活保障水平逐步接近。2021 年，西部地区、中部地区居民人均可支配收入分别超过 2.7 万元、2.9 万元，较十年前翻了一番；常住人口城镇化率分别超过 57%、59%，与全国水平差距进一步缩小，城乡区域发展协调性进一步提升。东部、东北、中部与西部地区居民人均可支配收入比分别从 2013 年的 1.7、1.29、1.1 下降至 2021 年的 1.63、1.11、1.07。中西部地区人均社会消费品零售总额增速快于东部地区，东部产业持续向中西部转移，中西部地区就业机会和吸引力不断增加，农民工跨省迁移数量明显减少。

四 推动区域协调发展向更高水平和更高质量迈进

推动区域协调发展向更高水平和更高质量迈进，要紧紧围绕党的二十大报告的部署要求，按照区域协调发展的总思路，推动各项战略举措协调发力，构建优势互补、高质量发展的区域经济布局和国土空间体系。

一是建立更加有效的区域协调发展新机制，促进优化政策体系。要坚持和加强党对区域协调发展工作的领导，立足发挥各地区比较优势和缩小区域发展差距，围绕努力实现基本公共服务均等化、基础设施通达程度比较均衡、人民基本生活保障水平大体相当的目标，深化改革开放，坚决破除地区之间的利益藩篱和政策壁垒，加快形成统筹有力、竞争有序、绿色协调、共享共赢的区域发展新机制。健全区域战略统筹、市场一体化发展、区域合作互助、区际利益补偿等机制，更好促进发达地区和欠发达地区、东中西部和东北地区共同发展。完善财政转移支付制度，合理确定中央支出占整个支出的比重，对重点生态功能区、农产品主产区、困难地区提供有效转移支付。健全纵向生态补偿机制，加大对森林、草原、湿地和重点生态功能区的转移支付力度。

二是深入实施区域协调发展战略，在发展中促进相对平衡。推动西部大开发形成新格局，把握向西开放战略机遇，加快西部陆海新通道建设，积极融入"一带一路"建设，大力发展特色优势产业，深入实施重大生态工程，不断提升可持续发展能力。推动东北全面振兴取得新突破，从维护国家国防、粮食、生态、能源、产业安全的战略高度，全力破解体制机制障碍，激发市场主体活力，推动产业结构调整优化。促进中部地区加快崛起，充分发挥连南接北、承东启西的区位优势，推进制造业转型升级，着力推动内陆高水平开放，继续在全国高质量发展中发挥生力军作用。鼓励东部地区加快推进现代化，发挥基础雄厚、创新要素集聚等优势，加快培育世界级先进制造业集群，提升要素产出效率，持续推进消费升级，不断提高创新能力和经济增长能级。支持革命老区在保护好生态的前提下因地制宜发展特色产业，支持民族地区加快发展，加强边疆地区建设，推动兴边富民、稳边固边。建立健全区域战略统筹、市场一体化发展、区域合作互助、区际利益补偿等机制，推动实现基本公共服务均等化、基础设施通达程度比较均衡、人民基本生活保障水平大体相当。

三是深入实施区域重大战略，增强高质量发展的重要动力源。京津冀协同发展要牢牢把握疏解北京非首都功能"牛鼻子"。扎实推动疏解北京非首都功能各项任务落实，要坚持问题导向，持续用力破除制约京津冀协同发展的行政壁垒和体制机制障碍，加快人流、物流、信息流等要素市场一体化建设。高标准高质量推进雄安新区建设，完整、准确、全面贯彻落实党中央关于建设雄安新区的战略部署，全面落实创新驱动发展战略，推动各领域改革开放前沿政策措施和具有前瞻性的创新试点示范项目在雄安落地，优化健全雄安新区领导体制和管理机制，坚持人民城市人民建、人民城市为人民。长江经济带发展要坚持共抓大保护、不搞大开发的战略导向，继续坚定不移贯彻新发展理念，加强生态环境系统保护修复，完善生态产品价值实现机制，推进上中下游协同联动发展，充分发挥集沿海、沿江、沿边、内陆开放于一体的东西双向开放优势，推动产业有序转移和创新资源开放共享。粤港澳大湾区建设要着眼于促进香港、澳门融入国家发展大局，加快基础设施建设和互联互通，深入推进重点领域规则衔接、机制对接，加快建设深圳中国特色社会主义先行示范区，打造富有活力和国际竞争力的一流湾区和世界级城市群。长三角一体化发展要以促进一体化高质量发展为重点，深入推进生态绿色一体化发展示范区、上海自贸试验区临港新片区、虹桥国际开放枢纽等建设，提高长三角地区配置全球资源能力和辐射带动全国发展能力。黄河流域生态保护和高质量发展要坚持统筹推进山水林田湖草沙综合治理、系统治理、源头治理，从根本上提升黄河流域生态环境质量。

 资料链接

2023 年以来，京津冀三地党政代表互访学习考察，深入谋划推动京津冀协同发展取得更大成效。

2023 年 2 月 16 日，天津市党政代表团到河北省学习考察，两省市召开工作交流座谈会，表示要坚决落实党中央决策部署，进一步加强津冀交流合作，推动京津冀协同发展走深走实。

2023 年 2 月 20 日，河北省省党政代表团到北京市学习考察，深入贯彻党的二十大精神，全面落实习近平总书记关于京津冀协同发展重要指示，学习借鉴北京经验，深化京冀务实合作，共同推进重大国家战略实施取得新成效。

2023 年 3 月 17 日至 18 日，北京市党政代表团在河北雄安新区、天津考察。并表示，北京要自觉把支持雄安新区建设作为分内之事，推动雄安新区高质量发展；京津同为超大城市，可携手拓展合作广度深度，共同打造区域发展高地，在构建现代化首都都市圈和建设京津冀世界级城市群中发挥辐射带动和高端引领作用。

2023 年 3 月 22 日，河北省党政代表团到天津市学习考察，深化冀津交流合作，推动京津冀协同发展向更高层次迈进。

2023 年 4 月 17 日，倪岳峰主持召开河北省推进京津冀协同发展工作领导小组第十次扩大会议。会议指出，要聚焦承接北京非首都功能疏解，围绕交通、产业、生态和基本公共服务等重点领域，积极谋划一批可操作、能落地的新项目，特别是聚焦建设物流强省，发展现代物流，加快高速、高铁、轨道交通等重点项目建设，提高重点城市通达率，持续巩固扩大合作成果，推进京津冀协同发展取得新的更大成效。

　　四是深入实施主体功能区战略，完善国土空间体系。落实主体功能区制度，支持城市化地区高效集聚经济和人口，支持农产品主产区增强农业生产能力，支持生态功能区把发展重点放到保护生态环境、提供优质生态产品上。细化主体功能区划分，按照主体功能定位划分政策单元，对重点开发地区、生态脆弱地区、能源资源富集地区等制定差异化政策，分类精准施策，推动形成主体功能约束有效、国土开发有序的空间发展格局。出台实施全国及各地区国土空间规划，加快形成以"三区三线"为核心的国土空间管控一张底图，强化"三区三线"空间管控，将 18.65 亿亩耕地和 15.46 亿亩永久基本农田落实到具体地块，压实地方耕地保护责任，切实把耕地和永久基本农田、生态保护红线、城镇开发边界作为调整经济结构、规划产业发展、推进城镇化不可逾越的红线。建立健全统一的全域、全要素国土空间用途管制制度，制定不同空间、不同用途的转换规则，完善用途管制监管体系，提升用途管制效能和服务水平，为高质量发展和国家安全提供保障。

　　五是加快建设海洋强国，拓展海洋经济发展空间。坚持陆海统筹、人海和谐、合作共赢，协同推进海洋生态保护、海洋经济发展和海洋权益维护。建立沿海、流域、海域协同一体的综合治理体系，节约集约利用海洋资源，促进海洋开发方式向循环利用型转变，打造可持续海洋生态环境，提高适应气候变化能力，发挥海洋在助力实现碳达峰、碳中和目标中的重要作用。建设现代海洋产业体系，促进海洋新兴产业蓬勃发展，推动传统海洋产业转型发展，加快现代海洋服务业协同发展，支持海洋领域数字经济融合发展，全面提高北部、东部、南部三大海洋经济圈发展水平，让海洋经济成为新的增长点。深度参与全球海洋治理，巩固和拓展蓝色伙伴关系，深入开展重点领域务实合作，推动建设公正合理的国际海洋秩序，坚决维护国家领土主权和海洋权益，推动构建海洋命运共同体。

五 高标准高质量推进雄安新区建设，加快打造高水平社会主义现代化城市

规划建设雄安新区，是以习近平同志为核心的党中央作出的一项重大历史性战略选择，是千年大计、国家大事。党的十八大以来，习近平总书记亲自谋划、亲自部署、亲自推动雄安新区规划建设，3 次考察调研雄安新区，发表重要讲话作出重要指示，为雄安新区建设发展提供科学指南和根本遵循。2023年 5 月 10 日，习近平总书记第三次到雄安新区考察，主持召开高标准高质量推进雄安新区建设座谈会并发表重要讲话。我们要认真贯彻习近平总书记重要指示，牢牢把握雄安新区的功能定位、使命任务和原则要求，坚定信心，保持定力，推动各项工作不断取得新进展。

2017年4月1日，中共中央、国务院印发通知，决定设立河北雄安新区。6年来，在以习近平同志为核心的党中央坚强领导下，在中央有关部门和北京、天津等地大力支持下，河北省扎实推动各项工作，雄安新区建设取得重大阶段性成果。新区建设和发展顶层设计基本完成，基础设施建设取得重大进展，疏解北京非首都功能初见成效，白洋淀生态环境治理成效明显，深化改革开放取得积极进展，产业和创新要素聚集的条件逐步完善，回迁安置工作有序推进。习近平总书记在雄安新区考察时强调"短短6年里，雄安新区从无到有、从蓝图到实景，一座高水平现代化城市正在拔地而起，堪称奇迹"。实践证明，党中央关于建设雄安新区的重大决策是完全正确的，各方面工作是扎实有效的。

 资料链接

雄安新区建设取得重大阶段性成果

新区建设和发展顶层设计基本完成。新区建设始终坚持"世界眼光、国际标准、中国特色、高点定位"理念，60多位院士、国内外200多个团队、3500多名专家和技术人员参与新区规划编制，形成"1+4+26"高质量规划体系，城市设计和建筑风貌设计加快推进，全面落实《中共中央　国务院关于支持河北雄安新区全面深化改革和扩大开放的指导意见》，"1+N"政策体系持续完善，真正实现"一张蓝图干到底"。

基础设施建设取得重大进展。坚持先规划、后建设，先地下、后地上，先植绿、后建城，先设计、后施工，开工建设了一批交通、水利、公共服务等重大基础配套设施，新区环城市外围道路框架、内部骨干路网、生态廊道、水系构成的城市建设"四大体系"基本形成，累计完成投资5400多亿元，总建筑面积达4100多万平方米，3600多栋楼宇拔地而起，社会各界和新区百姓看到了新变化。

疏解北京非首都功能初见成效。新区牢牢牵住疏解北京非首都功能这个"牛鼻子"，为疏解企业实行"一个项目、一个领导、一个班子、一套方案、一跟到底"的服务机制，推出用地、住房、社保、人才、医疗卫生、教育、户籍等10个方面政策，形成承接疏解的配套政策体系。4家央企总部和超150家子企业落户，4所高校和2所医院选址落位，互联网产业园等一批市场化疏解项目开工建设，形成了良好示范带动效应。

白洋淀生态治理成效明显。通过补水、治污、防洪"三位一体"统筹规划、协调推进，淀区水质稳定保持在Ⅲ类标准，野生鸟类已达252种，较新区设立前增加46种，"华北之肾"功能初步恢复。碧波荡漾、百鸟翔集，人与自然和谐共生的美好画面重现，累计造林 47 万亩，森林覆盖率从 11% 提升到 34%，"千年秀林"郁郁葱葱，"蓝绿交织、清新明亮、水城共融"的生态格局逐渐形成。

深化改革开放取得积极进展。出台对内对外开放、人力社保、户籍人口等 21 个实施方案，完善大部门制运行模式和工作机构设置，加快实现"雄安事雄安办"，建成"一中心四平台"，成为全国首个城市智能基础设施平台体系，推动开展数字人民币等一批改革试点等，优质宽松的发展环境，让雄安正在成为干部敢为、地方敢闯、企业敢干、群众敢首创的示范地。

产业和创新要素聚集的条件逐步完善。坚持创新驱动发展战略，新区 5 大产业方向和 6 大疏解重点相结合，雄安会展中心、科创产业园、中试基地、自贸区、综保区等平台载体进入实质性运转，首批 4 所疏解高校协同创新、协同发展，新功能、新形象、新产业、新人才、新机制的"五新"目标清晰可触，雄安正在成为新时代的创新高地和创业热土。

回迁安置工作有序推进。新区近 12 万名群众喜迁新居，正在从农民变市民。59 所京津冀优质学校、65 家高水平医疗机构与新区建立帮扶合作关系，累计提供就业岗位 20 余万个，多主体供给、多渠道保障、租购并举的住房制度初步形成，优质完备、普惠共享的公共服务体系持续打造，群众住得稳、过得安、有奔头，正在构筑新时代宜业宜居的"人民之城"。

　　资料来源：雄安官网。

　　当前，雄安新区已进入大规模建设与承接北京非首都功能疏解并重阶段，工作重心已转向高质量建设、高水平管理、高质量疏解发展并举。河北省委十届四次全会强调，高标准高质量推进雄安新区建设，加快打造高水平社会主义现代化城市。要完整、准确、全面贯彻落实党中央关于建设雄安新区的战略部署，牢牢把握党中央关于雄安新区的功能定位、使命任务和原则要求，处理好近期目标和中远期目标、城市建设速度和人口聚集规模、产业转移和产业升级、政府和市场、承接北京非首都功能疏解和城市自身发展、城市建设和周边乡村振兴等重大关系，坚定信心，保持定力，稳扎稳打，善作善成，举全省之力推动雄安新区建设不断取得新进展。一是全面抓好重点片区开发建设，严格实施规划，建设标杆工程，真正把高标准的城市规划蓝图变为高质量的城市发展现实画卷。二是全面把握集中承载地功能定位，继续完善疏解激励约束政策体系，扎实推动疏解北京非首都功能各项任务落实。三是全面落实创新驱动发展战略，着力加强科技创新能力建设，优化健全领导体制和管理机制，使雄安新区成为新时代的创新高地和创业热土。四是全面巩固拓展白洋淀生态环境治理和保护成果，坚持绿色化、低碳化发展，把雄安新区建设成为绿色发展城市典范。五是全面抓好保障和改善民生各项工作，坚持人民城市人民建、人民城市为人民，构筑新时代宜业宜居的"人民之城"。

六　深入推进京津冀协同发展，加快打造中国式现代化建设的先行区、示范区

2023 年 5 月，习近平总书记在考察河北时指出，党的十九大以来，按照党中央决策部署，京津冀 3 省市切实履行主体责任，中央有关部门和单位大力支持配合，京津冀协同发展取得新的显著成效，疏解北京非首都功能初见成效，雄安新区建设取得重大阶段性成果，北京城市副中心高质量发展步伐加快，"轨道上的京津冀"加速形成，美丽宜居京津冀取得丰硕成果，科技创新和产业融合发展水平持续提升。实践证明，党中央关于京津冀等重大区域发展战略是符合我国新时代高质量发展需要的，是推进中国式现代化建设的有效途径。

河北省委深入实施重大国家战略，不断推动京津冀协同发展向纵深推进。河北牢牢牵住北京非首都功能疏解这个"牛鼻子"，在对接京津、服务京津中加快发展。2022 年，3 省市经

济总量突破 10 万亿元，河北省 GDP 突破 4.2 万亿元，比上年增长 3.8%。"三区一基地"建设取得积极进展，京津冀协同发展中期目标顺利实现。首都"两区"建设成效明显，生态屏障更加坚固，京津冀区域交通一体化、生态联防联控、产业升级转移、公共服务共建共享取得积极进展。启动实施一批标志性疏解项目，承接京津转入基本单位超 3 万个，一批产业转移项目建成投产。石家庄至承德高铁开通运营，京唐城际建成投用，京张高铁、京雄城际建成投用，京秦高速全线贯通，京津冀交通一体化格局基本成型。深化生态保护补偿机制，潮白河、沙河等入京津水质达到 Ⅱ 类以上。北京通州区与廊坊北三县一体化高质量发展示范区获批建设，廊坊临空经济区完成投资增长 20%。

京雄城际铁路雄安站

河北要深刻领会习近平总书记和中央的战略意图，牢记"国之大者"，树立雄心壮志，在对接京津、服务京津中加快发展自己，推动京津冀协同发展不断迈上新台阶。我们一定要牢牢把握努力使京津冀成为中国式现代化建设的先行区、示范区的时代使命，坚持在大局下思考和行动，增强抓机遇、应挑战、化危机、育先机的能力，以更加奋发有为的精神状态做好各项工作。切实发挥首都辐射带动效应，积极培育新的经济增长点。切实强化协同创新和产业协作，加快构建优势互补的区域创新链产业链供应链。切实用好助力河北高质量发展的机遇，着力解决区域发展不平衡问题。切实深化生态环境联建联防联治，坚决筑牢首都生态安全屏障。切实加快推进公共服务共建共享，不断提高人民群众的获得感、幸福感、安全感。

 高层声音

2023 年 5 月，习近平总书记在主持召开深入推进京津冀协同发展座谈会时指出，希望河北在推进创新驱动发展中闯出新路子，在推进京津冀协同发展和高标准高质量建设雄安新区中彰显新担当，在推进全面绿色转型中实现新突破，在推进深化改革开放中培育新优势，在推进共同富裕中展现新作为，加快建设经济强省、美丽河北，奋力谱写中国式现代化建设河北篇章。

第八章

全面推进乡村振兴

强国必先强农，农强方能国强。全面推进乡村振兴是新时代建设农业强国的重要任务。党的二十大在擘画全面建成社会主义现代化强国宏伟蓝图时，对农业农村工作进行了总体部署，未来五年"三农"工作要全面推进乡村振兴，到2035年基本实现农业现代化，到本世纪中叶建成农业强国。同时强调，加快建设农业强国，扎实推动乡村产业、人才、文化、生态、组织振兴。新时代新征程要始终把农业农村工作作为优先发展的方向接续奋斗，促进农业高质高效、乡村宜居宜业、农民富裕富足，让中国式现代化的"三农"基础更牢靠。

一　深刻认识加快建设农业强国的重大意义

习近平总书记指出，农业农村现代化是实施乡村振兴战略的总目标，要坚持农业现代化和农村现代化一体设计、一并推进，实现农业大国向农业强国跨越。这深刻阐释了全面推进乡村振兴的内在逻辑，也鲜明指出了建设农业强国的时代要求。

党的十八大以来，我国农业现代化建设取得了长足发展，具备了由农业大国向农业强国迈进的基本条件，加快建设农业强国正当其时、意义重大。

加快建设农业强国是满足人民美好生活需要的必然要求。习近平总书记指出："城乡居民食物消费结构在不断升级，今后农产品保供，既要保数量，也要保多样、保质量。"现代化建设，人民群众的"柴米油盐酱醋茶"，一样不能少，这对农产品供给的数量、质量和多样性都提出了更高要求。随着人民生活水平的提高，农业除了保障食物供给外，还有生态涵养、休闲观光、文化传承等重要功能。随着现代化不断推进，这些功能变得越来越重要，中华农耕文明的独特价值和时代魅力愈发彰显，越来越多的城里人向往农村的田园风光和乡韵乡愁。当前，不管城镇化如何发展，仍将有数亿农民居住在农村、主要从事农业，现代化进程不能也不应该把他们落下。扎实推进共同富裕，实现人民对美好生活的向往，必须加快让农业强起来、农村美起来、农民富起来，让广大农民群众过上更加富裕美好的生活。

加快建设农业强国是实现高质量发展的重要支撑。现代化发展过程中，农业在国内生产总值中占比下降，但农业关联的二三产业不断拓展、体量不断扩大，农业基础性战略性作用更加凸显。2022 年第一产业增加值占国内生产总值的比重为 7.3% ，而按农业全产业链口径统计，2021 年全国农业及相关产业增加值占国内生产总值的比重达到 16.05%。"三农"涉及行业多、领域广、群体大，对稳增长、稳就业、稳物价都具有重要支撑作用，在扩大国内需求方面有着巨大潜力可挖。加快构建新发展格局，推动高质量发展，迫切需要通过加快建设农业强国，畅通城乡要素流动和经济循环，激活农业农村潜在的投资需求和消费动能，为拉动经济增长助力，进一步拓展我国发展的战略空间和纵深。

加快建设农业强国是提高农业综合效益和竞争力的客观需要。习近平总书记多次强调："培育农业农村发展新动能，提高农业综合效益和竞争力。"经过多年努力，我国农业综合生产能力显著增强，粮食产量稳定在 1.3 万亿斤以上，农业现代化水平稳步提升。但农业生产基础不牢、大而不强、多而不优问题仍然突出。要加快建设农业强国，健全现代农业产业体系、生产体系、经营体系，打造具有更强创新性、更高附加值、更具竞争力的产业链供应链。

加快建设农业强国是筑牢国家安全根基的迫切需要。作为一个人口大国和农业大国，中国要成为现代化强国，重要农产品供给、农业关键核心技术和产业链供应链等方面不能有明显短板。现代化强国的安全根基牢不牢，很重要的一个方面是看我们的农业强不强。必须统筹发展和安全，以农业之强筑牢强国之基，把"三农"这个"压舱石"夯得实之又实，真正把发展的自主权牢牢掌握在我们自己手上，为稳大局、应变局、开新局赢得战略主动。

农业强国的中国特色

2022 年 12 月，习近平总书记在中央农村工作会议上深刻阐述了农业强国的中国特色。农业强国的中国特色，主要应该包括以下几个方面：一是依靠自己力量端牢饭碗。14 亿多人口的中国，任何时候都必须自力更生保自己的饭碗，坚持产量产能一起抓、数量质量一起抓、生产生态一起抓，增强农业产业链供应链韧性和稳定性。二是依托双层经营体制发展农业。立足小农数量众多的基本农情，以家庭经营为基础，坚持统分结合，广泛开展面向小农的社会化服务，积极培育新型农业经营主体，形成中国特色的农业适度规模经营。三是发展生态低碳农业。坚持绿色是农业的底色、生态是农业的底盘。必须摒弃竭泽而渔、焚薮而田、大水大肥、大拆大建的老路子，实现农业生产、农村建设、乡村生活生态良性循环，生态农业、低碳乡村成为现实，做到资源节约、环境友好，守住绿水青山。四是赓续农耕文明。我国拥有灿烂悠久的农耕文明，必须确保其根脉生生不息，做到乡村社会形态完整有效，文化基因、美好品德传承弘扬，农耕文明和城市文明交相辉映，物质文明和精神文明协调发展，广大农民自信自强、振奋昂扬，精神力量充盈。五是扎实推进共同富裕。实现城乡融合发展、基本公共服务均等化，农村具备现代生活条件，农民全面发展、过上更加富裕更加美好的生活。同时，我们建设农业强国，也是在为全球可持续发展、消除贫困贡献中国力量。

二　新时代"三农"工作取得历史性成就、发生历史性变革

党的十八大以来，以习近平同志为核心的党中央坚持把解决好"三农"问题作为全党工作重中之重，推动我国农业农村取得历史性成就、发生历史性变革。粮食综合生产能力稳步提升，确保中国人的饭碗牢牢端在自己手中。"米袋子"保障有力，"菜篮子"供给充裕，"果盘子"品种多样，为稳定经济社会发展大局筑牢坚实基础，为有效应对国内外各种风险挑战增添充足底气，为加快建设农业强国夯实了根基。

一是提升农业综合生产能力，保障国家粮食安全。2022年粮食产量1.37万亿斤，增产74亿斤，连续8年稳定在1.3万亿斤以上，始终不懈把14亿多中国人的饭碗牢牢端在自己手中。稳定和扩大粮食播种面积，扩种大豆油料，优化生产结构布局，提高单产和品质。完善粮食生产支持政策，稳定

种粮农民补贴，合理确定稻谷、小麦最低收购价，加大对产粮大县奖励力度，健全政策性农业保险制度。加强耕地保护，实施黑土地保护工程，完善水利设施。据农业农村部统计，过去五年，新建高标准农田4.56亿亩。推进国家粮食安全产业带建设。加快种业、农机等科技创新和推广应用，实施种业振兴行动，主要农作物良种覆盖率一直保持在96%以上，农作物耕种收综合机械化率从67%提高到73%。加快推进农业绿色发展。党的十八大以来，各地区各部门推进品种节水、农艺节水、工程节水，农田灌溉水有效利用系数达到0.568；秸秆农膜利用水平稳步提升，通过推进秸秆肥料化、饲料化、能源化利用，综合利用率达到87%以上，农业生产不断向绿向优。

 资料链接

　　近年来，河北沧州黄骅市统筹实施淋盐压碱、降盐蓄墒、科学选种、测土配施、起垄覆膜等多项技术措施，围绕"田、土、水、路、电、技、管"综合配套，建成高标准农田3万亩，盐碱地改良成效显著。特别是，当地科研人员经过多年攻关，先后育成"冀麦32""捷麦19""捷麦20"三个旱碱麦优质品种。

2023年5月11日，习近平总书记在沧州黄骅市旧城镇仙庄片区旱碱地麦田了解盐碱地整治、旱碱麦种植推广及产业化情况时说："全国有15亿亩盐碱地，其中适宜种植粮食的5亿亩，如果能开发利用，对于扩大我国耕地面积、维护国家粮食安全具有重大意义。"并指出，开展盐碱地综合利用，是一个战略问题，必须摆上重要位置。要立足我国盐碱地多、开发潜力大的实际，发挥科技创新的关键作用，加大盐碱地改造提升力度，加强适宜盐碱地作物品种开发推广，有效拓展适宜作物播种面积，积极发展深加工，做好盐碱地特色农业这篇大文章。

二是培育壮大乡村产业，推动农民收入持续较快增长。围绕推动乡村产业振兴，加大支持力度，积极挖掘乡村特色资源优势，拓展农业多种功能，促进乡村产业增值增效。坚持不懈做大做强种养业，支持各地立足资源优势打造具有竞争力的农业全产业链。加快推动乡村一二三产业融合发展，积极发展农产品加工、农村电商、休闲康养等，据农业农村部统计，农产品加工转化率超过70%，农产品加工业产值与农业总产值之比超过2.5，2022年全国农产品网络零售额5313.8亿元、较2012年翻了一番。大力发展县域富民产业，完善县城产业服务功能，支持引导适宜产业向县域延伸转移，依托各类产业园区等平台，发展带动能力强、就业容量大的产业，鼓励各类人才返乡入乡创业创新。2022 年，全国农村居民人均可支配收入达到 20133 元，增速持续高于国内生产总值和城镇居民人均可支配收入，城乡居民收入比从 2.69 下降到 2.45，差距进一步缩小。

三是扎实推进乡村建设，乡村面貌明显改观。遵循城乡发展建设规律，加强规划引领，坚持分类推进，建立健全政府提供公共服务、农民干好自己事情的实施机制，统筹推进乡村基础设施建设和公共服务布局，持续改善农村生产生活条件。加强农村基础设施建设。全国新建改建农村公路 125 万公里，实现符合条件的乡镇和建制村通硬化路、通客车，所有行政村全部通宽带网络，农村自来水普及率从 80% 提高到 87%，改造农村危房 530 万户。持续整治提升农村人居环境。农村卫生厕所普及率超过 70%，农村生活垃圾进行收运处置的自然村比例稳定在 90% 以上，全国 95% 以上的村庄开展了清洁行动。强化农村生态保护修复。在长江流域重点水域全面实施"十年禁渔"，全面推行河湖长制、林长制，持续开展河湖"清四乱"，扎实推进"水美乡村"、幸福河湖建设。加快发展农村社会事业。推动农村教育、医疗卫生、养老等基本公共服务提标扩面，持续加大对困难地区薄弱学校支持力度，乡村医疗机构和人员"空白点"基本消除。

四是加强和改进乡村治理，农村社会保持稳定安宁。面对乡村形态的快速演变以及农村社会的深刻变化调整，坚持强化党组织的领导地位，以保障和改善农村民生为优先方向，健全自治法治德治相结合的乡村治理体系，推动乡村治理效能稳步提升。抓实建强农村基层党组织，完成村"两委"集中换届，选优配强村"两委"班子，常态化整顿软弱涣散村党组织。探索创新积分制、数字化等治理方式，推进村级公共服务综合信息平台建设。深化拓展新时代文明实践中心建设，开展"听党话、感党恩、跟党走"宣讲活动，社会主义核心价值观得到弘扬。加快培育文明乡风、良好家风、淳朴民风。深化法治乡村示范创建，深入推广新时代"枫桥经验"。强化村规民约引导作用，遏制高价彩礼、人情攀比、厚葬薄养等陈规陋习。巩固农村扫黑除恶专项斗争成果，深入推进平安乡村建设，广大农民群众获得感、幸福感、安全感更有保障。

五是深化农村改革，乡村发展动力持续增强。为充分激发农村发展活力，调动亿万农民发展建设积极性，坚定不移深化农村改革，坚持把住处理好农民和土地关系这条主线，持续推动农村改革重点任务集成深化，不断释放改革红利。巩固和完善农村基本经营制度，将15亿亩承包地确权到2亿多农户，有序开展第二轮土地承包到期后再延长30年试点，完善农村承包地"三权"分置制度。稳慎推进新一轮农村宅基地改革试点。稳妥有序推进农村集体经营性建设用地入市。完成农村集体产权制度改革阶段性任务。实施新型农业经营主体提升行动，据农业农村部统计，全国依法登记的农民合作社达222.9

万家，纳入全国家庭农场名录系统的家庭农场达 400.4 万个。推动农业社会化服务加快发展，带动越来越多小农户参与现代农业发展。水利、供销合作社、农垦、集体林权等改革持续深化。

专家观点

国务院发展研究中心农村经济研究部部长叶兴庆：目前，我国农产品加工业产值与农业总产值之比为 2.5∶1，低于发达国家的 3∶1 至 4∶1，反映出我国农业产业链条依然较短，综合效益依然不高。今后应加强农业产业延链、补链、壮链、强链，拓展农业增值增效空间，把农村的资源优势转化为产品优势、产业优势。

新时代十年来，我国农业农村现代化取得重大进展，但也要认识到，受制于人均资源不足、底子薄、历史欠账较多等原因，"三农"仍然是一个薄弱环节，农业农村仍然是我国现代化建设的短板，同新型工业化、信息化、城镇化相比，农业现代化明显滞后。主要表现在：农业生产效率相对较低，农业劳动生产率仅为非农产业的 25.3%；农业比较效益低下；农产品国际竞争力明显不足，国内粮食等农产品价格普遍超过国际市场；农村基础设施和公共服务落后于城市；城乡居民收入比为 2.5∶1、消费支出比为 1.9∶1。这是党中央强调全面推进乡村振兴、加快建设农业强国的一个重要原因。

三　全面推进"五个振兴"

建设农业强国，当前要实施好乡村振兴战略这篇大文章，总的要求是全面推进产业、人才、文化、生态、组织"五个振兴"。"五个振兴"是相互联系、相互支撑、相互促进的有机统一整体，要统筹部署、协同推进，抓住重点、补齐短板，还要强调精准、因地制宜，激发乘数效应和化学反应，提高全面推进乡村振兴的效力效能。

（一）产业振兴是乡村振兴的物质基础

产业振兴是乡村振兴的重中之重。乡村"五大振兴"，产业振兴是第一位的。产业兴旺是解决农村一切问题的前提，解决当前农业经营效益低、农村居民增收致富难、乡村建设发展滞后等问题，基础和前提都是要加快发展乡村产业。实现乡村全面振兴，必须把乡村产业发展起来。如果农村只搞种养业，衍生出来的二三产业都放在城市，农业就会一直停留在整个产业链和价值链底端，农民就会一直处在收入分配金字塔底部，乡村就会一直成为人才、资金、技术等现代要素配置洼地。只有推进乡村产业振兴，才能让农业经营有效益、成为有奔头的产业，才能让农民增收致富、成为有吸引力的职业，才能让农村留得住人、成为安居乐业的美丽家园。与实施乡村振兴战略的要求相比，当前我国乡村产业发展还存在很大的差距，面临不少困难和问题。乡村产业发展还处于初级阶段，主要问题是规模小、布局散、链条短，品质、品牌水平都还比较低，一些地方产业同质化比较突出。同时，农民主体作用发挥不够，难以分享二三产业发展的增值收益。因此要做好"土特产"文章，依托农业农村特色资源，向开发农业多种功能、挖掘乡村多元价值要效益，向一二三产业融合发展要效益，强龙头、补链条、兴业态、树品牌，推动乡村产业全链条升级，增强市场竞争力和可持续发展能力。

 高层声音

　　2022 年 12 月，习近平总书记在中央农村工作会议讲话中指出："土"讲的是基于一方水土，开发乡土资源。要善于分析新的市场环境、新的技术条件，用好新的营销手段，打开视野来用好当地资源，注重开发农业产业新功能、农村生态新价值，如发展生态旅游、民俗文化、休闲观光等。"特"讲的是突出地域特点，体现当地风情。要跳出本地看本地，打造为广大消费者所认可、能形成竞争优势的特色，如因地制宜打造苹果村、木耳乡、黄花镇等。"产"讲的是真正建成产业、形成集群。要延长农产品产业链，发展农产品加工、保鲜储藏、运输销售等，形成一定规模，把农产品增值收益留在农村、留给农民。

（二）人才振兴是乡村振兴的关键因素

功以才成，业由才广。人才是最宝贵的资源，是加快建设农业强国的基础性、战略性支撑。无论是产业发展、乡村建设，还是乡村治理等，都需要各方面人才支撑。推动乡村振兴战略实施，既需要科技人才、管理人才的培养，也需要能工巧匠、乡土艺术家的挖掘；既需要有号召力的带头人、有行动力的追梦人，也需要善经营的"农创客"、懂技术的"田秀才"。近年来，我国乡村人才培育及人才队伍建设不断加强，各级农业农村部门大力培育高素质农民，队伍规模持续扩大，产业发展水平不断提升，示范带动作用持续增强，为全面推进乡村振兴提供了有力支撑。当前，乡村社会现有的人才层次、人才结构和人才规模，与乡村振兴的要求仍有差距。一些农村发展乏力，关键在于缺人才，缺发展引路人、产业带头人、政策明白人。乡村人才振兴的关键，就是要让更多人才愿意来、留得住、干得好、能出彩，必须把人才振兴放在重要位置。要创新乡村人才工作体制机制，充分激发乡村现有人才活力，把更多城市人才引向乡村创新创业。激励各类人才在农村广阔天地大施所能、大展才华、大显身手，打造一支强大的乡村振兴人才队伍。

 资料链接

在全国，以家庭农场主、农民合作社带头人为代表的乡村本土人才不断涌现，有力推动农业生产经营规模化、标准化、集约化发展。农业农村部提出将进一步加强乡村本土人才队伍建设，到 2025 年，培育家庭农场主、农民合作社理事长等乡村产业振兴带头人 10 万人，辐射带动 500 万新型生产经营主体负责人发展壮大。

（三）文化振兴是乡村振兴的精神基础

推动乡村振兴，既要塑形，也要铸魂。2022 年 12 月，习近平总书记在中央农村工作会议上指出："我国拥有灿烂悠久的农耕文明，必须确保其根脉生生不息，做到乡村社会形态完整有效，文化基因、美好品德传承弘扬，农耕文明和城市文明交相辉映，物质文明和精神文明协调发展，广大农民自信自强、振奋昂扬，精神力量充盈。"乡村的物质文明和精神文明，要两手抓两手都要硬，否则，如果乡村文化衰败，不文明乱象滋生，即使一时产业兴旺，也难以获得持续长久的繁荣。新时代的农民群众对美好生活的需求正在发生深刻转变，迫切要求教育文化体育事业扩大优质产品供给渠道，满足农民群众多样化、多层次的文体活动需求。从深入开展社会主义核心价值观宣传教育到注重家庭家教家风建设，从加强重要农业文化遗产保护利用到推动各地因地制宜制定移风易俗规范，从开展乡村阅读推广活动到打造农民体育品牌活动，这些重要举措将为丰富农村文体活动、加强乡村精神文明建设提供有力抓手。农村精神文明建设是滋润人心、德化人心、凝聚人心的工作，要绵绵用力，下足功夫。要加强农村思想道德建设，以社会主义核心价值观为引领，传承和弘扬农村优秀传统文化，健全农村公共文化服务体系，不断丰富人民精神世界、增强人民精神力量，更好培育文明乡风、良好家风、淳朴民风，促进农耕文明与现代文明有机结合，焕发乡村文明新气象。

苗族刺绣

 **资料链接**

涵养健康文明的乡村新风尚，既要注重发挥好职能部门的带动作用和方针政策的催化作用，也要注重发挥好农民群众的首创精神，呵护好沾满露珠和乡土气息的"文化秧苗"。近两年，贵州省黔东南苗族侗族自治州台江县台盘村的乡村篮球赛事视频在社交媒体刷屏，网友把这场乡村篮球赛称为"村BA"。这个民间赛事直接进入国家政策视野。在《农业农村部关于落实党中央国务院2023年全面推进乡村振兴重点工作部署的实施意见》中，提出"探索推广'村BA'篮球赛等赛事"。

"村 BA"篮球赛的一个重要启示正在于，每个地方都有自己的文化火种，农民群众也有自己的文体特长和爱好，只要做好服务、加强扶持，就能培育出有滋有味有影响力的文体品牌。社会多方合力也极为重要，马兰花儿童声合唱团入选北京冬奥会开闭幕式表演，乡村校园女足扶持项目"追风计划"帮助超过 4000 名乡村女孩实现足球梦想，都是多元参与、多方合作结出的文化硕果。

资料来源：《人民时评：为乡村振兴注入文化动能》，载于《人民日报》2019 年 7 月 30 日。

（四）生态振兴是乡村振兴的重要支撑

生态兴则文明兴。农业是个生态产业，农村是生态系统的重要一环。绿色是农业的底色、生态是农业的底盘。良好生态环境是农村最大优势和宝贵财富。农村生态环境好了，土地上就好长出金元宝，生态就会变成摇钱树，田园风光、湖光山色、秀美乡村就可以成为聚宝盆，生态农业、养生养老、森林康养、乡村旅游就会红火起来。必须摒弃竭泽而渔、焚薮而田、大水大肥、大拆大建的老路子，实现农业生产、农村建设、乡村生活生态良性循环。推动乡村生态振兴，要坚定不移走生态优先、绿色发展之路。坚持质量兴农、绿色兴农，突出农业绿色化、优质化、特色化、品牌化。保持战略定力，以钉钉子精神推进农业面源污染防治，加强土壤污染、地下水超采、水土流失等治理和修复。加强农村突出环境问题综合治理，扎实实施农村人居环境整治三年行动计划，完善农村生活设施，打造农民安居乐业的美丽家园，让良好生态成为乡村振兴支撑点。建设好生态宜居的美丽乡村，让广大农民在乡村振兴中有更多获得感、幸福感。

浙江省湖州市安吉县天荒坪镇余村一角

资料链接

余村，位于浙江省安吉县天荒坪西侧，地处天目山北麓，因境内天目山余岭及余村坞而得名。这里是绿水青山就是金山银山理念诞生地，中国美丽乡村建设发源地。从"靠山吃山"到"养山富山"，余村走出了一条生态美、产业兴、百姓富的发展之路。习近平总书记曾在中央农村工作会议上这样评价安吉县，"像浙江安吉等地，美丽经济已成靓丽名片，与欧洲的乡村比毫不逊色"。

余村山多地少，为了温饱，上世纪七八十年代，办起水泥厂和石灰窑。很快，小山村成为赫赫有名的富裕村，集体经济收入最高时接近300万元。村里一半劳动力在矿上，只要肯干，都有钱挣。开山挖矿，口袋是富了，伤痛却不约而至：整天粉尘蔽日，村民不敢开窗、无处晾衣，就连毛竹山都连年减产；开炮声震耳，有人因此失了聪，有人被飞石砸中。

2005年8月15日，时任浙江省委书记的习近平来到余村。当时调研主题是民主法治建设，没想到，他首先讲的是生态环保。听闻村里主动关停矿山复绿，他立即予以肯定："刚才你们讲了，下决心停掉一些矿山，这个都是高明之举。绿水青山就是金山银山，我们过去讲，既要绿水青山又要金山银山，实际上绿水青山就是金山银山。"

十九年来，在"两山"重要理念指引下，余村科学规划建设，形成了可游可赏、亦耕亦采、有趣有乐的新型乡村生态经济。

2020年3月30日，习近平总书记时隔十五年后再次来到余村考察。习近平总书记指出，"这里的山水保护好，继续发展就有得天独厚的优势，生态本身就是经济，保护生态，生态就会回馈你。全面建设社会主义现代化国家，既包括城市现代化，也包括农业农村现代化。实现全面小康之后，要全面推进乡村振兴，建设更加美丽的乡村。美丽乡村建设在余村变成了现实。余村现在取得的成绩证明，绿色发展的路子是正确的，路子选对了就要坚持走下去。"

资料来源：根据网络整理。

（五）组织振兴是乡村振兴的保障条件

群雁高飞头雁领。基层党组织是党执政大厦的地基，是党全部工作和战斗力的基础。农村基层党组织是党直接联系农民群众的纽带，是党的理论和路线方针政策在农村实施的直接执行者，是实施乡村振兴战略中"最后一公里"的关键。乡村振兴的各项政策，最终要靠基层党组织来落实。从打赢脱贫攻坚战，到启动乡村振兴战略，农业农村取得的每一项成就、发生的每一点变化，都是广大基层党组织和党员、干部、群众苦干实干的结果。实践证明，基层党组织充分发挥把方向、议大事、抓落实作用，把党的领导、党的组织、党的工作覆盖到合作社、企业、群众组织中，在农村各项工作中发挥"主心骨"

作用，就能保证乡村振兴沿着正确方向阔步前进、行稳致远。全面实施乡村振兴战略的深度、广度、难度都不亚于脱贫攻坚。惟其任务艰巨繁重，才要更加不断把党的政治优势、组织优势和密切联系群众优势转化为发展优势和治理效能。要健全村党组织领导的村级组织体系，把农村基层党组织建设成为有效实现党的领导的坚强战斗堡垒。必须突出政治功能，提升组织力，打造千千万万个坚强的农村基层党组织，以乡村组织振兴保证乡村振兴战略实施。

四　全面推进乡村振兴的重点工作

全面建设社会主义现代化国家，最艰巨最繁重的任务仍然在农村。要切实抓好以乡村振兴为重心的"三农"各项工作，人力投入、物力配置、财力保障都要转移到乡村振兴上来。坚决守牢确保粮食安全、防止规模性返贫等底线，扎实推进乡村发展、乡村建设、乡村治理等重点工作，建设宜居宜业和美乡村。2023年中央一号文件和十四届全国人大一次会议都对全面推进乡村振兴重点工作进行了系统部署。主要有以下几个方面。

（一）抓好粮食和重要农产品稳产保供

保障粮食和重要农产品稳定安全供给是建设农业强国的头等大事，也是经济社会发展稳大局、应变局、开新局的重要基础。要重点围绕以下几方面做好粮食安全保障和农产品稳产保供工作：一是坚决稳住粮食面积、努力提高单产，确保粮食产量保持在 13 万亿斤以上。稳定粮食生产，基础是稳住面积，潜力主要在提高单产。要强化激励约束机制稳面积，严格省级党委和政府耕地保护和粮食安全责任制考核，继续提高小麦最低收购价，合理确定稻谷最低收购价，稳定稻谷补贴，完善农资保供稳价应对机制，增加产粮大县奖励资金规模，健全主产区利益补偿机制，充分调动农民种粮和地方抓粮的积极性。要综合施策提单产，深入推进绿色高产行动，开展吨粮田创建，启动玉米单产提升工程，加强抗灾夺丰收措施落实，促进粮食大面积增产。二是加力扩种大豆油料，巩固提升扩种成果。巩固提升扩种成果关键在于稳定大豆生产。要完善玉米大豆生产者补贴，实施好大豆完全成本保险和种植收入保险试点，支持东北、黄淮海地区开展粮豆轮作，通过加大政策支持力度稳住净作大豆面积。要扎实推进大豆玉米带状复合种植，稳步开发利用盐碱地种植大豆，通过积极挖掘扩种潜力尽量增加大豆面积。同时，要加强油菜综合性扶持措施统筹，促进花生持续稳定增长，启动实施加快油茶产业发展三年行动，支持木本油料等特色油料发展，多措并举加快扩大油料生产。三是抓好"菜篮子"产品生产，保障市场供应和价格总体稳定。抓好农业稳产保供，还包括"菜篮子"产品等重要农产品。要落实生猪稳产保供省负总责，严格"菜篮子"市长负责制考核，大力推进畜牧渔业高质量发展，切实稳定生猪生产，提高蔬菜应急保供能力。要树立大食物观，加快构建粮经饲统筹、农林牧渔结合、植物动物微生物并举的多元化食物供给体系，多途径开辟食物来源，提高稳定安全供给能力。

 高层声音

习近平总书记指出：要从更好满足人民美好生活需要出发，掌握人民群众食物结构变化趋势，在确保粮食供给同时，保障肉类、蔬菜、水果、水产品等各类食物有效供给，缺了哪样也不行。解决吃饭问题不能光盯着有限的耕地，要树立大食物观，多途径开发食物来源。从大粮食的概念上说，能吃的、对身体有益的都是粮食，肉、蛋、禽、奶、鱼、果、菌、茶都是食品。

（二）强化农业科技和装备支撑

这是在资源环境约束不断趋紧情况下提高农业综合生产能力的主攻方向。要以实施新一轮千亿斤粮食产能提升行动为重要抓手，加快提升农业科技和装备支撑体系的整体效能。一是扎实推动农业关键核心技术攻关。要以产业需求为导向，加强农业领域重大创新平台建设，构建梯次分明、分工协作、适度竞争的农业科技创新体系，完善农业科技领域基础研究稳定支持机制，加快推进引领性前沿技术攻关和突破。二是深入实施种业振兴行动。要围绕推动种业振兴行动出成效目标，加快构建种质资源精准鉴定评价机制，全面实施生物育种重大项目，加快培育高产高油大豆、短生育期油菜、耐盐碱作物等新品种，有序扩大生物育种产业化试点范围。三是加快先进农机装备研发推广。要聚焦促进农业稳产增产现实需要，完善农机购置与应用补贴政策，加快研发推广大型智能农机装备、丘陵山区适用小型机械和园艺机械，推进水肥一体化和农业废弃物利用装备建设。

（三）巩固拓展脱贫攻坚成果

这是全面推进乡村振兴的底线任务。要继续压紧压实责任，把脱贫人口和脱贫地区的帮扶政策衔接好、措施落实好。一是坚决守住不发生规模性返贫底线。强化防止返贫动态监测。对有劳动能力、有意愿的监测户，落实开发式帮扶措施。健全分层分类的社会救助体系，做好兜底保障。巩固提升"三保障"和饮水安全保障成果。二是增强脱贫地区和脱贫群众内生发展动力。把增加脱贫群众收入作为根本要求，把促进脱贫县加快发展作为主攻方向，更加注重扶志扶智，聚焦产业就业，不断缩小收入差距、发展差距。财政资金和帮扶资金支持的经营性帮扶项目要健全利益联结机制，带动农民增收。管好用好扶贫项目资产。深化东西部劳务协作，实施防止返贫就业攻坚行动，在国家乡村振兴重点帮扶县实施一批补短板促振兴重点项目，深入实施医疗、教育干部人才"组团式"帮扶，更好发挥驻村干部、科技特派员产业帮扶作用。深入开展巩固易地搬迁脱贫成果专项行动和搬迁群众就业帮扶专项行动。三是稳定完善帮扶政策。落实巩固拓展脱贫攻坚成果同乡村振兴有效衔接政策。开展国家乡村振兴重点帮扶县发展成效监测评价。保持脱贫地区信贷投放力度不减，扎实做好脱贫人口小额信贷工作。深入推进"万企兴万村"行动，持续做好中央单位定点帮扶、调整完善结对关系。

（四）推动乡村产业高质量发展

这是乡村振兴的重中之重。要落实产业帮扶政策，做好"土特产"文章，大力推动乡村产业全链条升级。一是做大做强农产品加工流通业。聚焦提高农产品加工深度，实施农产品加工业提升行动，支持发展农产品产地初加工，引导大型农业企业发展农产品精深加工，鼓励农产品加工企业向产地下沉、向园区集中。聚焦提高农产品流通效率，改造提升产地、集散地、销地批发市场，支持建设产地冷链集配中心，加快完善农产品流通骨干网络。二是加快发展现代乡村服务业。全面推进县域商业体系建设，加快完善县乡村电子商务和快递物流配送体系，积极发展乡村餐饮购物、文化体育、旅游休闲、养老托幼、信息中介等生活服务。三是培育乡村新产业新业态。大力发展共同配送、即时零售等新模式，促进乡村休闲旅游、民宿等提质升级，鼓励发展农产品电商直采、定制等新生产模式和预制菜等新兴产业。四是培育壮大县域富民产业。完善县乡村

河北正定塔元庄同福乡村振兴示范园

产业空间布局，提升县城产业承载和配套服务功能，依托县域资源优势实施"一县一业"强县富民工程，引导劳动密集型产业向中西部地区、向县域梯度转移。

 资料链接

塔元庄村是全国文明村、国家环境卫生示范村、河北省文明生态先进村、农村新民居建设示范村，习近平总书记曾先后两次到该村调研。同福集团是国家农业产业化重点龙头企业，拥有全国驰名商标，并建立了覆盖全国的销售网络。受制于地理位置等因素，塔元庄村产业发展面临诸多短板，与同福集团的合作对补齐塔元庄产业短板起到了关键作用。既结合了乡村振兴，又结合了城镇化，同时还结合了正定历史文化名城建设与全域旅游建设，尤其是结合了后疫情时期社会对大健康产业的关注和需求。

塔元庄同福乡村振兴示范园借助同福集团三产融合的优势，以生态为依托，旅游为引擎，农业为支撑，市场为导向，打造以旅游休闲为主导，集乡村振兴模式展示、观光采摘、科普教育、亲子娱乐、餐饮住宿等功能于一体的综合性农旅融合休闲旅游和乡村振兴的示范标杆。

项目总投资 20 亿元，规划占地面积 1000 余亩，其中一期建设总占地面积近 500 亩，主要建设塔元庄同福乡村振兴模式展馆、同福中央厨房展示线、同福盛宴、同福会展中心、同福智慧农场、四季生态农场、研学教育营地、儿童乐园（含萌宠乐园、室内高定游乐园、室外无动力游乐园）、新型职业农民培训学校、塔元庄同福大舞台等诸多内容。二期总占地面积600亩，规划建设民宿、酒店、婚庆广场、花卉基地、啤酒广场、大型康养中心、农耕体验区、净菜产业园、文艺汇演中心、国际教育园区等业态。

——摘自《河北塔元庄村：村企联合，打造乡村振兴示范园》

（五）拓宽农民增收致富渠道

这是全面推进乡村振兴的应有之义。要千方百计拓宽农民增收致富渠道，确保农民收入持续增长。一是促进农民就业增收。强化各项稳岗纾困政策落实，加大对中小微企业稳岗倾斜力度，在政府投资重点工程和农业农村基础设施建设项目中推广以工代赈，优化农民工就业服务，维护好超龄农民工就业权益，加快完善灵活就业人员权益保障制度，努力稳定和扩大农民工就业。二是促进农业经营增效。深入开展新型农业经营主体提升行动，带动小农户合作经营、共同增收。实施农业社会化服务促进行动，促进农业节本增效、提质增效、营销增效。积极发展多种形式的农业适度规模经营，促进经营增效增收。

三是赋予农民更加充分的财产权益。研究制定第二轮土地承包到期后再延长 30 年试点工作指导意见，稳慎推进农村宅基地制度改革试点，深化农村集体经营性建设用地入市试点，探索建立兼顾国家、农村集体经济组织和农民利益的土地增值收益有效调节机制，鼓励进城落户农民依法自愿有偿转让合法土地权益。

（六）扎实推进宜居宜业和美乡村建设

这是全面推进乡村振兴的内在要求和必要条件。要一体推进农业现代化和农村现代化，实现乡村由表及里、形神兼备的全面提升。一是深入实施乡村建设行动。瞄准"农村基本具备现代生活条件"的目标，保持战略定力、久久为功，扎实稳妥推进各项建设。加强村庄规划建设，推进农村人居环境整治提升，持续加强乡村基础设施建设，提升基本公共服务能力，推进县域内义务教育优质均衡发展，加强乡村两级医疗卫生、医疗保障服务能力建设。二是加强和改进乡村治理。围绕完善党组织领导的自治、法治、德治相结合的乡村治理体系，强化县乡村三级治理体系功能，健全党组织领导的村民自治机制，加强乡村法治教育和法律服务，全面提升乡村治理效能。三是加强农村精神文明建设。聚焦提升农民精气神、孕育农村社会好风尚，深入开展社会主义核心价值观宣传教育，深化农村群众性精神文明创建，深入实施农耕文化传承保护工程，持续推动家庭家教家风建设，扎实开展高价彩礼，大操大办等突出问题专项治理，让广大农民群众既富口袋又富脑袋。

五　坚持党领导"三农"工作原则不动摇

全面推进乡村振兴、加快建设农业强国，关键在党。坚持党领导"三农"工作原则不动摇是全面推进乡村振兴、加快建设农业强国的坚强政治保证。要一如既往坚持"三农"重中之重战略定位，坚持农业农村优先发展，坚持城乡融合发展，把加快建设农业强国摆在全面建成社会主义现代化强国的重要位置，发挥党的领导的政治优势，汇聚各方智慧和力量推进。全面落实乡村振兴责任制，推动在工作部署上优先安排、资金投入上重点保障、资源要素上倾斜配置，确保全面推进乡村振兴不断取得新进展、农业强国建设开好局起好步。

一是要健全党管农村工作的体制机制。坚持党对农村工作的全面领导，健全领导体制和工作机制，为加快建设农业强国提供坚强保证。健全党委统一领导、政府负责、党委农村工作部门统筹协调的农村工作领导体制。省市县乡村五级书记抓乡村振兴是党中央提出的明确要求，也是加快建设农业强国的有效机制。市县两级更要把"三农"工作作为重头戏，花大精力来抓，特别是县委书记要当好"一线总指挥"，要完善考核督查机制，以责任落实推动工作落实、政策落实。

二是提高"三农"工作本领。各级党委要加大对涉农干部的培训力度，改进工作作风，打造一支政治过硬、适应新时代要求、具有领导农业强国建设能力的"三农"干部队伍。各级党政干部要把调查研究、求真务实作为基本功，不能脱离实际，想当然、拍脑袋。要强化系统观念，统筹处理好两难甚至多难问题。要树牢群众观点、贯彻群众路线，深入群众、扎根群众，问需于民、问计于民，关心群众安危冷暖、急难愁盼，从农民群众的喜怒哀乐中检视工作。各级党委和政府要坚持本土培养和外部引进相结合，用乡村广阔天地的发展机遇吸引人，用乡村田园宜居的优美环境留住人。要着力培养一批乡村人才，重点加强村党组织书记和新型农业经营主体带头人培训，全面提升农民素质素养，育好用好乡土人才。同时，要引进一批人才，有序引导大学毕业生到乡、能人回乡、农民工返乡、企业家入乡，创造机会、畅通渠道、营造环境，帮助解决职业发展、社会保障等后顾之忧，让其留得下、能创业。要树立阶段性用才理念，不求所有、但求所用。要推动县域内人才打通使用，有计划地把重点培养的党政干部人才和专业技术人才放到农村去，让他们在一线担当作为、锻炼成长。通过多方面努力，着力打造一支沉得下、留得住、能管用的乡村人才队伍，强化全面推进乡村振兴、加快建设农业强国的智力支持和人才支撑。

三是把农村基层党组织建设成为有效实现党的领导的坚强战斗堡垒。农村基层党组织是党在农村全部工作和战斗力的基础。健全村党组织领导的村级组织体系，把村级自治组织、集体经济组织、农民合作组织、各类社会组织等紧紧团结在党组织的周围，团结带领农民群众听党话、感党恩、跟党走。全面培训提高村班子领导乡村振兴能力，不断优化带头人队伍，派强用好驻村第一书记和工作队，注重选拔优秀年轻干部到农村基层锻炼成长，充分发挥农村党员先锋模范作用。推动基层纪检监察组织和村务监督委员会有效衔接，把纪检监察工作向村延伸覆盖。持续为农村基层干部减负，让基层干部有更多精力为农民办实事。

第四篇

强化统筹 凝聚合力

——持续强化中国式现代化的制度保障

　　以中国式现代化全面推进中华民族伟大复兴已经成为我们党和国家的中心任务，中国式现代化的实现离不开制度的保障和支撑。党的二十大报告指出："坚持和完善社会主义基本经济制度，毫不动摇巩固和发展公有制经济，毫不动摇鼓励、支持、引导非公有制经济发展，充分发挥市场在资源配置中的决定性作用，更好发挥政府作用。""两个毫不动摇"内在地蕴含着中国式现代化的经济制度根基，是以中国式现代化全面推进中华民族伟大复兴的基本制度支撑，我们必须坚定不移地全面贯彻落实，更好地推动新时代新征程高质量发展。同时，新征程、新任务也意味着新挑战、新风险。在推进中国式现代化的伟大征程上，我们将面临矛盾和斗争的严峻性复杂性是前所未有的，要做好准备经受风高浪急甚至惊涛骇浪的重大考验。因此，在推进中国式现代化的道路上必须坚持中国共产党领导，推进国家安全体系和能力现代化，牢牢守住安全底线，以新安全格局保障新发展格局，确保国家安全更为巩固。

第九章

始终坚持"两个毫不动摇"

2023 年 3 月 6 日，习近平总书记在看望参加全国政协十四届一次会议的民建、工商联界委员，并参加联组会时强调，党中央始终坚持"两个毫不动摇"。2023 年 3 月 13 日的记者会上，李强总理指出，"两个毫不动摇"是我国基本经济制度的重要内容，是长久之策，过去没有变，以后更不会变。党的十八大以来，习近平总书记多次就坚持"两个毫不动摇"发表重要讲话，在党的二十大报告中重申了"两个毫不动摇"，2022年 12 月召开的中央经济工作会议上也予以强调，这为我们在新时代坚持和完善社会主义基本经济制度、推动经济高质量发展提供了根本遵循和行动指南。

一　坚持"两个毫不动摇"是历史的必然、理论的自觉、现实的需要

"两个毫不动摇"是中国特色社会主义制度的内生因素，是以中国式现代化全面推进中华民族伟大复兴的基本制度支撑。坚持"两个毫不动摇"是历史的必然、理论的自觉、现实

的需要。

从历史看，我们选择社会主义制度，是因为"只有社会主义能够救中国"，只有建立社会主义制度，才能更好发展社会生产力，进而实现我们党"为人民谋幸福、为民族谋复兴"的初心使命。为此，新中国成立后，我们便通过"一化三改"建立了社会主义制度，进而形成了以全民所有制和集体所有制为主要形式的公有制经济。习近平总书记在参加全国政协十二届四次会议听取民建、工商联委员意见和建议时指出："公有制经济是长期以来在国家发展过程中形成的，为国家建设、国防安全、人民生活改善作出了突出贡献，是全体人民的宝贵财富，当然要让他发展好，继续为改革开放和现代化建设作出贡献。"

改革开放以来，为了更好地解决就业问题、不断改善民生和发展商品经济，我们开始鼓励和支持个体工商户和私营企业发展，民营和外资成了包括个体、私营、外商经济等为主要形式的非公有制经济。从 1980 年 12 月 11 日温州市工商行政管理局颁发出"第一张个体工商户营业执照"算起，非公有制经济在我国也已发展四十多个年头了。四十多年来，我国的非公有制经济，在党和国家方针政策指引下，从小到大、由弱变强，发挥的作用越来越大。正如习近平总书记所说："长期以来，我国非公有制经济快速发展，在稳定增长、促进创新、增加就业、改善民生等方面发挥了重要作用。"因此，新中国成立以来，我们用几十年的时间走完了发达国家几百年走过的工业化历程，公有制经济功不可没，非公有制经济同样功不可没。

从理论上看，中国共产党人勇于理论创新，根据中国处于社会主义初级阶段的具体实际创造性提出社会主义经济是"有计划的商品经济""社会主义可以搞市场经济"等重大论断，为"发展非公有制经济"提供了理论依据。因此，毫不动摇巩固和发展公有制经济，是我们坚守的社会主义制度的所有制选择的根本要求，毫不动摇鼓励、支持、引导非公有制经济发展，使我们坚持的社会主义制度符合了中国国情，呈现了"中国特色"，二者取长补短、相互促进、共同发展，从而形成了一个崭新的"中国特色社会主义基本经济制度"。

坚持公有制主体地位不动摇，国有经济主导作用不动摇，这是保证我国各族人民共享发展成果的制度性保证，也是巩固党的执政地位、坚持我国社会主义制度的重要保证。坚持鼓励非公有制经济发展壮大，为更好利用现代市场经济体制优势，发挥非公有制经济在方便民生、创造就业、增加税收、促进创新、推动竞争方面的作用提供了制度性支撑。

从现实看，公有制经济、非公有制经济都是我们党长期执政、团结带领全国人民实现"两个一百年"奋斗目标和中华民族伟大复兴中国梦的重要力量。正是由于发挥了公有制经济与非公有制经济的功能和优势，我国的发展积累了坚实的物质技术基础，我国的经济展现出蓬勃生机。以中国式现代化全面推进中华民族伟大复兴已经成为我们党和国家的中心任务。我们不仅要把发展这个党执政兴国的第一要务抓在手上，更要把高质量发展这个首要任务完成好，进而为全面建成社会主义现代化强国夯实物质技术基础。因此，我们必须切实落实"两个毫不动摇"，促进各类所有制经济共同发展，调动起公有制经济和非公有制经济两方面的积极性，不断增强社会主义现代化建设的动力和活力，合力推动我国经济社会高质量发展，进而凝聚起实现中国式现代化的磅礴力量。

二　"两个毫不动摇"的历程回顾

公有制为主体、多种所有制共同发展，按劳分配为主体、多种分配方式共存，社会主义市场经济体制等社会主义基本经济制度，既体现了社会主义制度优越性，又同我国社会主义初级阶段社会生产力发展水平相适应，是党和人民的伟大创造，是我国人民在长期改革开放的实践中逐渐形成的。

（一）"两个毫不动摇"的由来

马克思主义认为，生产资料所有制形式决定社会性质。社会主义代替资本主义的一个根本要求，就是建立起以生产资料公有制为基础的所有制结构，为解放发展生产力开辟广阔道路。同时，社会主义社会的并不是一成不变的，社会主义社会的生产资料所有制及其结构必须适应社会生产力的发展要求，并随着生产力发展不断发展变化。

1978 年 12 月，党的十一届三中全会胜利召开，中国共产党正确审视我国的生产力发展水平和社会主义所处的发展阶段，适时开启了经济体制改革，由计划经济转向市场经济、由单一的公有制转向公有制为主体、多种所有制经济共同发展。公有制经济体现为国有企业、集体企业，而以国有企业为主。非公有制经济则体现为个体私营经济。基于当时的认识，国有企业与计划经济相结合，个体私营企业与市场经济相结合，那么，改革计划经济为市场经济，国有企业就应该私有化，而成长于计划经济下的国有企业是无法进入市场的。当时，继中国改革之后，苏联东欧国家也进行经济改革并纷纷将国有企业私有化。而中国则不同，坚持不搞国有企业私有化，而是改革国有企业的体制机制使之与市场经济相适应，进而使其在市场竞争中发展。在计划经济下，个体私营经济被视为资本主义的东西，受到严格限制甚至禁止。在国有企业进行市场化改革的同时，个体私营企业则开始发展并迅速成长，但它们的发展经历了一个认识的过程。

1982 年 9 月，党的十二大肯定了个体经济的发展。随后，对个体经济的定性和权益保护被写入修改后的 1982 年《宪法》，即"在法律规定范围内的城乡劳动者个体经济，是社会主义公有制经济的补充。国家保护个体经济的合法权利和利益"。党的十三大首次肯定了私营企业的发展，强调：城乡合作经济、个体经济和私营经济，都要继续鼓励它们发展。1988年修改后的《宪法》规定："国家允许私营经济在法律规定的范围内存在和发展。私营经济是社会主义公有制经济的补充。"党的十四大提出，公有制为主体，多种经济成分长期共同发展。党的十五大将"公有制为主体，多种所有制经济共同发展"作为我国社会主义初级阶段的一项基本经济制度，并指出，非公有制经济是我国社会主义市场经济的重要组成部分。这是对个体私营经济认识的重大转变，它们不再是社会主义的异己力量，而是内在于社会主义之中。2002年，党的十六大报告，在认真总结党的十五大以后我国许多地区特别是广东、浙江等省份在非公有制经济迅速发展的同时，公有制经济特别是国有经济也加快发展，公有制经济和非公有制经济在市场竞争中能很好地各自发挥优势、共同发展的经验，提出坚持和完善公有制为主体、多种所有制经济共同发展的基本经济制度，即"两个毫不动摇"。党的十六大提出"两个毫不动摇"，是对公有制为主体、多种所有制经济共同发展的基本经济制度的具体化和创新发展。

2005年，国务院发布《关于鼓励支持和引导个体私营等非公有制经济发展的若干意见》，首次提出平等准入、公平待遇，允许非公有制经济在更多的领域实现市场准入。国有企业、个体私营企业共同发展建成社会主义现代化强国，是改革开放以来中国经济发展生动实践的要求，就如一部车子的"两个轮子"或一个人的"两条腿",二者缺一不可,两者共同发展、共同贡献,从而有力推动着中国经济高速发展。这些建立在社会主义初级阶段基础上的制度改革措施,解放和发展了社会生产力,促进了中国经济的腾飞。我们也从中认识到,计划和市场都是手段,经济制度必须立足于我国的发展实际。

(二)"两个毫不动摇"的发展

2007年党的十七大报告和2012年党的十八大报告,均重申了"两个毫不动摇"。2013年,党的十八届三中全会通过的《中共中央关于全面深化改革若干重大问题的决定》对"两个毫不动摇"有进一步的论述,提出"公有制为主体、多种所有制经济共同发展的基本经济制度,是中国特色社会主义制度的重要支柱,也是社会主义市场经济体制的根基。公有制经济和非公有制经济都是社会主义市场经济的重要组成部分,都是我国经济社会发展的重要基础。必须毫不动摇巩固和发展公有制经济,坚持公有制主体地位,发挥国有经济主导作用,不断增强国有经济活力、控制力、影响力。必须毫不动摇鼓励、支持、引导非公有制经济发展,激发非公有制经济活力和创造力"。在谈到完善产权保护制度时指出,公有制经济财产权不可侵犯,非公有制经济财产权同样不可侵犯。还提出,国家保护各种所有制经济产权和合法利益,保证各种所有制经济依法平等使用生产要素、公开公平公正参与市场竞争、同等受到法律保护,依法监管各种所有制经济。在论述发展国有经济时,提出两个要点：一是以管资本为主加强国有资产监管；二是国有资本投向重点包括：提供公共服务、发展重要前瞻性战略性产业、保护生态环境、支持科技进步、保障国家安全。在论述支持非公有制经济健康发展时指出，坚持权利平等、机会平等、规则平等，废除对非公有制经济各种形式的不合理规定，消除各种隐性壁垒，制定非公有制企业进入特许经营领域的具体办法。

2017 年，党的十九大报告重申，"必须坚持和完善我国社会主义基本经济制度和分配制度，毫不动摇巩固和发展公有制经济，毫不动摇鼓励、支持、引导非公有制经济发展"，并把"两个毫不动摇"写入新时代坚持和发展中国特色社会主义的基本方略，作为党和国家一项大政方针进一步确定下来。党的十九届六中全会通过的《中共中央关于党的百年奋斗重大成就和历史经验的决议》指出，党毫不动摇巩固和发展公有制经济，毫不动摇鼓励、支持、引导非公有制经济发展，支持国有资本和国有企业做强、做优、做大，建立中国特色现代企业制度，增强国有经济竞争力、创新力、控制力、影响力、抗风险能力；构建亲清政商关系，促进非公有制经济健康发展和非公有制经济人士健康成长。2020 年 5 月 19 日《人民日报》刊登的《中共中央　国务院关于新时代加快完善社会主义市场经济体制的意见》第二大部分，专门讲了"两个毫不动摇"，并在下面列了四个小标题，分别是：推进国有经济布局优化和结构调整；积极稳妥推进国有企业混合所有制改革；稳步推进自然垄断行业改革；营造支持非公有制经济高质量发展的制度环境。这些针对性很强的论述，充分体现了中国特色社会主义进入新时代后落实"两个毫不动摇"的新举措。党的二十大从构建高水平社会主义市场经济体制的高度再度强调"两个毫不动摇"。

从提出"两个毫不动摇"到 2022 年 12 月，中央经济工作会议强调坚持"两个毫不动摇"。这说明无论是公有制经济还是非公有制经济，都是中国经济的必要组成部分，二者不可或缺，都必须发展好，而且这已成为党和国家长期的大政方针。

改革开放 40 多年，我国从传统的计划经济体制逐步过渡到市场在资源配置中起决定性作用，更好发挥政府作用的中国

特色社会主义市场经济体制。这期间，培育了大量的市场主体，既包括通过深化国有企业改革将国有企业推向市场，也包括在市场中成长起来的大量个体民营企业以及通过开放引入的外资企业。改革开放 40 多年中国经济增长的奇迹，是依赖公有制经济和非公有制经济两类市场主体的共同发展造就的。无论是公有制经济，还是非公有制经济，都是在我国发展壮大的历史进程中形成的，都为国家"站起来""富起来""强起来"作出了重大贡献。

三 准确理解"两个毫不动摇"的丰富内涵和相互关系

"两个毫不动摇"是我们党对多年来坚持和发展基本经济制度的高度概括。基本经济制度是一个国家占主导地位生产关系的总和，必须与这个国家的发展阶段相适应。基本经济制度并不是某个人主观确定的，而是根据马克思主义关于生产力与生产关系相互关系的原理，从我国具体国情出发，经过长期艰苦探索得出。公有制为主体、多种所有制经济共同发展的基本经济制度，是对马克思主义所有制理论的重大发展，是中国特色社会主义政治经济学的重大创新，具有丰富的内涵。

我国的基本经济制度

（一）"两个毫不动摇"的丰富内涵

坚持以公有制为主体，不断完善创新公有制的实现形式和体制机制。公有制是社会主义经济的基础，必须始终坚持。但是，公有制经济的实现形式和体制机制必须随着生产力的发展而不断发展变化，必须适应社会主义市场经济的要求不断完善创新，使其符合市场经济规律发展要求，按市场经济规律运行。改革开放以来，我国国有企业改革以增强企业活力为起点，先后经历放权让利、制度创新、战略性调整和分类推进改革等阶段，与市场经济的融合日益紧密，在市场竞争中不断发展壮大。

发挥国有经济的主导作用，做强做优做大国有企业和国有资本。发挥国有经济主导作用是以公有制为主体的根本要求。国有企业是国有经济的基本形式，是国民经济发展的中坚力量。发挥国有经济的主导作用，必须做强做优做大国有企业。国有资本是国有经济的价值形式。党的十九大报告指出，要完善各类国有资产管理体制，改革国有资本授权经营体制，加快国有经济布局优化、结构调整、战略性重组，促进国有资产保值增值，推动国有资本做强做优做大。发挥国有经济主导作用，深化国有企业改革，发展混合所有制经济，培育具有全球竞争力的世界一流企业，不断增强国有经济竞争力、创新力、控制力、影响力、抗风险能力。

发展壮大集体经济，夯实社会主义公有制经济基础。集体所有制经济是社会主义公有制经济的重要组成部分，是公有制经济的一种重要实现形式。改革开放以来，我国城乡集体经济发展迅速，逐步形成具有效率和活力的社会主义集体所有制经济发展的新形式。在城镇，有一些具有集体所有制性质的企业逐步成长为世界知名的高科技企业。在乡村，以土地这一重要生产资料的集体所有为基础，实行家庭联产承包经营、统分结合的双层经营体制，解放和发展了我国农村生产力，调动了广大农民的积极性，农村集体经济释放出新的活力，有效推动了我国农村各项事业的快速发展。

促进非公有制经济健康发展，构建新型政商关系。我国非公有制经济从小到大、由弱变强，是改革开放以来在中国共产党的方针政策指引下发展起来的，是社会主义市场经济的重要组成部分，是稳定经济的重要基础，是国家税收的重要来源，是技术创新的重要主体，是金融发展的重要依托，是经济持续健康发展的重要力量。党的十八大以来，习近平总书记多次强调要鼓励、支持、引导、保护非公经济发展，并创造性提出构建"亲""清"新型政商关系，要求广大党政干部勇于担当、积极作为，既帮助非公企业解决发展中遇到的各种困难和问题，又守住底线不以权谋私；同时，要求广大非公企业家做到洁身自好，遵纪守法办企业、光明正大搞经营。新型政商关系的构建为非公有制经济的健康发展和非公有制经济人士的健康成长开辟了更加广阔的空间。

积极发展混合所有制经济，推进公有制经济与非公有制经济相互促进、相互融合。党的十八届三中全会提出积极发展混合所有制经济的相关要求，它的目的就是推动国有资本、集体

资本和非公有资本等不同性质的资本交叉持股、相互融合，使不同成分的资本取长补短、共同发展，推动生产资料的优化配置，增强国民经济的活力和效率。在社会主义公有制占主体的基本框架下，积极发展混合所有制经济，是新形势下坚持"两个毫不动摇"的具体体现，是我国基本经济制度实现形式的重大创新。有利于国有资本放大功能、保值增值、提高竞争力，形成新的制度形式和竞争优势。

（二）"两个毫不动摇"相辅相成、相得益彰

"两个毫不动摇"共同构成了中国特色社会主义基本经济制度的"所有制生态"。在中国特色社会主义基本经济制度下，公有制经济和非公有制经济之间的关系，不是谁吃谁的关系，而是谁也离不开谁的关系，两者是你中有我、我中有你的合作共生关系。近年来，党中央、国务院既毫不动摇巩固和发展公有制经济，又毫不动摇鼓励、支持、引导非公有制经济发展，不断激发各类市场主体的活力。

"两个毫不动摇"有机统一、一体两面。"两个毫不动摇"统一于社会主义现代化建设全局，贯穿于高水平社会主义市场经济体制。"两个毫不动摇"方针是一个整体，两者相互依存、不可偏废，既不能仅仅突出强调其中一个"毫不动摇"而忽略淡化另一个"毫不动摇"，也不能用一个"毫不动摇"去动摇另一个"毫不动摇"的地位，更不能将两个"毫不动摇"对立起来看待。任何割裂"两个毫不动摇"的认识和做法都是有害的，有可能严重打击市场主体的积极性和能动性。因此，对动摇公有制经济主体地位的言行、对影响非公有制经济健康发展的言行，都要坚决予以反对。只有全面把握"两个毫不动摇"方针，站位全局谋大局，才能坚持和完善基本经济制度、才能推动中国经济高质量发展。

"两个毫不动摇"相辅相成、相互促进。社会主义市场经济是一个生态系统，国有经济与民营经济不是相互排斥、此消彼长的关系，而是相得益彰、合作共生的关系，国企民企分别作为独立的市场主体，又是合作共赢的关系。"国退民进"和"国进民退"都是伪命题，"国民共进"才是硬道理。经过多年改革，国有企业总体上已同市场经济相融合，在服务"国之大者"中发挥主导作用和战略支撑作用，优化布局结构，带动产业链上下游企业协同发展，助力中小企业纾困解难，成为践行国家意志、服务国家战略、履行社会责任的国家队和主力军；民营经济在我国经济社会发展中已经发挥着重要作用，民营企业走实业报国、主业立企的创新发展之路，不少企业已经成长为"专精特新"企业和"隐形冠军"企业，持续为国民经济发展注入澎湃动力。国有企业和民营企业发挥各自优势，深化合作取长补短，形成了创新链合理分工、产业链优势互补、价值链共建共享的良好格局，尤其是国有企业和民营企业通过积极推进混合所有制改革，在股权结构上互相融合，在产业链上互相支持，在创新和规范管理上互相借鉴，推进公有制经济与非公有制经济相互促进、和谐共生，进一步激发了高质量发展的新动能。因此，只有完整把握"两个毫不动摇"方针，推进国有经济与民营经济协同共进、共生共融，才能建立起"国民共进"的良好生态，发挥我国现代化经济体系独有的综合优势，开创国企敢干、民企敢闯的生动局面。

"两个毫不动摇"目标一致、规则相同。坚持"两个毫不动摇"方针的最终目的，就是国有经济和民营经济共同发展壮大。而发展壮大的共同制度基础，就是建立中国特色现代企业制度，国有企业、民营企业都要成为现代企业。国企、民企作为平等的市场主体，在相同的制度规则下依法合规经营、公平有序竞争，共同发展壮大。国企改革三年行动高质量圆满收官，推动国有企业发生了一系列重大变革，党的领导党的建设得到根本性加强，中国特色现代企业制度更加成熟定型，灵活高效的市场化机制得以建立。构建高水平社会主义市场经济体制，必须继续深化改革，公有制经济重在"巩固和发展"，推动国有企业深化改革，解决市场化机制问题，进一步做强做优做大、提升国际竞争力，非公有制经济尤其是民营经济重在"鼓励、支持和引导"，加大政策支持、优化制度安排，解决治理规范化问题，引导民营企业规范治理体系加快高质量发展。国有企业要将国企改革成果制度化，着力完善中国特色国有企业现代公司治理，以提高核心竞争力和增强核心功能为重点，谋划新一轮深化国企改革行动，打造现代新国企，加快建设世界一流企业。同时，民营企业也要深化改革，对照高质量发展要求，建立健全现代企业制度，通过改革优化产权结构、规范治理结构、防范化解风险，转型升级，满足人民群众的多样化需求。在完善中国特色现代企业制度的基础上，要坚持依法治国治企原则，进一步细化落实优化营商环境的政策措施，从制度和法律上把对国企民企一视同仁平等对待的要求落下来，推动健全统一、开放、竞争、有序的市场体系，形成长期稳定的发展预期，各类市场主体公开、公平、公正参与市场竞争，促进资源配置实现效益最大化和效率最优化，更好地满足人民群众对美好生活的需求，更好地参与国际市场合作与竞争。因此，只有准确把握"两个毫不动摇"方针，同向发力，做强做优市场主体、做大市场蛋糕，中国经济才能续写新的发展奇迹，才能行稳致远。

我们要充分认识到，公有制经济与非公有制经济都是建设现代化经济体系的重要组成部分，始终毫不含糊地坚持和落实"两个毫不动摇"，不断改善社会心理预期、提振发展信心，把公有制经济与非公有制经济发展统一于中国式现代化建设的进程中，推动二者在产业协作、创新协同、资本融合、业务合作等方面的广度与深度，增强我国经济韧性，挖掘经济增长潜力，激活经济发展活力，推动我国经济社会高质量发展。特别是在当前我国经济恢复的基础尚不牢固，需求收缩、供给冲击、预期转弱三重压力仍然较大，外部环境动荡不安的背景下，始终坚持"两个毫不动摇"，对于凝聚共识和力量共克时艰意义尤为重大。

四 深化国资国企改革，提高国有企业核心竞争力

国有企业是中国特色社会主义的重要物质基础和政治基础，是党执政兴国的重要支柱和依靠力量。作为中国经济体制改革的中心环节的国有企业改革，经历了复杂曲折的历程。40多年来，国有企业的改革和发展大致经历了四个时期：1978年到1993年，是以扩大国有企业自主权为主要改革内容的放权让利时期；1993年到2003年，是以建立现代企业制度为主要

改革内容的制度创新时期；2003 年到 2013 年，是以建立新的国有资产管理体制为主要内容的国资监管时期；2013 年至今，是以基于功能分类深化国有企业改革为主要内容的分类改革时期。经过四个时期尤其是党的十八大以来的国有企业改革发展，我国的公有制经济发展取得了巨大的成就。

过去五年，国资国企改革工作取得重要进展。坚持党对国有企业的领导不动摇，发挥企业党组织的领导作用，保证党和国家方针政策、重大部署在国有企业贯彻执行。习近平总书记对国有企业改革高度重视，2020 年亲自主持召开会议审议通过《国企改革三年行动方案（2020—2022 年)》，发出了深化国有企业改革的动员令。我们坚持落实全面深化改革部署，完成国企改革三年行动，着力解决制约和影响企业健康发展的深层次问题。全面完成公司制改革，历史性地解决国有企业办社会职能和历史遗留问题，"三供一业"和市政社区分离移交、医疗教育机构深化改革、厂办大集体改革和退休人员社会化管理等任务基本完成，历史性解决了长期以来社企不分的难题。推进以"管理人员能上能下、员工能进能出、收入能增能减"为显著标志的三项制度改革，积极探索职业经理人制度。推进混合所有制改革。加快优化国有资本布局结构，先后完成中化集团与中国化工等 4 组 7 家中央企业战略性重组，新组建和接收中国星网等 8 家中央企业，中国政府网数据显示，中央企业涉及国家安全、国民经济命脉和国计民生领域营业收入占比超

70%，国有经济战略支撑作用更加凸显。深入实施产业基础再造工程，大力发展战略性新兴产业，中央企业在新能源、新材料、5G 应用等战略性新兴领域的投资额近五年年均增速超过20%。提升国资监管效能，围绕加强专业化、体系化、法治化监督，不断健全管资本为主的国资监管体制，加强董事会建设和外部董事作用发挥，更好履行国有资产监管职责使命。国有重点大型企业监事会转隶后，加快整合监督资源、强化监督合力，有效保障了国有资产安全。

 名词解释

"三供一业"：指国有企业职工家属区供水、供电、供热（供气）及物业管理，统称"三供一业"。

三项制度：劳动、人事、分配制度，简称三项制度，是国有企业经营管理机制中最根本的制度。国有企业三项制度改革，就是要建立一套与社会主义市场经济体制及现代企业制度相适应的市场化劳动用工、干部人事、收入分配管理体系。

国资国企改革持续走向深化，有力推动了国家经济高质量发展。根据国务院国资委统计，2017～2022 年，国资委监管中央企业资产总额、营业收入、利润总额分别增长 48.5%、49.9%、78.3%。国有企业科技实力明显增强，取得了载人航天、探月工程、北斗导航、国产航线、5G 应用等一系列具有世界先进水平的科技成果，建成了港珠澳大桥、白鹤滩水电站、"深海一号"大气田等一批标志性重大工程，彰显了国有企业科技创新主力军地位，中央企业 2022 年研发投入经费超 1 万亿元，研发投入强度达到 2.54%。"双碳"行动扎实推进，综合能耗明显下降。此外，国有企业在脱贫攻坚、抗灾救灾、能源保供等方面发挥了"顶梁柱""压舱石"的关键作用。

但是我们还应当看到，国资国企在改革与发展中面临的困难挑战依然很多，在一些行业和领域，虽然国有企业已经形成世界级规模的大企业大集团，但"大而不强、大而不优"的问题仍然存在，科技创新能力不强、关键核心技术"卡脖子"问题仍然较为突出，很多企业还处于国际产业链、供应链的中低端。党的二十大专门部署了深化国资国企改革，中央经济工作会议对深化国资国企改革、提高国企核心竞争力作出了重要部署。当前，世界百年未有之大变局加速演进，新一轮科技革命和产业变革方兴未艾，我们要根据形势变化，坚持以高质量党建引领，以提高核心竞争力和增强核心功能为重点，谋划新一轮深化国有企业改革行动方案，增强国有经济竞争力、创新力、控制力、影响力和抗风险能力。

一是深化国资国企改革，加快国有经济布局优化和结构调整。国资国企改革是增强国资国企活力，提高国资国企效率与效益，推动国有资产保值增值，提高我国经济竞争力的迫切需要。国有经济布局优化和结构调整要与国资国企改革相结合，加大对具有战略重要性、高溢出效应产业和公益型企业的投资力度，进一步向关系国家安全、国民经济命脉以及国计民生的重要行业和关键领域集中，向战略性、前瞻性领域集中；要站在国家安全、技术前沿和产业发展的高度，发挥战略引领作用，夯实产业链基础，壮大新兴产业链，加强共性技术供给，保障国民经济稳定，提升我国产业国际竞争力。在此进程中，要加快推进国有企业的混合所有制改革，按照完善治理、强化激励、突出主业、提高效率的要求，促进各类资本优势互补、共同发展；要坚持因地施策、因业施策、因企施策，宜独则独、宜控则控、宜参则参，形成国有资本与民营资本优势互补、特色鲜明、机制灵活、结构多元、身份平等、分配公平的资本融合新模式，努力提升我国企业的整体竞争力。

二是完善中国特色国有企业现代公司治理，使其真正按市场化机制运营。习近平总书记在 2016 年全国国有企业党的建设工作会议上指出："坚持党对国有企业的领导是重大政治原则，必须一以贯之；建立现代企业制度是国有企业改革的方向，也必须一以贯之。"要深化落实"两个一以贯之"，推动党的领导融入公司治理各环节对标世界一流企业，夯实中国特色现代企业制度基础，弘扬企业家精神，提高制度执行力。要深化落实"两个一以贯之"，要充分发挥企业党委（党组）把方向、管大局、促落实的领导作用，把党的领导融入公司治理各环节，实现制度化、规范化、程序化；要充分发挥董事会定战略、作决策、防风险的重要作用，实现董事会应建尽建、配齐建强；要充分发挥经理层谋经营、抓落实、强管理的积极作用，全面建立董事会向经理层授权的管理制度，不断推进企业管理体系和管理能力现代化。

三是健全有利于国有企业科技创新的体制机制，加快培育创新型国有企业。创新是引领发展的第一动力。国有企业要扛起科技自立自强、产业基础再造、重大技术装备攻关等方面的重要责任。要着力解决制约国有企业科技创新的机制、投入、人才、转化等突出问题，健全激励约束机制，完善人才培养体系，共建良好创新生态。强化企业科技创新主体地位，增强基础研究、自主创新能力，推动关键核心技术攻关，提高科技研发投入产出效率，积极培育壮大战略性新兴产业，打造一批创新型国有企业。

四是加强和完善国资监管，使国有企业始终牢牢守住不发生重大风险、实现安全发展的底线。要牢固树立底线思维，层层压实国有资产保值增值责任，健全更加完善的国资监管制度体系和全面风险管理体系，努力做到重大风险早发现、早预警、早处置，尽快化解存量风险，坚决遏制增量风险。严格加强投资管理，杜绝偏离主业实业、超越财务承受能力、盲目追逐热点投资等问题，补上境外投资、股权投资等监管薄弱环节，从源头上遏制和防范风险。

五是实行分类改革和分类考核，处理好国企经济责任和社会责任关系。对于市场竞争充分的国有企业，要深化市场化改革，进一步完善公司治理、深化差异化管控、优化选人用人机制、健全激励约束机制，充分激发企业活力，提高核心竞争力。对商业类企业中的公益类业务，要按照不同类别业务分类核算相应的收入和成本，并规范补偿机制，建立健全符合国际惯例的补贴体系。对于处于产业关联度较高行业的国有企业，要强化其对产业链上下游中小企业的带动作用，推进与民营企业协同发展范围和深度，增强我国产业链韧性和国际竞争力。

五　不断优化民营企业发展环境，努力促进民营经济发展壮大

在党的政策的支持鼓励和引导下，我国非公有制经济实现了从无到有、由小变大、从弱到强的快速发展。2016 年全国两会期间，习近平总书记在参加全国政协十二届四次会议民建、工商联界委员联组会时强调"三个没有变"，即非公有制经济在我国经济社会发展中的地位和作用没有变，我们毫不动摇鼓励、支持、引导非公有制经济发展的方针政策没有变，我们致力于为非公有制经济发展营造良好环境和提供更多机会的方针政策没有变。正是在党的政策支持引导下，我国非公有制经济发展取得伟大的成就，据国家市场监管总局统计，截至 2023

年 3 月，我国民营企业已达 2497 万户，非公有制经济税收贡献超过 50%，国民生产总值、固定资产投资、对外直接投资均超过 60%，高新技术企业占比超过 70%，城镇就业超过 80%，对新增就业贡献达到 90%。可以看出，非公有制经济在稳定增长、促进创新、增加就业、改善民生等各方面都发挥了十分重要的作用。

党的十八大以来，党和国家从加快完善社会主义市场经济体制到全面完善产权制度，从深化要素市场化配置改革到深化"放管服"改革优化营商环境等各个方面，鼓励支持民营经济发展的制度机制和政策措施不断完善，我国民营经济取得了长足的发展，已成为保障民生、促进创新、推动高质量发展的生力军。

近年来，各有关方面推出了一系列举措，支持民营企业改革发展：一是市场环境不断完善。健全民营企业市场准入规则体系，全面建立公平竞争审查制度。推动清理妨碍统一市场和公平竞争的政策措施，开展招投标领域营商环境专项整治。二是法治环境不断健全。颁布实施《中华人民共和国民法典》，强调保障各类企业平等法律地位和发展权益。《中华人民共和国中小企业促进法》，增加"权益保护"专章。实施《优化营商环境条例》《保障中小企业款项支付条例》。发布保护产权和企业家合法权益典型案例，甄别纠正涉产权冤错案件。从法律层面确立了非公有制经济的平等市场地位，并搭建了全方位、多层次、可操作的支持非公有制经济发展的政策框架。三是政策环境不断优化。加大助企纾困政策支持力度，明显减轻企业税费等负担。完善民营企业融资政策，推动小微企业信用信息共享共用，提升融资覆盖面、降低融资成本。健全多层次资本市场，上市企业中超九成是民营企业。从我国经济高质量发展的现实出发，还需进一步优化营商环境，促进国有企业、民营企业、外资企业公平竞争和发展。

在多措并举的政策支持下，民营经济对经济社会发展、就业、财政税收、科技创新等方面发挥了重要作用。光明日报《壮大民营经济　实现高质量发展》一文指出，民营经济具有"五六七八九"的特征，即贡献了50%以上的税收，60%左右的国内生产总值，70%以上的技术创新成果，80%以上的城镇劳动就业，90%以上的企业数量。在全面建设社会主义现代化国家新征程中，民营经济只能壮大、不能弱化，不仅不能"离场"，而且要走向更加广阔的舞台。下一步，要全面落实党中央决策部署，持续优化民营企业发展环境，从制度和法律上把对国企民企平等对待的要求落下来，从政策和舆论上鼓励支持民营经济和民营企业发展壮大，用真招实策稳定市场预期和提振市场信心。

一是从政策和舆论上鼓励支持民营经济和民营企业发展壮大。要大力宣传民营经济对经济社会发展、就业、财政税收、科技创新等具有的重要作用。通过政策引导和舆论宣传，引导全社会充分认识民营经济在稳定增长、促进创新、增加就业、改善民生、实现共同富裕等方面发挥的重要作用，形成有利于民营企业创新发展的环境和舆论氛围，激发民营企业创造活力。

二是营造稳定公平透明可预期的发展环境。要全面梳理修订涉企法律法规政策，持续破除影响平等准入的壁垒。全面落实公平竞争政策制度，坚持对各类经营主体一视同仁、平等对待。加快建设全国统一大市场，反对地方保护和行政垄断，持续清理废除各地区含有地方保护、市场分割、指定交易等政策和做法，为民营企业开辟更多空间。健全政府诚信履约机制，认真履行政府在招商引资、政府与社会资本合作等活动中与民营企业依法签订的各类合同。加强监管标准化规范化建设，提升监管制度和政策的稳定性、可预期性。要针对各类民营企业的不同特点和需求，以更高站位、更大力度、更实举措，深化简政放权、放管结合、优化服务改革，创造市场化、法治化、国际化的营商环境，有针对性地帮助民营企业家克服遇到的困难；要进一步激发民营经济创造力，鼓励有条件的民营企业建立现代企业制度，加大支持中小微企业和个体工商户发展的力度，特别是进一步营造有利于激发科技型中小微企业创新发展的政策措施，推动形成专精特新"小巨人"大量涌现，"顶天立地"的大企业国际竞争力持续提升的新局面。

三是进一步加大对民营经济政策支持。在财政、金融、产业、科技等政策方面采取更加精准有效的措施，支持民营企业发展，支持中小微企业和个体工商户发展。健全融资风险市场化分担机制，完善信用评级和评价体系，推动解决融资难、融资贵问题。健全防范和化解拖欠民营企业账款长效机制。支持有条件的民营企业参与国家重大科技项目攻关，推进科技成果转化。鼓励民营企业开展技术改造，加快数字化、绿色化发展。畅通人才向民营企业流动的渠道，支持民营企业稳定扩大就业岗位。激发民间资本投资活力，鼓励和吸引民间资本更多参与国家重大工程、重点产业链供应链项目建设。支持平台企业在引领发展、创造就业、国际竞争中大显身手。

四是依法保护民营企业产权和企业家权益。党的二十大报告强调，要"优化民营企业发展环境，依法保护民营企业产权和企业家权益"。改革开放以来，我国产权保护制度逐步形成、逐渐完善。健全平等保护的法治环境，各级政府要恪守契约精神，依法保护民营企业的产权和知识产权，依法维护民营企业正常经营秩序，坚决防止和纠正利用行政或刑事手段干预经济纠纷。企业家是经济活动的重要主体和宝贵的稀缺资源，市场活力主要来自企业家，来自企业家精神。改革开放以来，党中央重视企业家作用，极大地激发了民营企业家创业创新创富的热情。因此，要完善民营企业和民营企业家诉求反映和权益维护机制，尊重和保护企业家合法的人身和财产权益，努力推动经济发展始终在法治轨道上运行，增强民营企业长远发展的信心和加快发展的决心。

五是促进民营经济健康发展和民营经济人士健康成长。引导民营企业家自觉践行新发展理念、主动融入新发展格局，坚定做强实体经济，自觉走高质量发展路子。支持民营企业完善法人治理结构，鼓励建立现代企业制度。弘扬企业家精神，加强民营经济代表人士队伍建设，完善民营经济人士教育培训体系。民营企业和民营企业家要依法合规经营，积极履行社会责任，积极构建和谐劳动关系，让企业发展成果更公平惠及全体员工，增强先富带后富、促进共同富裕的责任感和使命感，做爱国敬业、守法经营、创业创新、回报社会的典范。

六是营造关心支持民营经济发展良好氛围。为民营企业解难题、办实事，推动完善政企沟通机制，搭建服务民营企业平台载体，把构建亲清政商关系落到实处。引导全社会客观正确全面认识民营企业和民营经济人士，坚决抵制质疑社会主义基本经济制度、否定和弱化民营经济的错误言论和做法。引导民营企业和民营企业家正确理解党中央方针政策，消除顾虑，放下包袱，大胆发展，实现民营经济健康发展、高质量发展。

资料链接

近年来，党中央、国务院出台了一系列鼓励、支持、引导民营经济发展的重大措施：

2019年10月，国务院发布《优化营商环境条例》；

2019 年 12 月,《中共中央　国务院关于营造更好发展环境支持民营企业改革发展的意见》发布;

2020 年 5 月,《中共中央　国务院关于新时代加快完善社会主义市场经济体制的意见》发布;

2020 年 3 月,《中共中央　国务院关于构建更加完善的要素市场化配置体制机制的意见》发布;

2022 年 4 月,《中共中央　国务院关于加快建设全国统一大市场的意见》发布;

2021 年 1 月,中共中央办公厅、国务院办公厅印发《建设高标准市场体系行动方案》。

这些文件从保障民营企业依法平等使用资金、技术、人力资源、土地使用权及其他自然资源等各类生产要素和公共服务资源,依法平等适用国家支持发展的政策,依法享有保护产权和知识产权的权利,构建亲清新型政商关系等方面细化了政策措施。党中央还要求各地各部门加强政策协调性,细化、量化政策措施,制定相关配套举措,推动政策落地、落细、落实。

第十章

牢牢守住安全发展底线

统筹发展和安全是进入新发展阶段、贯彻新发展理念、构建新发展格局的重要前提和保障。对统筹发展和安全作出重要战略部署，这对复杂环境下更好地推进我国经济社会发展具有重大意义。实现今年经济社会发展目标任务，必须注重防范化解重大风险。中央经济工作会议将有效防范化解重大经济金融风险作为今年经济工作的重点任务之一，作出了部署。2023 年《政府工作报告》将"有效防范化解重大经济金融风险"作为今年第五项工作任务，并按金融风险、地产行业风险和政府债务风险顺序进行排序，旨在保证经济平稳健康发展、社会安定和谐，为加快构建新发展格局，着力实现高质量发展，全面建设社会主义现代化国家奠定坚实基础。我们要深刻领会党中央决策部署的重大意义，牢牢守住安全发展底线，提高防范和化解经济金融风险的自觉性，确保中央决策部署落到实处。

一 牢牢守住安全发展底线的重大意义

统筹发展和安全是以习近平同志为核心的党中央立足于新

发展阶段国际国内新形势新情况所提出的重大战略思想，是习近平新时代中国特色社会主义思想的重要内容。习近平总书记在党的十九届五中全会上指出，"安全是发展的前提，发展是安全的保障。""要牢牢守住安全发展这条底线。"

（一）牢牢守住安全发展底线是对外部风险挑战的积极回应

2020 年 8 月 24 日，习近平总书记在经济社会领域专家座谈会的讲话中指出："今后一个时期，我们将面对更多逆风逆水的外部环境，必须做好应对一系列新的风险挑战的准备。"从外部环境看，受全球通货膨胀高位运行、欧美央行高频次加息缩表、发展中国家金融危机发生概率上升、市场预期不稳等影响，自 2022 年以来，不少国家出现股市大幅下行、资本外流、汇率大幅度贬值甚至政府债务爆雷等问题。这些外部风险的外溢效应，在一定程度上对我国宏观经济、金融市场造成冲击，导致我国股市、债市、汇市出现走弱情况。2023 年外部风险和不确定性依然较大，仍须警惕外部"黑天鹅"事件对我国经济复苏和金融市场造成冲击，避免形成内外风险交织放大，甚至形成系统性金融风险的情况。在此背景下，防范化解重大经济金融风险具有重要意义。

（二）牢牢守住安全发展底线是对国内风险挑战的积极回应

改革开放以来，我国经济社会发展取得了历史性成就，创造了世所罕见的经济快速发展和社会长期稳定的"两大奇迹"，经济总量自 2010 年起位居世界第二，现已突破 120 万亿元大关。但是，越是发展起来，越不能犯颠覆性错误，越是取得发展，越是取得成绩，风险和挑战也会越多。随着国内全面深化改革持续推进，大国博弈日趋激烈，我国发展正经历一个各类矛盾和风险易发期，各种不确定不稳定因素明显增多，必须坚持统筹发展和安全，有效防范化解重大风险。2022 年我国经济经受住多重考验，一个重要方面就是在加快经济恢复发展过程中，守住了发展的安全底线，有力保障粮食安全、能源安全、产业链供应链安全，妥善化解经济金融风险。新形势下要增强机遇意识和风险意识，树立底线思维，把困难估计得更充分一些，把风险带来的危害思考得更深入一些，避免引发系统性风险，确保社会主义现代化事业顺利推进。

（三）牢牢守住安全发展底线是构建新发展格局的前提和保障

在主持中共中央政治局第二次集体学习时，习近平总书记强调："加快构建新发展格局，是立足实现第二个百年奋斗目标、统筹发展和安全作出的战略决策，是把握未来发展主动权的战略部署。"当前我国发展面临各种可以预见和难以预见的艰难险阻甚至是惊涛骇浪，只有加快构建新发展格局，才能夯实我国经济发展的根基、增强发展的安全性稳定性，才能在应对接踵而至的风险挑战中增强我国的生存力、竞争力、发展力、持续力。牢牢守住安全发展这条底线，是构建新发展格局的重要前提和保障，也是畅通国内大循环的题中应有之义。

习近平总书记指出，安全是发展的基础，稳定是强盛的前提。要贯彻总体国家安全观，健全国家安全体系，增强维护国家安全能力，提高公共安全治理水平，完善社会治理体系，以新安全格局保障新发展格局。具体而言，构建新发展格局的关键在于经济循环的畅通无阻，必须统筹扩大内需和深化供给侧结构性改革，打通堵点、连接断点；构建新发展格局最本质的特征是实现高水平的自立自强，必须加快科技自立自强步伐，解决"卡脖子"难题；构建新发展格局的重要支撑是形成强大国内市场，必须把发展经济的着力点放在实体经济上，打造自主可控、安全可靠、竞争力强的现代化产业体系。把安全发展贯穿构建新发展格局全过程和各领域，将为中国发展织密"安全网"、筑牢"安全堤"。

（四）牢牢守住安全发展底线是全面建设社会主义现代化国家、实现中华民族伟大复兴的必然要求

实现中华民族伟大复兴是我们对美好幸福生活的孜孜追求。我们党已经取得了彪炳史册的历史性成就，为实现中华民族伟大复兴创造了有利条件。今天，我们比历史上任何时期都更接近、更有信心和能力实现中华民族伟大复兴的目标，但这绝不是轻轻松松、敲锣打鼓就能实现的。在全面建设社会主义现代化国家、向第二个百年奋斗目标进军的新征程上，立足新发展阶段、贯彻新发展理念、构建新发展格局、推动高质量发展，满足人民对民主、法治、公平、正义、安全、环境等方面日益增长的要求，都对发展和安全提出了新的更高要求。今后一个时期，可能是我国发展面临的各方面风险不断积累甚至集中显露的时期，我们必须增强忧患意识，坚持底线思维，做到居安思危、未雨绸缪，把促进发展和保证安全、努力建设和防范风险结合起来，善于运用发展成果夯实国家安全的基础，既坚定高质量发展不动摇，又抓住高水平安全不放松，有效防范和化解国际环境风云变幻与国内改革发展稳定任务带来的各类风险挑战，确保中国式现代化建设进程顺利推进。

二　当前我国安全发展面临的机遇和风险挑战

今年以来，我国国内外发展环境持续向好，从国际环境方面看，欧美国家自身发展问题频现，无暇东顾，给我国发展营造了宽松机会。从国内整体经济环境看，多年的经济发展奠定了雄厚的财力基础，营商环境持续优化，市场活力逐渐恢复，居民储蓄存款规模巨大，资金存量充足。从实体经济方面看，我国制造业体系完整，在世界市场占据重要地位，构成了经济增长的压舱石。但在国内外复杂变幻的环境下，仍然不能轻视我国今年安全发展面临的压力和挑战。

（一）复杂的国际环境影响我国安全发展

一是国际形势动荡仍然持续。俄乌冲突尚未分晓，以美国为代表的北约阵营和俄罗斯势力仍然会持续对立，国际多方交织的竞争博弈不利于全球和平发展；二是受美联储长期量化宽松政策以及近几年全球供应链断裂的影响，全球通胀将保持较高水平，不利于经济增长动力恢复；三是以美国为首的西方集团仍然会采取阻碍中国发展的制约措施，包括但不仅限于在高技术领域、实体经济领域的封锁打压，不利于经济发展的外部环境改善；四是国际能源价格变动、汇率波动、贸易保护主义等对中国经济增长带来不确定性风险。

（二）国内发展的多重压力影响我国安全发展

一是经济中低速增长的压力。近三年，受新冠肺炎疫情的持续影响，我国平均经济增速仅为 4.46%，增长压力仍然较大。二是全国各省份财政压力情况不太乐观。根据 2022 年我国经济发展的数据，地方政府名义杠杆率（即负债率）为 29%，地方政府债务率达到 123.5%，地方政府偿债率仅为 13.7%，不考虑转移收入情况下，青海、吉林、云南、辽宁、黑龙江等五省偿债率超过 50%，且大多增长较快。三是国内经济正处于复苏阶段，国民就业增收压力比较大。2022 年失业率数据显示，2022 年全年全国城镇调查失业率平均值为 5.6%，其中，16 ~ 24 岁城镇青年人失业率接近 20%，连续 6 个月处于高位，居民收入增长尽管高于经济增速，但实际增长率仅为 2.9%。四是国内投资、需求及外贸等关键经济领域增长前景不确定性较高。2022 年中国固定资产投资增速呈现逐步下滑最后企稳的趋势，但因 2021 年同期高基数效应、投资结构出现分化、民间投资增速整体较低等因素的影响导致固定资产投资累计同比增速逐渐走低，制造业投资、房地产投资等增速乏力。在内需方面，疫情对经济的冲击导致居民收入增速明显放缓，促使消费者信心的大幅下滑，压制了居民消费意愿，消费恢复仍待时日。明年主要发达经济体增速仍然处于低位，欧盟部分经济体可能步入衰退，外需将有明显减弱。另外，2023 年美联储可能由加息转为降息，我国外资面临回流的压力。

（三）关键领域的不确定性因素影响我国安全发展

一是金融领域面临流动性陷阱和危机风险。一方面，受硅谷银行暴雷事件等影响，签名银行、第一共和银行、瑞士信贷陆续出现危机，欧美银行股受到重挫，金融风险蔓延；另一方面，2022 年我国居民存款增长规模远超贷款，两者增速呈现剪刀差的态势，贷款增加份额仅占存款的 21% 左右，流动性陷阱趋势显现。二是实体经济领域仍然面临断链锁链的风险。近年来，疫情冲击后的全球价值链、供应链、产业链仍处于艰难恢复阶段，欧美主导的全球化分裂式调整影响了我国参与国际市场分工环节的正常步骤，实体经济面临受制裁、受打压的断链锁链风险。三是中小企业生存压力较大，房地产市场持续低迷。上半年新房价格整体呈企稳横盘态势，下半年房价走势疲弱，价格持续下跌，断供风险、交楼违约风险仍然存在。

三 增强忧患意识，做到居安思危

党的十八大以来，面对波谲云诡的国际形势、复杂敏感的周边环境、艰巨繁重的改革发展稳定任务，以习近平同志为核心的党中央坚持底线思维、增强忧患意识、提高防控能力，统筹发展和安全，着力防范化解重大风险，保持了经济持续健康发展和社会大局稳定。

增强忧患意识，做到居安思危，是我们治党治国始终坚持的一个重大原则。党的二十大报告深刻指出，"我国发展进入战略机遇和风险挑战并存、不确定难预料因素增多的时期，各种'黑天鹅'、'灰犀牛'事件随时可能发生。我们必须增强忧患意识，坚持底线思维，做到居安思危、未雨绸缪，准备经受风高浪急甚至惊涛骇浪的重大考验。"前进道路上，我们必须常葆忧患意识，防患于未然。

忧患意识是中华民族的一个重要精神特质。《易经·既济》中说，"君子以思患而豫防之"；《孟子》有言，"生于忧患而死于安乐"。可见，古人从个人发展到国家兴亡，都重视忧患则生、安乐则亡的道理，更相信愈是身处逆境、愈要坚定奋发，方能促人成就、作出贡献。作为中华优秀传统文化的忠实继承者和发展者，中国共产党在内忧外患中诞生，在磨难挫折中成长，在战胜风险挑战中壮大，始终有着强烈的忧患意识、风险意识。筚路蓝缕，以启山林，艰难困苦，玉汝于成。自古以来，忧患意识成为中华民族在历经沧桑、不懈奋斗中铸就的宝贵品格，任何时候都要铭记心间、不能丢弃。

增强忧患意识是推进国家治理现代化的必然要求。随着人类实践活动范围的不断增大，由人类实践所主导的各类风险也在变大，比如工业革命和技术变革，在提高社会生产力的同时，也增大了社会和自然的不安全风险。同时，人类为了应对社会各类风险增大的情况，客观需要构建复杂的制度防范体系，而复杂的制度防范体系又增加了制度失灵的风险。应对风险社会挑战，客观上要求我们应进一步增强忧患意识，这也是提高国家治理水平的内在要义。

增强忧患意识，做到居安思危，要强化底线思维。所谓底线思维，就是指客观地设定最低目标，立足最低点，争取最大期望值。习近平总书记多次强调，"要善于运用'底线思维'的方法，凡事从坏处准备，努力争取最好的结果，做到有备无患、遇事不慌，牢牢把握主动权"。从马克思主义哲学角度看，底线思维是对唯物辩证法质量互变规律的运用。任何事物都有一个从量变到质变的过程，在这个过程中，必然存在一个临界点。坚持底线思维，要求我们必须高度警惕这个从量变到质变的临界点。坚持底线思维，意味着时刻保持事物现有质态"度"的下线，完备针对各种可能性的应对方案，防止陷入更低一个层次的境地。坚持底线思维，还意味着要时刻遵循基本原则与行动规范，同时始终保持如临深渊、如履薄冰的高度谨慎的态度。

增强忧患意识，做到居安思危，要坚持斗争精神。防范化解重大风险，在关键问题和原则问题上，党员和领导干部必须敢于担当，敢于斗争。坚持斗争、不懈斗争也是共产党人的政治本色。我们共产党人的斗争，从来都是奔着矛盾问题、风险挑战去的。坚持斗争精神，需要我们不信邪、不怕鬼、不怕压，知难而进、迎难而上。领导干部要敢于担当、敢于斗争；年轻干部要到重大斗争中去真刀真枪干。在坚持斗争精神的同时，不断增强斗争本领，不断争取胜利。

新征程上，要切实增强忧患意识，做到居安思危。不仅要加强心态上、思想上的准备，有效避免危机爆发时引发的心理恐慌；还要常备应对之策，以充足的预案、成熟的招数去解决问题、化解危机。此外，更要时刻对现状问题做到心里有数、方能处事泰然。通过大兴调查研究，对是否存在问题、问题出在哪里、问题的主次何在充分摸底，从而科学决策、坚决执行，积极主动防范风险、发现风险、消除风险，不断将党和国家事业推向前进。

四 维护我国安全发展的战略部署

党的二十大报告把"国家安全更为巩固"确定为未来五年

我国发展主要目标任务的重要内容，具有深远的战略考量和重大的现实意义。踏上全面建设社会主义现代化国家新征程，必须坚定不移贯彻总体国家安全观，把维护国家安全贯穿党和国家工作各方面全过程，加快推进国家安全体系和能力现代化，以新安全格局保障新发展格局，确保国家安全更为巩固。

（一）有效防范化解房地产领域风险

2022 年 12 月 15 日至 16 日召开的中央经济工作会议提出"有效防范化解重大经济金融风险"，这是统筹好发展与安全的关键，而防范化解房地产市场风险是防范化解重大经济金融风险的重中之重。房地产链条长、涉及面广，对居民生活和财产、宏观经济循环和产业链稳定、政府财政、金融市场的影响，都有重要的作用。因此，防范化解房地产市场风险是当前防控风险的重中之重。对房地产问题，要标本兼治，既要关注当下，高度重视当前房地产市场的风险隐患，稳妥做好处置；也要看到长远，准确把握房地产发展方向，把促进房地产市场总体平稳健康发展放在更加突出的位置，使得房地产稳定在促进经济运行总体回升上发挥更加积极的作用。

（二）防范化解地方政府债务

地方政府债务是长期以来市场和社会都较为关心的重大问题，对地区经济社会发展和经济金融大局稳定都具有十分重大的影响，特别是在当前推动经济恢复发展的重要时期，防范化解地方政府债务风险，优化债务期限结构，降低利息负担，遏制增量、化解存量，这是当前经济工作的一大重点。为此，正确理解地方政府债务，妥善寻求应对之道至关重要。

1. 正确认识我国政府债务

首先，应辩证理解政府债务的必要作用。在现代经济、金融条件下，无论企业部门、家庭部门还是政府部门，借助债务投资是实现发展的常用手段。当代政府部门往往通过负担债务来提供公共产品和服务、推动国家战略、托底社会稳定、维持经济增长。经济上行时，如果不允许一定的杠杆空间，经济发展则无从谈起。而在下行周期，公共债务投资的适当有序扩张，被证明对于中短期衰退具有抑制作用。

环球时报《我国地方债务风险整体可控》一文中指出近年来全球前 50 个主要经济体中，政府部门杠杆率平均近 95%。尤其自 2020 年来，在疫情与地缘冲突影响下，各主要发达国家普遍放松货币政策，资产负债表大幅扩张。以市场、法治和行为约束及监管制度成熟著称的欧美等地政府举债的力度、强度都远超中国。

在经济下行调整期中，社会整体融资下降较多，私营部门需求明显回落。为维护经济稳定，政府往往会通过积极财政政策和主动负债，投资基建、大型产业项目等不断补齐社会投资缺口，形成"挤入效应"。可以说，政府通过逆周期财政行为，可以为国民经济与就业结构稳定发展、调整提供时间与空间。

长期来看，政府资金的规划性、先导性投入还能引导资金走向，形成示范效用。协同各方资源支持优势产业与区域发展，为区域产业长期发展打下物质基础。"高铁本身不赚钱，但将长期拉动整合沿线城市群和产业链，形成更大盈利效应"，就是其中一例。此外，约束管理较好的财政性投入也能够稳定和拉动区域产业内就业。

其次，应从多方面综合判断债务风险。衡量一个社会的债务水平是否合理，不能简单从数字来看。债务是否合理，应看其扩张能否撬动更多的经济增长，是否与该国的发展阶段、产业结构、人口特征、技术优势等相匹配，债务在短期内是否有稳定社会的必要性，在长期内是否有发展的可持续性等。

当前中国经济仍处于增长稳定阶段，整体政府债务在可控范围。政府债务率是衡量政府偿债能力的关键指标，国际货币基金组织提出风险参考区间为90%～150%，为严格管理，我国政府将债务警戒线设定为100%。据财政部数据，截至2021年底，我国地方政府债务率为105.4%，相比美国债务率在2022年达123.4%，日本2022年债务率达225.9%，我国整体风险可控。

从债务性质上看，我国政府债务以内债为主。生产效率高、出口导向型、创新科技型、生产者剩余高的经济体往往有条件以内债为主导。内债为主的国家，长期内通胀压力较小，但需要防止出现通缩。债务短期清偿压力有限，可通过长期经济发展进行消纳。加之，中国地方与中央政府之间的特定关系决定了地方政府出现偿付压力时，中央政府可通过财政、金融、政策援助等手段对其进行处置，因此整体风险相对较小。而外债为主的国家，遇到经济下行、外资撤出时，将出现外储下跌、本币贬值，短期偿债压力陡增的问题。届时本币贬值、通胀严重，只能紧缩财政、削减公共支出，政府和全社会应对的空间十分局促。

从债务来源上看，短期我国政府债务压力主要来自三个方面：一是，地方政府显性债务风险总体可控，但城投平台等主体形成的隐性债务存在一定风险，尤其内陆财力较弱省份的广义债务率仍在较高水平，宏观杠杆率高、付息压力大。二是，结构不平衡，不同区域差别较大。从负债比例看，部分省市较为困难。三是，存量融资成本依旧较高。各城投平台的经营和偿付活动需密切关注。当前城投平台资产负债率下降较慢，近1/10 的城投公司资产负债率超过 70%，62.6% 的城投公司资产负债率分布在 50% ~70%。更重要的是，城投平台盈利能力仍较弱，导致还本付息能力未能明显改善。

最后，应正视并妥善化解债务风险。当前国际大环境存在经济衰退、金融失稳、地缘冲突等多重挑战，中国经济也处在结构调整、稳定预期的关键转型期。在此期间，正视债务问题、控制债务水平、化解相关风险具有重要意义。

2. 积极稳妥处置化解重点地区债务风险

要坚决贯彻落实中央经济工作会议部署，坚持"开正门、堵旁门"，遏制增量、化解存量。一是要完善常态化协同监管，逐步实现地方政府债务按同一规则合并监管，加强部门间信息共享，形成监管合力。二是坚决遏制隐性债务增量。严堵违法违规举债融资的"后门"，着力加强风险源头管控，硬化预算约束，要求严格地方建设项目审核，管控新增项目融资的金融"闸门"，强化地方国有企事业单位债务融资管控，严禁违规为地方政府变相举债，决不允许新增隐性债务上新项目、铺新摊子。三是稳妥化解隐性债务存量。坚持中央不救助原则，做到"谁家的孩子谁抱"。建立市场化、法治化的债务违约处置机制，稳妥化解隐性债务存量，依法实现债务人、债权人合理分担风险，防范"处置风险的风险"。坚持分类审慎处置，纠正政府投资基金、政府和社会资本合作、政府购买服务当中的一些不规范的行为。四是推动平台公司市场化转型。规范融资平台公司融资管理，严禁新设融资平台公司。规范融资平台公司融资信息披露，严禁与地方政府信用挂钩。分类推进融资平台公司市场化转型，妥善处理融资平台公司债务和资产，剥离融资平台公司政府融资职能。防止地方国有企业和事业单位"平台化"。五是健全监督问责机制。推动出台终身问责、倒查责任制度办法，坚决查处问责违法违规行为。督促省级政府健全责任追究机制，对继续违法违规举债违规行为，发现一起、查处一起、问责一起，做到终身问责、倒查责任。此外，要充分利用好当前利率水平较低的有利条件，积极优化债务期限结构，降低利率水平，减轻地方政府偿债负担。在处置风险的过程中，要注意把握好力度和节奏，不搞一刀切和急刹车，防止引发债市风险、地区中小金融机构风险，防范处置风险的风险。

3. 深化改革从源头上解决地方政府债务问题

地方政府债务不仅是融资问题，还涉及财税体制、地方政府自身建设、政府债券体系等一系列深层次问题，必须锲而不舍地深化相关领域改革，理顺各类关系和体制机制。要深化省以下财税体制改革，健全地方税体系，完善地方预算管理机制，探索盘活地方国有资产的有效方式，多渠道增加地方可用财力。要进一步理顺政府和市场的关系，推动形成政府和企业界限清晰、责任明朗、风险可控的良性机制，推进地方政府融资平台市场化转型发展，创新投融资机制，促进民间资本更多参与地方基础设施等领域投资。健全符合我国国情的政府债券体系，完善专项债管理机制，建立有深度多层次的政府债券市场，为地方政府合理融资提供透明规范、长期稳定的资金来源，更好推动地方经济社会建设。

（三）牢牢守住不发生系统性金融风险的底线

党的二十大报告在充分肯定党和国家事业取得举世瞩目成就的同时，也深刻指出"防范金融风险还须解决许多重大问题"。习近平总书记在中共中央政治局第四十次集体学习时强调，金融安全是国家安全的重要组成部分，是经济平稳健康发展的重要基础。维护金融安全，是关系我国经济社会发展全局的一件带有战略性、根本性的大事。党的十八大以来，习近平总书记高度重视防范化解重大经济金融风险，明确把强化监管、提高防范化解金融风险能力作为做好金融工作的重要原则之一，强调防范化解金融风险特别是防止发生系统性金融风险，是金融工作的根本性任务和永恒主题。

1. 深刻认识防范化解重大金融风险的战略性意义

防范化解重大金融风险、维护金融安全的三方面重要战略意义。一是从经济体系看，防范化解重大金融风险关乎经济高质量发展。金融是现代经济的血液，贯穿经济的方方面面，只有持之以恒防范化解金融风险，保持金融体系健康、稳定和安全，才能促进科技、产业和金融的良性循环，为实体经济发展提供源源不断的优质金融服务，为经济高质量发展贡献强有力的金融力量。二是从治国理政看，防范化解重大金融风险关乎社会政治稳定。金融具有动员储蓄的功能，防范和化解金融风险直接关系最广大群众的切身利益。近年来，一些面向大众的金融创新产品采用过于复杂的交易结构和产品设计掩盖并转移内在风险，一些违法金融活动和金融腐败案件直接侵害人民群众和国家利益，只有做好防范化解金融风险这门必修课，守护好广大人民群众的钱袋子，才能切实维护社会政治稳定。三是从大国竞争看，防范化解重大金融风险关乎中华民族伟大复兴。当前，世界百年未有之大变局加速演进，一些国家妄图利用手中的货币霸权和在全球金融体系中的非对称性优势，对其他国家发展进行打压遏制。国家"十四五"规划纲要已经提出实施金融安全战略，我们只有发扬斗争精神，牢牢把握战略主动，才能切实抵御住各类外部冲击，维护国家金融主权和发展利益，为中华民族伟大复兴保驾护航。

 资料链接

　　纵观全球近现代史，重大金融风险对国家兴衰的影响巨大。新中国成立初期，物价飞涨是我们党面临的重大经济金融风险，稳定物价就是稳定人心，也是保卫红色政权。据史料记载，在当时的上海，敌特分子和一些投机商人趁人民币尚未建立信誉之机，利用手中囤积的大量银元、外币等进行投机交易，疯狂打压人民币，在金融市场刮起黑色"龙卷风"。针对这种情况，我们党在短时间内调整策略，迅速打赢了"银元之战"和之后的"米棉之战"，成功抑制了投机、平抑了物价，保卫了红色政权，毛泽东评价其意义不亚于淮海战役。然而，从全球看，未能有效防范化解重大金融风险，给国家发展带来巨大危害的案例则数不胜数。从 20 世纪 80 年代拉美主权债务危机，到 1997 年的亚洲金融危机，再到 2008 年国际金融危机，历史已多次揭示出系统性金融风险的巨大破坏力。以亚洲金融危机为例，20 世纪 80 年代至

90 年代，印度尼西亚、泰国、马来西亚、菲律宾四国因经济高速增长被称为亚洲四小虎，但受亚洲金融危机冲击，本币大幅贬值，银行坏账剧增，资本大量外逃，房地产和资产泡沫破裂，多年积累的国民财富顷刻间灰飞烟灭，经济停滞。有学者测算认为，亚洲金融危机使得泰国经济倒退了 10 年。

资料来源：黄卫挺：《持之以恒防范化解重大金融风险》，载于《中国党政干部论坛》2023 年第 1 期。

2. 持之以恒防范化解重大金融风险

党的十八大以来，在以习近平同志为核心的党中央坚强领导下，我国金融改革发展稳定取得了重大成就，防范化解金融风险取得了重要阶段性成效。总体来看，当前我国金融风险趋于收敛、整体可控，防范化解重大金融风险的能力显著增强。但是，我们也要清醒认识到，在世界百年未有之大变局加速演进，我国发展进入战略机遇和风险挑战并存、不确定难预料因素增多的时期，经济金融环境发生深刻变化，金融体系内部风险隐患可能"水落石出"，金融发展存在的结构性问题亟待解决，外部冲击风险明显增多，要求我们必须持之以恒做好重大金融风险防范化解工作。

资料链接

> 2017 年 4 月，习近平总书记在十八届中央政治局第四十次集体学习时对金融安全的重要性、我国金融安全形势和维护金融安全的重点任务等进行了系统深入论述；2017 年 7 月，在第五次全国金融工作会议上将防控金融风险列为金融工作的三大任务之一；2017 年 10 月，在党的十九大报告中提出"三大攻坚战"，将防范化解重大金融风险作为重点任务进行部署；2019 年 2 月，在十九届中央政治局第十三次集体学习时强调防范化解金融风险特别是防止发生系统性金融风险是金融工作的根本性任务；2022 年 10 月，在党的二十大报告中强调要强化金融稳定保障体系，守住不发生系统性风险底线。

一是把握好稳增长、稳杠杆和防风险的动态平衡。在前期打赢"三大攻坚战"的总体部署下，我国宏观杠杆率得到有效控制，金融服务实体经济能力增强，防范风险工作取得积极成效，随着去杠杆工作告一段落，政策已经转向稳杠杆。当前，我国经济面临需求收缩、供给冲击、预期转弱三重压力，经济下行压力加大，稳增长政策之下债务增长加速，经济增长放缓，我国宏观杠杆率出现提升势头。据国际清算银行统计，2021 年末我国宏观杠杆率达到 272.5%，全部报告国家的杠杆率平均水平是264.4%，我国宏观杠杆率已经持续高于国际平均水平。分部门看，2021年我国住户部门、企业部门和政府部门的杠杆率分别高达72.2%、153.7%和46.6%，企业部门杠杆率在全球主要国家中处于最高水平。目前，市场对高杠杆率可能引发金融体系脆弱性具有较大共识，认为高杠杆可能带来一系列经济风险并最终诱发系统性金融风险。为此，必须稳妥把握好稳增长、稳杠杆和防风险之间的动态平衡，既要保持宏观杠杆率的总体稳定，为经济增长和市场活力创造条件，也要避免诱发系统性金融风险。要区分不同部门做好稳杠杆工作，对于住户部门要继续满足消费信贷和个人经营性贷款需求，合理引导住房类贷款；对于非金融企业部门则要将重点从规模转向效率，将更多的信贷资源配置到效率更高的企业及创新驱动行业，支持培育经济新动能；对于政府部门则要继续清理地方政府隐性债务，进一步规范地方政府举债等投融资行为。

二是科学应对储蓄率的最新变化趋势。金融的主要功能之一是将储蓄转变为投资。在过去金融抑制的情况下，高储蓄为经济发展提供了价格低廉的资金，为经济高速增长提供了支撑，形成了"高储蓄、高投资"特征。从中国人民银行数据看，2008年我国宏观储蓄率达到52.7%的历史高点，之后缓慢下降至2019年的43.8%，目前总体储蓄率仍然较高。随着我国经济、产业、人口等发生结构性转变，未来我国宏观储蓄率可能还将进一步下降。据中国银行研究院测算，2025年我国宏观储蓄率将降至40.1%~42.1%之间，而此时我国的最优储蓄率在42%~46%之间，预期储蓄率将低于最优储蓄率。储蓄率的这种趋势性下降将对经济金融运行带来重要的结构性影响，直接影响资金供给，推高资金价格，制约资本形成增长。与此同时，受疫情等因素冲击，目前我国居民的预防性储蓄动机大幅提高，据中国人民银行统计，2022年我国居民存款增加17.8万亿元，比上年多增近8万亿元，创历史新高。为此，要加强对宏观储蓄率的动态监测，深入研判、科学应对，既要避免储蓄率过快下降，也要避免出现"超额储蓄"。

三是在发展中进一步化解金融机构风险。目前，我国已经形成了具有不同所有制性质、不同规模的金融机构体系，包括国有商业银行、股份制商业银行、政策性银行、城市商业银行、农村商业银行、外资银行等。从资本充足率看，2022年三季度大型银行资本充足率为17.6%，股份行、城商行、农商行资本充足率分别为13.5%、12.9%、12%，其中农商行近年来的资本充足率总体处于下降态势。从资产素质看，2022年三季度大型银行和股份行的不良率持续改善，城商行和农商行不良率依然较高，其中城商行是三季度唯一不良率上升的银行类别。基于这些关键指标，总体上大型国有金融机构的基础较为坚实，个别中小银行、农商行、信托公司等较为脆弱。下一步，要统筹处理好维护金融机构市场主体地位和承担重大战略性任务之间的关系，统筹处理好金融行业创新发展和维护金融稳定之间的关系，继续以积极的导向推动金融机构健康发展，让市场机制在强化金融机构审慎经营意识方面发挥更大作用。要进一步深化改革和完善政策，有效隔离产业资本和金融风险，继续探索深化城商行、农商行体制机制改革，引导金融机构找准定位，专注主业，加强公司治理，不断夯实金融健康发展的微观基础。

四是加强和完善现代金融监管。在我国金融业态、风险诱因和形态、传导路径更加复杂，金融安全边界发生重大变化的形势下，必须完善党管金融的体制机制，加强和完善现代金融监管，依法将各类金融活动纳入监管，持续强化金融风险防控能力。要加快建设现代中央银行制度，完善货币政策体系，维

护人民币币值稳定和经济增长，深化金融供给侧结构性改革，扩大金融业对外开放，加强金融基础设施建设。要健全以"风险为本"的审慎监管框架，优化监管技术、方法和流程，充实政策工具箱，防范风险跨机构跨市场和跨国境传染。要加强功能监管和综合监管，按照实质重于形式原则进行穿透式监管，加快金融监管数字化智能化转型，增强风险监测的前瞻性、穿透性和全面性。要营造打击金融犯罪的法治环境，织密金融法网，补齐制度短板，切实解决"牛栏关猫"问题，提高违法成本。要切实维护中央对金融工作的集中统一领导，加强监管协调和政策协同，依法合规压实不同监管责任方的风险处置责任，优化地方金融监管职权配置，引导各级政府切实按照中央决策部署处理好促进地方金融发展和防范化解金融风险的关系。

五是有效防范化解各类外部冲击。在世界百年未有之大变局加速演进的大背景下，当前和未来一个时期全球经济形势存在巨大不确定性。国际货币基金组织（IMF）预测，目前全球经济放缓程度比预期更为严重，2023 年全球经济增长预期仅为 2.7%，全球至少 1/3 的国家将陷入经济衰退。特别是，美联储加息将持续产生"溢出效应"，迫使部分新兴经济体不得不跟随加息，导致资本外流、进口成本上升、本国货币贬值等破坏性影响，推升高负债新兴经济体出现大规模债务违约的可能性。除了上述宏观风险，美国利用手中的美元霸权对我进行打压遏制的风险也在增大。鉴于此，一方面，必须坚持把国家和民族发展放在自己力量的基点上，坚决维护国内经济平稳健康发展，着力补短板、强弱项、固底板，实施主动性的金融安全战略，切实维护人民币货币安全和国内金融体系稳定。另一方面，要统筹用好经济、外交等方面力量，健全反制裁、反干涉、反"长臂管辖"机制，以更加开放的姿态吸引外商、外资和外国优秀人才参与我国发展，共享中国发展红利，在开放发展中强化安全保障。

第五篇

深入推进河北实践

——奋力谱写中国式现代化建设河北篇章

2023 年 5 月 10 日至 12 日，习近平总书记在河北考察，两次主持召开座谈会并发表重要讲话，提出一系列重要要求，充分体现了对河北的关心关爱、高度重视。习近平总书记在考察期间对党的十九大以来河北经济社会发展取得的成绩表示肯定，希望河北全面学习贯彻党的二十大精神，加快建设经济强省、美丽河北，奋力谱写中国式现代化建设河北篇章。

5 月 23 日至 24 日，中国共产党河北省第十届委员会第四次全体会议在石家庄召开。会议要求，全省上下要把学习贯彻习近平总书记视察河北重要讲话精神作为首要政治任务，与深入开展主题教育结合起来，与学习贯彻习近平总书记对河北工作一系列重要指示精神结合起来，以崭新的姿态和昂扬的斗志奋进新征程、建功新时代。

第十一章

坚定不移沿着习近平总书记指引的方向奋勇前进

习近平总书记说："我对燕赵大地充满深情。不只因为我在这块土地上工作过，更是因为这是一块革命的土地、英雄的土地，是'新中国从这里走来'的土地。"党的十八大以来，习近平总书记多次视察河北，为我们指路领航、把脉定向，亲自谋划推动一系列重大国家战略和国家大事，给河北高质量发展带来前所未有的重大机遇、注入源源不断的强大动力。

一　深切感悟总书记对河北的深情厚望

河北省委十届二次全会指出，习近平总书记的重要指示是我们从胜利走向胜利的思想武器，习近平总书记的关心关怀是我们做好各项工作的强大动力。习近平总书记的关心厚爱，让7400多万燕赵儿女感到无限温暖、无比振奋、无上荣光。习近平总书记的殷切期望，使我们倍感责任重大、使命在肩、信心满怀。我们一定要切实增强贯彻落实习近平总书记重要讲话精神的政治自觉、思想自觉、行动自觉，坚定不移沿着习近平总书记指引的方向奋勇前进，以崭新的姿态和昂扬的斗志奋进新征程、建功新时代。

（一）"一定要想方设法尽快让乡亲们过上好日子"

1. 打赢脱贫攻坚战

2012 年 12 月 29 日至 30 日，党的十八大后仅 40 多天，习近平总书记就来到老区、山区、贫困地区三区合一的阜平县，走进龙泉关镇骆驼湾村、顾家台村这两个特困村。习近平总书记此行的目的是了解中国最贫困地方和群众的真实情况，也正是在这里，习近平总书记向全党全国发出了脱贫攻坚的动员令："没有农村的小康，特别是没有贫困地区的小康，就没有全面建成小康社会。"

当时，河北是全国脱贫攻坚主战场之一，有 45 个国定贫困县、17 个省定贫困县、7746 个贫困村，贫困人口主要集中在张承坝上地区和太行山、燕山深山区，脱贫攻坚难度大、任务重。习近平总书记的河北足迹里，始终镌刻着对贫困群众的深深牵挂。2013 年 7 月，在正定县塔元庄村调研指导党的群众路线教育实践活动时强调"让农民群众不断过上好日子，是体现我们党的宗旨的一个重要方面"；2017 年 1 月在张家口德胜村考察脱贫攻坚工作时要求"扎扎实实推进脱贫攻坚"。

在以习近平同志为核心的党中央坚强领导下，河北省委、省政府团结带领全省人民打响了气壮山河的脱贫攻坚战。2021 年 2 月，习近平总书记在全国脱贫攻坚总结表彰大会上庄严宣告，经过全党全国各族人民共同努力，在迎来中国共产党成立一百周年的重要时刻，我国脱贫攻坚战取得了全面胜利。困扰中华民族几千年的绝对贫困问题历史性地得到解决，创造了彪炳史册的人间奇迹。河北与全国一道，全面打赢了脱贫攻坚战，全省现行标准下农村贫困人口全部脱贫，7746 个贫困村全部出列，45 个国定贫困县、17 个省定贫困县全部摘帽，河北交出了一份全面建成小康社会的时代答卷。

2023 年 4 月 30 日拍摄的阜平县骆驼湾村

2. 全面推进乡村振兴

脱贫之后要接续推进乡村振兴。2021 年 8 月 24 日，习近平总书记来到承德市偏桥子镇大贵口村，考察全面推进乡村振兴。总书记指出：“我们已经全面建成小康社会了，我们农村下一步的目标就是乡村振兴。不仅城镇要好，乡村也要好，乡村城镇一样好。我们不能满足，还要再接再厉。"

河北是京畿要地、农业大省，深入贯彻习近平总书记重要指示精神和党中央决策部署，省委十届二次全会提出，要全面推进乡村振兴，加快城乡融合发展和新型城镇化步伐。河北扎实推动乡村产业、人才、文化、生态、组织振兴，全方位夯实粮食安全根基，统筹乡村基础设施和公共服务布局，"三农"压舱石作用越来越凸显。

农业强起来。深入实施"藏粮于地、藏粮于技"战略，2022 年粮食总产量达到 773 亿斤，创历史新高，粮食总产量连续十年保持在 700 亿斤以上。今年以来，河北压实粮食安全党政同责，冬小麦长势良好，"菜篮子"产品供应充足，全省农业经济实现良好开局。围绕持续提升脱贫地区和脱贫人口内生发展动力，河北强化产业就业帮扶，牢牢守住不发生规模性返贫的底线。

农村美起来。扎实推进宜居宜业和美乡村建设，整治提升农村人居环境，深入抓好农村厕所革命，持续加强乡村基础设施建设，提升农村基本公共服务水平，让生态美起来、环境靓起来，再现山清水秀、天蓝地绿、村美人和的美丽画卷。

农民富起来。着力拓宽农民增收致富渠道，持续健全完善利益联结机制，赋予农民更加充分的财产权益。农村集体经济不断壮大提升。截至 2022 年底，全省农村集体年收入 5 万元以下村基本清零，10 万元以上村占比达 50% 以上。

石家庄市藁城区梅花村麦田里正在进行一喷综防作业

（二）"在对接京津、服务京津中加快发展自己"

1. 千年大计，国家大事

2017 年 2 月，习近平总书记来到河北省安新县考察调研，并主持召开小型座谈会，明确提出"规划建设雄安新区是具有重大历史意义的战略选择，是疏解北京非首都功能、推进京津冀协同发展的历史性工程"。1 个多月后，设立雄安新区的消息正式"官宣"。习近平总书记指出，雄安新区将是我们留给子孙后代的历史遗产，必须坚持"世界眼光、国际标准、中国特色、高点定位"理念，努力打造贯彻新发展理念的创新发展示范区。沿着总书记引领的方向、绘就的蓝图，雄安新区稳扎稳打。

2019 年 1 月，推动京津冀协同发展 5 周年之际，习近平总书记再赴雄安，雄安新区从顶层设计阶段转向实质性建设阶段，总书记谆谆告诫，"把每一寸土地都规划得清清楚楚后再开工建设，不要留历史遗憾"。

2023 年 5 月，习近平总书记第三次到雄安新区考察，此次考察的主题聚焦高标准高质量推进雄安新区建设。在座谈会上，习近平总书记重点部署了五个方面的工作，并要求正确处理一系列关系。包括近期目标和中远期目标、城市建设速度和人口聚集规模、产业转移和产业升级、政府和市场、承接北京非首都功能疏解和城市自身发展、城市建设和周边乡村振兴等重大关系。

雄安会展中心

2. 河北发展新"两翼"

借助京津冀协同发展的东风，雄安新区和北京冬奥带动的张北地区，形成河北发展新的"两翼"。北京冬奥会从申办到筹办，每一个阶段的关键节点，习近平总书记都高度关注。

2017年1月23日，习近平总书记在河北省张家口市考察北京冬奥会筹办工作。总书记指出，河北省、张家口市要抓住历史机遇，"紧密结合推进京津冀协同发展，通过筹办北京冬奥会带动各方面建设，努力交出冬奥会筹办和本地发展两份优异答卷"。

2021年1月19日，习近平总书记再次来到崇礼，为河北发展指路："要积极谋划冬奥场馆赛后利用，将举办重大赛事同服务全民健身结合起来，加快建设京张体育文化旅游带。""我们要积极谋划、接续奋斗，管理好、运用好北京冬奥遗产。"

省委十届二次全会提出，大力发展后奥运经济和文化旅游产业，使之成为我省高质量发展的重要支撑。河北以冬奥筹办为契机，推动"冬奥＋产业"高速发展。张家口在高新区、宣化区规划建设了两个冰雪产业园，一批冰雪装备知名企业先后落地。作为全国首个创新冰雪运动发展体制机制试点省份，河北先后制定《关于支持冰雪运动和冰雪产业发展的实施意见》等一系列政策措施，着力打造冰雪运动强省。冬奥筹办的推进还带动了基础设施建设提速升级，张家口全面跨入高铁时代，京张高铁、崇礼铁路、张呼高铁、张大高铁"四驾马车"齐发力，四通八达的交通网络使张家口成为区域交通枢纽。

市民、游客来到"冰丝带"参观体验冰雪运动

（三）"加快建设天蓝、地绿、水秀的美丽河北"

2013年9月，在河北省委常委班子专题民主生活会上，习近平总书记指出："以国内生产总值论英雄，你们已经排在全国第六位，假如过两天到第五位了，就能一俊遮百丑了吗？全国10个污染最严重城市河北占了7个。再不下决心调整结构，就无法向历史和人民交代。"

2016年7月28日，习近平总书记在唐山抗震救灾和新唐山建设40年之际，来到河北唐山市，就实施"十三五"规划、促进经济社会发展、加强防灾减灾救灾能力建设进行调研考察。当时的河北与唐山一样，都在经历着发展方式之痛：新旧动能转换不快，发展质量效益不高。

2017 年春节前夕，习近平总书记在张家口考察时，为河北贯彻落实新发展理念、加快经济转型升级指明了方向，明确了路径："去产能特别是去钢铁产能，是河北推进供给侧结构性改革的重头戏、硬骨头，也是河北调整优化产业结构、培育经济增长新动能的关键之策。河北要树立知难而上的必胜信念，坚决去、主动调、加快转。"

2021 年 8 月 23 日，习近平总书记来到河北承德的塞罕坝机械林场考察。总书记强调，抓生态文明建设，既要靠物质，也要靠精神。要传承好塞罕坝精神，深刻理解和落实生态文明理念，再接再厉、二次创业，在实现第二个百年奋斗目标新征程上再建功立业。

落实习近平总书记的重要指示批示精神，河北以"钢铁意志"去调转，迈入绿色发展轨道。如今，河北钢铁产能由峰值时的 3.2 亿吨压减到 2 亿吨以内，"煤电围城""钢铁围城"的历史难题得以破解。与此同时，河北加快新旧动能转换，大力推进数字产业化、产业数字化，产业结构由"二三一"历史性转变为当前的"三二一"。2022 年，河北省生态环境质量显著提升，11 个设区市历史上第一次全面退出全国重点城市空气质量排名"后十"。接好守护绿色的"接力棒"，河北正在一步一个脚印地走在生态文明建设的新征程上，续写新的绿色传奇。

塞罕坝机械林场

二 深入学习贯彻习近平总书记第十次视察河北重要讲话精神

　　2023 年 5 月 11 日至 12 日，习近平总书记亲临雄安新区、沧州市、石家庄市等地考察指导，主持召开高标准高质量推进雄安新区建设座谈会、深入推进京津冀协同发展座谈会，两次发表重要讲话，作出一系列重要指示。总书记指出：全面学习贯彻党的二十大精神，完整、准确、全面贯彻新发展理念，牢牢把握高质量发展这个首要任务和构建新发展格局这个战略任务，在推进创新驱动发展中闯出新路子，在推进京津冀协同发展和高标准高质量建设雄安新区中彰显新担当，在推进全面绿色转型中实现新突破，在推进深化改革开放中培育新优势，在推进共同富裕中展现新作为，加快建设经济强省、美丽河北，奋力谱写中国式现代化建设河北篇章。总书记的重要讲话和重要指示，高屋建瓴，视野宏阔，思想深邃，内涵丰富，是新时代新征程推进京津冀协同发展和雄安新区建设发展的科学指南，为我们做好工作指明了前进方向，提供了根本遵循。

（一）在推动创新驱动发展中闯出新路子

创新是引领发展的第一动力。抓创新就是抓发展，谋创新就是谋未来。创新始终是推动一个国家、一个民族向前发展的重要力量。全面建设社会主义现代化国家，实现第二个百年奋斗目标，创新是一个决定性因素。把握发展的时与势，有效应对前进道路上的重大挑战，提高发展的安全性，都需要把发展基点放在创新上。只有坚持创新是第一动力，才能推动我国实现高质量发展，为如期全面建成社会主义现代化强国打牢坚实基础。

河北认真贯彻习近平总书记关于科技创新的重要论述和对河北工作的重要指示批示精神，把科技创新作为加快建设经济强省、美丽河北的重要支撑，通过强化科技创新引领，打造创新驱动新引擎，培育发展新动能，创新型河北建设取得阶段性成效。2023 年 1 月，河北省政府新闻办举办的"河北省深入实施创新驱动发展战略　加快建设创新型省份"新闻发布会上指出，河北综合科技创新水平指数从全国第 25 位提升至第 20 位；全社会研发经费占 GDP 比重从 0.92% 提高到 1.85%，由第 20 位提升至第 16 位。2022 年，省级以上研发平台总数达到 1550

家，是 2012 年的 6.4 倍；高新技术企业由 825 家增长到突破
1.2 万家，由全国第 15 位提升至第 9 位；国家级科技企业孵化
器数量达到 44 家，位列全国第 9 位，创新驱动已成为全省经济
发展的重要引擎。

当前的河北，肩负着坚持高质量建设、高水平管理、高质
量疏解发展并举，推动雄安新区建设不断取得新进展的光荣使
命；承担着牢牢抓住疏解北京非首都功能这个"牛鼻子"，推
动京津冀协同发展不断迈上新台阶的历史重任；面临着加快建
设经济强省、美丽河北，奋力谱写中国式现代化建设河北篇章
的使命担当。新形势新任务，迫切需要我们不断强化进取观
念、创新观念，以解放思想、奋发进取的精神状态推进创新发
展，在推进创新驱动发展中闯出新路子。

**（二）在推进京津冀协同发展和高标准高质量建设雄安新
区中彰显新担当**

推进京津冀协同发展，高标准、高质量建设雄安新区，是
习近平总书记亲自谋划、亲自部署、亲自推动的重大国家战略
和国家大事，是党中央赋予河北的重大政治任务。抓住用好重
大国家战略和国家大事带来的宝贵机遇，在推进京津冀协同发
展和高标准高质量建设雄安新区中彰显新担当，是忠诚捍卫
"两个确立"、坚决做到"两个维护"的现实检验，也是加快建
设经济强省、美丽河北，奋力谱写中国式现代化建设河北篇章
的必然选择。

　　河北深入贯彻落实习近平总书记重要指示和党中央决策部署，紧紧扭住北京非首都功能疏解这个"牛鼻子"，坚定不移落实重大国家战略和国家大事，推动京津冀协同发展取得新的显著成效，雄安新区建设取得重大阶段性成果。当前，京津冀协同发展已顺利实现中期目标，正在向远期目标迈进；雄安新区建设取得重大阶段性成果。京津冀协同发展和雄安新区建设正迎来前所未有的历史机遇和更加光明的发展前景。

　　习近平总书记在主持召开高标准高质量推进雄安新区建设座谈会时指出，雄安新区已进入大规模建设与承接北京非首都功能疏解并重阶段，工作重心已转向高质量建设、高水平管理、高质量疏解发展并举。在主持召开深入推进京津冀协同发展座谈会时强调，以更加奋发有为的精神状态推进各项工作，推动京津冀协同发展不断迈上新台阶，努力使京津冀成为中国式现代化建设的先行区、示范区。我们要锚定目标，主动作为，把京津冀协同发展与雄安新区建设放到新时代新战略要求下去认识，增强抓机遇、应挑战、化危机、育先机的能力，在对接京津、服务京津中加快发展自己，在推进高质量发展和中国式现代化中展现新作为。

（三）在推进全面绿色转型中实现新突破

　　中国式现代化是人与自然和谐共生的现代化。中国式现代化的首要任务是高质量发展。加快促进经济社会发展全面绿色转型是贯彻落实新发展理念的战略要求，是实现高质量发展的必然要求，是实现全体人民共同富裕的动力引擎。绿色转型赋能高质量发展，生态环境保护和经济发展是辩证统一、相辅相成的，保护生态环境就是保护生产力，改善生态环境就是发展生产力。党的二十大报告指出，尊重自然、顺应自然、保护自然，是全面建设社会主义现代化国家的内在要求。必须牢固树立和践行绿水青山就是金山银山的理念，站在人与自然和谐共生的高度谋划发展。

在习近平生态文明思想的科学指引下，河北把绿色作为高质量发展底色，把生态环境保护放在更加突出的位置，积极转变发展方式，向绿色要发展、向绿色要未来，全省生态文明建设和生态环境保护工作取得扎实成效。根据河北日报《天蓝地绿水秀铸就美丽新河北》一文数据显示，河北的天更蓝了，2021 年，PM2.5 平均浓度 38.8 微克/立方米，同比下降 15.3%；优良天数 269 天，占比达到七成以上。PM2.5 平均浓度、优良天数比率均创有监测记录以来历史最好水平；地更绿了，全省森林覆盖率提高到 35% 以上，森林面积达到 9901 万亩，森林蓄积量达到 1.75 亿立方米；水更清了——近岸海域国考点位水质优良比例连续四年达到 100%；劣 V 类断面全部消除。与此同时，随着京津冀协同发展和举办冬奥会等发展机遇的叠加，智能制造、电子信息等产业纷纷落户燕赵大地，河北的产业结构也随之改变。统计显示，现在河北产业结构在"二三一"转变为"三二一"的基础上正持续优化提升，绿色正在成为河北经济社会高质量发展的鲜明底色。

当前，新形势新任务对推进经济社会发展全面绿色转型提出了更高要求。我们要牢记习近平总书记殷殷嘱托，始终保持生态文明建设战略定力，统筹产业结构调整、污染治理、生态保护、应对气候变化等工作，协同推进降碳、减污、扩绿、增长，坚持精准治污、科学治污、依法治污，提升环境治理体系和治理能力现代化水平，强化京津冀生态环境联建联防联治，持之以恒改善生态环境质量，加快建设天蓝地绿水秀的美丽河北。

（四）在推进深化改革开放中培育新优势

改革开放是决定当代中国命运的关键一招，也是实现"两个一百年"奋斗目标、实现中华民族伟大复兴的关键一招。新时代坚持和发展中国特色社会主义，根本动力仍然是全面深化改革开放。坚持深化改革开放，是全面建设社会主义现代化国家必须牢牢把握的重大原则之一。党的二十大对新时代新征程全面深化改革作出重大战略部署，面对新时代新征程的目标任务，要坚定不移推进改革，坚定不移扩大开放，进一步解放思想、进一步解放和发展生产力、进一步解放和增强社会活力，继续用足用好改革开放这个关键一招，将改革开放进行到底。

河北认真贯彻落实习近平总书记重要指示和党中央决策部署，深化对推进改革开放的研究谋划，充分发挥市场在资源配置中的决定性作用，更好发挥政府作用，坚持推进重点领域改革，以一流营商环境服务发展，以更宽广的视野提升对外开放水平。"放管服"改革力度逐步加大，全省各地各部门系统梳理行政审批事项，创新审批方式，简化申请材料，优化审批流程，最大限度提高审批效率，用行政审批"减法"赢得企业发展"乘法"；对外开放水平进一步提升，深化港口转型升级，做强开发区、自贸区、综合保税区等开放平台，积极融入共建"一带一路"，更多优势产能"走出去"。

加快建设经济强省、美丽河北，奋力谱写中国式现代化建设河北篇章，使命光荣、任务艰巨。要切实把思想和行动统一到习近平总书记重要讲话和重要指示精神上来，在更高起点、更高层次、更高目标上推进深化改革开放，持续激发市场活力、增强内生动力、释放需求潜力，从而赢得优势、赢得主动、赢得未来。

（五）在推进共同富裕中展现新作为

共同富裕是中国共产党的历史使命，是中国特色社会主义的本质要求，是中国式现代化的重要特征，是人民群众的共同期盼。2021 年 2 月 25 日，习近平总书记在全国脱贫攻坚总结表彰大会上的讲话中强调："在全面建设社会主义现代化国家新征程中，我们必须把促进全体人民共同富裕摆在更加重要的位置，脚踏实地、久久为功，向着这个目标更加积极有为地进行努力，促进人的全面发展和社会全面进步，让广大人民群众获得感、幸福感、安全感更加充实、更有保障、更可持续。"

现在，我们已经到了扎实推进全体人民共同富裕的历史阶段，在向第二个百年奋斗目标迈进的征程中，必须把促进全体人民共同富裕作为为人民谋幸福的着力点。

河北牢记习近平总书记嘱托，践行以人民为中心的发展思想，用心用情用力办好民生实事，认真解决就业、医疗等关系群众切身利益的问题，强化公共服务，兜牢民生底线，实施民生工程，不断满足人民群众对美好生活的新期待。河北日报评论文章《在推进共同富裕中展现新作为》中提到，2022年，民生支出占全省一般公共预算支出比重达到81%，全省城镇新增就业89.7万人，完成棚户区改造11.8万套、老旧小区改造3698个，全省农村居民人均可支配收入同比增长6.5%，人民群众的获得感、幸福感、安全感持续增强，河北推进共同富裕取得新成效。

面对加快建设经济强省、美丽河北，奋力谱写中国式现代化建设河北篇章的宏伟目标和重大责任，河北要始终把实现人民对美好生活的向往作为现代化建设的出发点和落脚点，在推进共同富裕中展现新作为，实现好、维护好、发展好最广大人民群众根本利益，让现代化建设成果更多更公平惠及全体人民。

深入学习贯彻省委十届四次全会精神

2023 年 5 月 23 日至 24 日，中国共产党河北省第十届委员会第四次全体会议在石家庄召开。全会审议通过了《中共河北省委关于全面学习贯彻习近平总书记重要讲话精神高标准高质量推进雄安新区建设的决定》《中共河北省委关于全面学习贯彻习近平总书记重要讲话精神深入推进京津冀协同发展的决定》《中国共产党河北省第十届委员会第四次全体会议决议》，就扎实推动习近平总书记重要讲话重要指示精神和党中央决策部署在燕赵大地落地生根、开花结果作出全面安排部署。

（一）高标准高质量推进雄安新区建设，加快打造高水平社会主义现代化城市

河北省委十届四次全会指出：面对新形势新任务新要求，河北要完整、准确、全面贯彻落实党中央关于建设雄安新区的战略部署，坚定信心，保持定力，稳扎稳打，善作善成，举全省之力推动雄安新区建设不断取得新进展。重点把握好五个"全面"。

全面抓好重点片区开发建设，真正把高标准的城市规划蓝图变为高质量的城市发展现实画卷。严格实施规划，完善规划执行机制，维护规划的严肃性、权威性，合理把握开发建设节奏和时序。完善城市功能，在建设立体化综合交通网络上下功夫，在充分利用地下空间上下功夫，着力打造一个没有"城市病"的未来之城。建设标杆工程，塑造具有雄安特色的城市和建筑风貌，强化各环节监督管理，以"廉洁雄安"保障"雄安质量"。

全面把握集中承载地功能定位，扎实推动疏解北京非首都功能各项任务落实。积极承接重点疏解项目，继续抓好首批启动的疏解项目落地，提早谋划第二批启动疏解的在京央企总部及二级、三级子公司或创新业务板块等承接方案。积极完善配套政策，推动完善疏解激励约束政策体系，确保疏解单位和人员享受到实实在在的好处。积极推进市场化疏解项目，吸引更多创新型、高成长性科技企业向雄安转移。

全面落实创新驱动发展战略，使雄安新区成为新时代的创新高地和创业热土。深化高水平科技创新，加快空天信息产业和卫星互联网发展，推动疏解高校协同创新。深化城市治理创新，探索先进的城市建设运营模式。深化体制机制创新，优化健全雄安新区领导体制和管理机制，推动新区向城市管理体制转变。

全面巩固拓展白洋淀生态环境治理和保护成果，把雄安新区建设成为绿色发展城市典范。持续提升淀区水质，坚持补水、治污、防洪"三位一体"统筹规划、协调推进。着力抓好造林绿化，持续推进千年秀林建设和管护，科学布局生态廊道和公园绿地，让群众走近自然、享受林荫。切实加强生物多样性保护，严格落实鸟类保护措施，改善动物栖息环境，逐步丰富白洋淀水生植被。

全面抓好保障和改善民生各项工作，构筑新时代宜业宜居的"人民之城"。突出公共服务均等化，衔接好安居和乐业，让群众住得稳、过得安、有奔头。坚持就业优先导向，做好新区传统产业转移升级和高端高新产业植入工作，完善就业创业引导政策。推进城乡统筹发展，稳步推进老旧城区改造，精心打造高水平的特色小镇、和美乡村。

（二）深入推进京津冀协同发展，加快打造中国式现代化建设的先行区、示范区

河北省委十届四次全会指出：要深刻领会习近平总书记和中央的战略意图，牢记"国之大者"，树立雄心壮志，在对接京津、服务京津中加快发展自己，推动京津冀协同发展不断迈上新台阶。重点把握好五个"切实"。

切实发挥首都辐射带动效应，积极培育新的经济增长点。牢牢牵住疏解北京非首都功能这个"牛鼻子"，坚持全域对接、全面承接。自觉服务北京城市副中心建设，全面落实"统一规划、统一政策、统一标准、统一管控"要求，推动廊坊北三县与北京通州区一体化高质量发展。加快建设全国现代商贸物流重要基地，吸引物流头部企业，建设全球性物流发展高地、供应链核心枢纽。大力发展后奥运经济，培育壮大冰雪产业，抓好京张体育文化旅游带建设。

切实强化协同创新和产业协作，加快构建优势互补的区域创新链产业链供应链。提高科技成果转化能力，加强与京津科研机构沟通协作，健全科技成果转化对接机制，更好承接京津科技溢出效应和产业转移。提高技术联合攻关能力，围绕我省主导产业科技创新需求，与京津联手打造一批技术创新中心。提高产业配套能力，协同打造区域性产业集群。

切实用好助力河北高质量发展的机遇，着力解决区域发展不平衡问题。大力推进基础设施建设，从不同方向打造联通京津的经济廊道。积极融入以首都为核心的世界级城市群，统筹规划建设区域中心城市、节点城市、中小城市和县城，深入实施城市更新行动。持续用力破除行政壁垒和体制机制障碍，促进人流、物流、信息流等要素有序流动。

切实深化生态环境联建联防联治，坚决筑牢首都生态安全屏障。继续打好蓝天、碧水、净土保卫战，巩固重点城市空气质量退"后十"成果。深入推进跨区域协同治理，持续抓好北方防沙带等生态保护和修复重点工程建设，持续推进绿色生态屏障建设等重大生态工程。持续开展生态保护修复，统筹山水林田湖草沙系统治理和一体化保护，深化地下水超采综合治理。

切实加快推进公共服务共建共享，不断提高人民群众的获得感、幸福感、安全感。充分用好京津优质公共服务资源，吸引更多京津优质教育资源同河北共享，携手推进医联体建设，布局医养康养项目。精准办好民生实事，完善就业支持体系，积极稳妥提高我省社会保障水平，着力抓好平安河北建设。

（三）牢牢把握"五个新"总要求，扎实推进中国式现代化建设在河北落地见效

河北省委十届四次全会指出：坚持完整、准确、全面贯彻新发展理念，坚持以创新、协调、绿色、开放、共享的内在统一推动高质量发展，扎实推进中国式现代化建设在河北落地见效。重点把握好"五个新"。

在推进创新驱动发展中闯出新路子。做强新载体、打造策源地，实施高新技术企业、科技领军企业、科技型中小企业、专精特新"小巨人"企业倍增计划，提升创新创业水平。发展新产业、形成增长极，把集成电路、网络安全、生物医药、电力装备、安全应急装备等战略性新兴产业发展作为重中之重，打造世界级先进制造业集群。培育新龙头、提升带动力，用好研发费用加计扣除等普惠性政策，培育一批重量型企业，力争多抱几个"金娃娃"。

在推进京津冀协同发展和高标准高质量建设雄安新区中彰显新担当。提高服务大局的站位，对京津冀协同发展、雄安新区建设的重点任务不讲条件、不打折扣。强化抢抓机遇的意识，搞好产业配套和服务保障，让北京非首都功能疏解项目在河北来得了、留得住、发展好。做实密切协作的机制，建立健全工作机制，推动议定合作事项落地落实。争取国家部委的支持，在对接京津、服务京津中加快发展自己。

在推进全面绿色转型中实现新突破。持续调整优化产业结构，推进钢铁等重点行业企业环保绩效全面创 A，促进传统产业向高端化、智能化、绿色化方向转变。持续调整优化能源结构，以抽水蓄能电站项目为切入点，构建清洁高效、多元支撑的能源体系。持续调整优化运输结构，抓好绿色高效交通体系建设，积极发展多式联运，加快轨道交通建设。调整优化生活方式，倡导简约适度、绿色低碳、文明健康的生活习惯。

在推进深化改革开放中培育新优势。积极营造走在全国最前列的营商环境，提升行政审批质量和效率，真正让经营主体受益，充分激发经济发展活力。努力构建服务实体经济的金融体系，常态化开展政银企对接，推动企业综合融资成本稳中有降。全力打造吸引全球资源的开放平台，强化自贸试验区、综保区政策创新和制度创新，持续推进港口转型升级和资源整合，深入开展以商招商、产业链招商、国际化招商。

在推进共同富裕中展现新作为。以乡村全面振兴缩小城乡差距，建设更多宜居宜业和美乡村，做好盐碱地特色农业这篇大文章。以县域经济发展带动群众增收，打造一批比较优势明显、带动能力强、就业容量大的县域特色产业集群，推进以县城为重要载体的城镇化建设。以精神文明建设促进全面发展，持续深化"我是文明市民、要为城市争光，我是燕赵儿女、要为河北争气"活动，繁荣发展文化事业和文化产业。

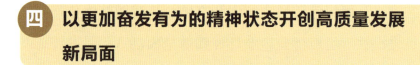

四 以更加奋发有为的精神状态开创高质量发展新局面

　　河北省委十届四次全会强调，要把学习贯彻习近平总书记视察河北重要讲话精神作为首要政治任务，与深入开展主题教育结合起来，与学习贯彻习近平总书记对河北工作一系列重要指示精神结合起来，深切感悟习近平总书记对河北的深情厚望，忠诚捍卫"两个确立"，坚决做到"两个维护"，汇聚起感恩奋进、团结奋斗的强大力量。

　　要扎实营造风清气正的政治生态，以更加奋发有为的精神状态开创高质量发展新局面。河北各级党组织要深入开展主题教育，以学铸魂、以学增智、以学正风、以学促干，引导全省上下保持统一的思想、坚定的意志、协调的行动、强大的战斗力。要推动思想大解放，进一步更新思想观念，转变思维方式，勇于改革创新，更好适应新形势新任务新要求。要推动能力大提升，加强思想淬炼、实践锻炼和专业训练，增强工作的科学性、预见性、主动性、创造性。要推动作风大转变，以量化考核激励担当作为，以删繁就简推动松绑减负，以严的基调正风肃纪反腐，进一步提振精气神、调动积极性、激发正能量。要推动工作大落实，大兴调查研究之风，以上率下抓落实，直面问题抓落实，聚焦末端抓落实，打通贯彻落实"最后一公里"。

要旗帜鲜明讲政治、讲团结，把习近平总书记重要指示要求记在心底、化为力量、见诸行动，确保在燕赵大地落地生根、开花结果。要强化学习宣传，对习近平总书记重要讲话，原原本本学、逐字逐句悟，领会精神实质，把握实践要求，持续兴起学习宣传贯彻热潮。要强化担当作为，胸怀"国之大者"，锐意奋发进取，守住安全底线，提升整体工作水平。要强化为民造福，带着感情责任解决群众急难愁盼问题，拿出过硬举措营造良好营商环境，坚持多措并举促进群众增收致富。要强化末端落实，紧紧围绕习近平总书记重要讲话精神和党中央决策部署，围绕省委全会确定的重点任务，以坚决的态度一抓到底，以科学的考核树立导向，以严明的纪律保障执行。要强化廉洁奉公，压实管党治党责任，持续转变干部作风，坚决惩治腐败问题，当好良好政治生态和社会风气的引领者、营造者、维护者。

我们要更加紧密地团结在以习近平同志为核心的党中央周围，深入学习贯彻习近平总书记视察河北重要讲话精神，牢记习近平总书记殷切嘱托，解放思想、奋发进取，加快建设经济强省、美丽河北，奋力谱写中国式现代化建设河北篇章。

第十二章

加快建设经济强省美丽河北

2023 年 5 月 11 日至 12 日，习近平总书记在河北考察，对党的十九大以来河北经济社会发展取得的成绩表示肯定，并嘱托我们全面学习贯彻党的二十大精神，完整、准确、全面贯彻新发展理念，牢牢把握高质量发展这个首要任务和构建新发展格局这个战略任务，加快建设经济强省、美丽河北，奋力谱写中国式现代化建设河北篇章。河北深刻把握党的二十大精神与自身实际的结合点，研究提出建设临港产业强省、物流强省、数字河北等，将为燕赵大地激发出生机活力，为广大人民群众创造美好生活。

一　党的十九大以来河北发展取得的重大成就

党的十九大以来，党和国家事业取得举世瞩目重大成就，也是河北抢抓机遇、砥砺前行的重要时期。最具战略指引意义的是，习近平总书记多次亲临河北视察，作出一系列重要指示，饱含着对河北人民的深情厚意，寄予着对河北发展的殷切期望；最具里程碑意义的是，习近平总书记亲自谋划推动的京津冀协同发展硕果累累，雄安新区拔地而起，冬奥盛会载入史册，脱贫攻坚全面胜利，河北与全国同步全面建成小康社会。河北始终坚持以习近平新时代中国特色社会主义思想为指导，深入学习贯彻党的二十大精神，坚持稳中求进，贯彻新发展理念，服务和融入新发展格局，推动高质量发展，经济强省、美丽河北建设迈出坚实步伐。

综合经济实力稳步提升。河北始终坚持发展第一要务，着力打基础利长远、提质量增效益，推动经济持续健康发展。2023 年河北省政府工作报告显示，全省生产总值从 2017 年的 3.06 万亿元增长到 2022 年的 4.2 万亿元，一般公共预算收入从 3233.8 亿元增长到 4084 亿元，居民年人均可支配收入从 21484 元增长到 30880 元。粮食连年丰收、总产稳定在 740 亿斤以上。南水北调中线配套工程、太行山高速等一批重大基础设施建成投用。新增高速公路 1794 公里，新改建农村公路 4.1 万公里，铁路通车总里程达到 8050 公里、居全国第二位，港口年设计通过能力达到 11.6 亿吨，发展支撑能力进一步增强。

重大国家战略深入实施。河北紧紧扭住承接北京非首都功能疏解"牛鼻子"，在对接京津、服务京津中加快发展。2023 年河北省政府工作报告指出，"三区一基地"建设取得积极进展，京津冀协同发展中期目标顺利实现。京张高铁、京雄城际建成投用，京秦高速全线贯通，京津冀交通一体化格局基本成型；承接京津转入基本单位超 3 万个，一批产业转移项目建成投产；首都"两区"建设成效明显，生态屏障更加坚固。全力办好千年大计、国家大事，雄安新区"1+4+26"规划体系编制实施，重点片区和重点工程建设扎实推进，城市框架全面拉开；首批疏解学校、医院有序落地，140多家央企机构注册新区；白洋淀水质持续提升，千年秀林绿意盎然，雄安壮美画卷徐徐铺展。全面落实"四个办奥"理念，北京携手张家口为世界奉献了一届简约、安全、精彩的奥运盛会，"雪如意""冰玉环"等标志性工程赢得国际赞誉，冰雪产业与文化旅游加快融合发展。

白洋淀水域青头潜鸭在水面栖息

产业结构调整扎实推进。坚决去、主动调、加快转，供给侧结构性改革持续深化。根据2023年河北省政府工作报告，河北超额完成6大行业去产能任务，钢铁产能由2.39亿吨减至

1.9 亿多吨。装备制造业成长为万亿级产业，营业收入超百亿元县域特色产业集群达 76 个，培育国家制造业单项冠军 17 家。国家高新技术企业从 3174 家增长到 1.24 万家，高新技术产业增加值年均增长 10%，高端装备制造、电子信息等战略性新兴产业规模壮大，数字经济发展势头良好，新动能加速成长。

改革开放持续深化。河北坚持改革不停顿、开放不止步，发展动力活力不断增强。"放管服"改革深入推进，企业设立实现"一网通办、一窗受理、一日办结"，市场主体从 470 万户增加到 791 万户；预算绩效管理改革走在全国前列，国企改革三年行动全面收官，承包地确权登记颁证、农村集体产权制度改革整省试点任务圆满完成。坚持"引进来""走出去"并举，主动融入共建"一带一路"，精心举办系列招商活动，中国（河北）自由贸易试验区获批建设，河北朋友圈和知名度越来越大。

生态环境显著改善。河北全面贯彻习近平生态文明思想，在治理污染、修复生态中加快营造良好人居环境。2023 年河北省政府工作报告指出，河北深入打好污染防治攻坚战，全省 PM2.5 平均浓度累计下降 40.6%，空气质量创有监测记录以来最好水平；地表水水质优良比例提高 42.1 个百分点。统筹山水林田湖草沙系统治理，累计压减地下水超采量 33.1 亿立方米、基本实现采补平衡，治理水土流失面积 1.1 万平方公里，森林覆盖率从 33% 提高到 35.6%，塞罕坝林场荣获联合国

"土地生命奖"。扎实推进碳达峰碳中和，单位 GDP 能耗下降22%，绿色转型取得新进展。

人民生活水平不断提高。河北认真践行以人民为中心的发展思想，持续加大民生投入，连续实施 20 项民生工程，解决了一批群众急难愁盼问题。集中力量打赢脱贫攻坚战，全省现行标准下农村贫困人口全部脱贫，乡村振兴实现良好开局。根据 2023 年河北省政府工作报告，五年城镇新增就业 445 万人。基本养老保险覆盖 5431 万人，基本医疗保险参保率稳定在95%以上。健康河北行动深入实施，各类教育质量不断提升，文化体育事业繁荣发展。养老托育服务体系更加健全，城乡居民住房条件得到改善。平安河北加快建设，安全生产形势总体平稳，防灾减灾救灾能力持续增强，一批风险隐患有效化解，扫黑除恶专项斗争深入开展，社会大局保持稳定。

二　面向未来河北的重点规划部署

2021 年 2 月 22 日河北省第十三届人民代表大会第四次会议批准通过了《河北省国民经济和社会发展第十四个五年规划和二〇三五年远景目标纲要》（以下简称《纲要》），《纲要》指出，到 2035 年与伟大祖国同步基本实现社会主义现代化，全面建成新时代经济强省、美丽河北。全面构建新发展格局，重大国家战略和国家大事取得历史性成就，雄安新区基本建成高水平社会主义现代化城市和贯彻新发展理念创新发展示范区，"三区一基地"功能定位全面落实，有效承接北京非首都功能取得重大成效，形成京津冀协同发展新的增长极。经济实力、科技实力大幅跃升，经济总量和城乡居民人均收入迈上新的大台阶，跻身创新型省份前列。现代化建设全面推进，基本实现新型工业化、信息化、城镇化、农业现代化，建成现代化经济体系。各方面制度更加完善，基本实现治理体系和治理能力现代化，建成更高水平法治河北、平安河北。社会事业全面进步，建成文化强省、教育强省、人才强省、体育强省、健康河北，全民素质和社会文明程度达到新高度。生态环境建设取得重大成效，广泛形成绿色生产生活方式，碳排放达峰后稳中有降，基本建成天蓝地绿水秀的美丽河北。全面深化改革和发展深度融合、高效联动，沿海经济带和海洋经济发展实现新突破，形成高水平开放型经济新体制，河北国际化程度、知名度和影响力明显提升。基本公共服务实现均等化，城乡区域发展差距和居民生活水平差距显著缩小，人民生活更加美好，人的全面发展、全体人民共同富裕取得新成效，为全面建设社会主义现代化国家贡献河北力量。

关于"十四五"时期经济社会发展主要目标，《纲要》提出如下要求。

经济发展取得新成效。京津冀协同创新共同体建设纵深推进，"雄安质量"引领效应充分显现，高质量发展体系更加完善，经济结构更加优化，质量效益明显提升，综合经济实力显著增强，全省生产总值年均增长6%左右。创新能力明显提高，全社会研发经费投入年均增长10%，全员劳动生产率增长高于生产总值增长。产业基础高级化、产业链供应链创新链现代化水平大幅提升，实体经济和先进制造业、数字经济加快发展，农业基础更加稳固。城乡区域发展协调性明显增强，常住人口城镇化率达到65%以上，力争超过全国平均水平。

改革开放迈出新步伐。重点领域改革取得突破性进展，要素市场化配置机制更加健全，公平竞争制度更加完善，高标准市场体系基本建成，营商环境达到全国一流水平，中国（河北）自由贸易试验区建设取得明显成效，开发区能级大幅提升，初步形成开放型经济发展新高地。

社会文明程度得到新提高。习近平新时代中国特色社会主义思想在燕赵大地深入人心，社会主义核心价值观融入社会发展各方面，人民思想道德素质、科学文化素质和身心健康素质明显提升，公共文化服务体系更加完善，文化事业和文化产业发展活力迸发，实现由文化大省向文化强省跨越。

生态文明建设实现新进步。国土空间开发保护格局得到优化，生态文明制度体系更加健全，能源资源利用效率大幅提高，单位生产总值能源消耗和二氧化碳排放分别降低15%、19%，主要污染物排放总量持续减少，山水林田湖草系统治理水平不断提升，城乡人居环境更加优美，京津冀生态环境支撑区和首都水源涵养功能区建设取得明显成效，全省森林覆盖率提高到36.5%，地级及以上城市空气优良天数比例达到80%。

民生福祉达到新水平。实现更加充分更高质量就业，城镇调查失业率控制在5.5%左右，居民收入增长和经济增长基本同步，分配结构得到改善，社会事业全面发展，全民受教育程度明显提升，劳动年龄人口平均受教育年限提高到11.3年，基本公共服务均等化水平不断提高，多层次社会保障体系更加健全，基本养老保险参保率提高到95%以上，脱贫攻坚成果巩固拓展，乡村振兴全面推进，更好实现人民对美好生活的向往。

社会治理效能得到新提升。依法治省迈出坚实步伐，社会公平正义进一步彰显，共建共治共享的社会治理体系更加健全，基层基础更加稳固，重大突发公共事件应急能力和防灾减灾抗灾救灾能力明显增强，防范化解重大风险和安全发展体制机制不断完善，拱卫首都安全的钢铁长城更加牢固可靠。

具体部署方面，《纲要》提出要坚定不移建设质量强省，坚持质量第一、效益优先，深入实施质量强省战略，完善高质量发展政策体系，发挥先进标准引领作用，深入开展质量提升行动，完善质量基础设施，促进标准、质量、品牌、信誉联动提升，推动河北发展迈向质量时代；要加快建设交通强省，优化铁路运输通道布局，构建覆盖广泛、结构合理、便捷高效、绿色智能的现代化铁路网络；要构建现代能源体系，构建坚强可靠基础设施体系、绿色清洁能源生产供应体系、清洁高效能源消费体系；要加快建设全国现代商贸物流重要基地，壮大现代商贸流通业，加快产业电商发展，推动电子商务与快递物流协同发展，发展新型商业业态；要发展壮大数字经济，把数据作为关键生产要素，促进数字经济与实体经济深度融合，加快推进数字产业化、产业数字化，打造数字经济新优势；要加大沿海经济带发展力度和大力发展海洋经济，坚持港口带动、陆海联动、港产城融合发展，大力发展临港产业、海洋经济，打造融入"一带一路"和国内国际双循环的战略枢纽，构筑环渤海开放发展新高地；要推动文化和旅游融合发展，坚持以文塑旅、以旅彰文，推动由文化旅游大省向文化旅游强省跨越。以全域旅游示范省建设为引领，以构建环首都旅游圈为重点，充分利用旅发大会平台机制，构筑全域旅游发展新格局；要建设医养康养综合体，协同京津打造休闲康养基地，形成养老产业集群。

三 推进中国式现代化在河北展现美好图景

中国式现代化是前无古人的开创性事业，需要我们探索创新。河北努力找准党中央战略部署和自身实际的结合点，深入分析所处的历史方位、独特优势和重大机遇，精心谋划推进，提出具体化、可操作、能落地的行动方案，决心一步一个脚印把美好蓝图变为现实。

（一）建设清洁高效、多元支撑的新型能源强省

能源安全是关系经济社会发展的全局性、战略性问题。河北有丰富的风能、太阳能、生物质能、地热等新能源资源，但是能源依然紧张。河北抓住国家深入推进能源革命机遇，加强重要能源开发和增储上产，统筹布局电力源网荷储，以抽水蓄能电站项目建设为切入点，协同发展光伏、风电、氢能，安全有序发展核电、海上风电，持续推进坚强智能电网建设，加强能源产供储销体系建设，提高清洁高效能源比重，构建稳定可靠、多能互补的能源格局。

聚焦建设清洁高效、多元支撑的新型能源强省，河北制定抽水蓄能、风电光伏、海上风电、清洁火电、坚强电网、核电、天然气输储基地等 7 个专项行动方案，着眼构建"风、光、水、火、核、储、氢"多能互补的能源格局，用五年时间实现全省电力供需基本平衡，坚强智能电网建设水平实现新提升，新型电力系统初见雏形，新型能源产业成为河北现代化建设重要支撑的工作目标。

资料链接

加快建设新型能源强省的 7 个专项行动

实施抽水蓄能开发提速专项行动。积极谋划项目纳规，推进纳规项目核准，加快项目建设进度，到 2027 年，抽水蓄

能并网装机达到 1500 万千瓦。

实施风电光伏高质量跃升专项行动。积极推进冀北清洁能源基地建设，加快推进张承地区百万千瓦风电基地建设，谋划建设唐山、沧州及沿太行山区三个百万千瓦级光伏发电示范区。2023～2027 年，全省风电光伏装机规模年均增长 1000 万千瓦以上。

实施海上风电有序开发专项行动。统筹开发管理模式，加快推进项目核准和建设，到 2027 年，海上风电累计投产 500 万千瓦。

实施清洁火电高质量建设专项行动。精心谋划拟建项目，加快在建、核准煤电项目建设，鼓励到期大型煤电机组延寿运行。到 2027 年，清洁火电支撑电源装机达到 6900 万千瓦，全省电力供需基本平衡。

实施坚强智能电网建设专项行动。加快推进省内重点工程和特高压"两交一直"工程建设，到 2027 年，河北电网特高压建成 7 个交流变电站和 1 个直流换流站，冀北电网形成"三横四纵"网络结构，河北南网形成"四横两纵"网络结构。

实施核电项目稳步推进专项行动。高质量完成前期工作，力争 2023 年底海兴核电首批机组获得核准，到 2027 年 6 台机组全部完成核准。

　　实施天然气输储基地建设专项行动。着力打造安全稳定的天然气输送体系，构建全省"一张网、多气源、互联互通、功能互补、统一调度"的供气格局，打通天然气利用"最后一公里"，着力提升全省储气调峰能力。到 2027 年，曹妃甸天然气储运基地形成 528 万水立方地上储气罐、30 亿立方米地下工作气量储气规模，全省天然气管道最大分输能力达 1.8 亿立方米/日，管道"县县通"通气率达 95.5%。

　　资料来源:《聚焦建设清洁高效、多元支撑的新型能源强省　河北重点实施七大专项行动》，载于《河北日报》2023 年1 月 30 日第 1 版。

张河湾抽水蓄能电站

（二）建设便捷畅通、安全智能的交通强省

河北东临渤海、内环京津，与山东、山西、内蒙古、河南、辽宁 5 省（区）交界，是南下北上、东出西联的重要通道，已经基本形成轨道上的京津冀和陆海空综合交通运输网络。河北着力打造省际贯通、城际直通、城郊融通的轨道交通，加快推进石衡沧港城际、雄商高铁、雄忻高铁建设，加快实施秦唐高速、邯港高速、廊涿高速等重点项目，抓好京港澳、大广高速智能化升级改造，贯通国家高速公路，推动普通干线省域路网联通，形成多节点、网格状、全覆盖的综合立体交通网络，提高通达率、便利性，构建高效快捷交通圈。

为加快建设交通强省，河北系统谋划了便捷畅通、安全智能的交通强省场景及相关行动方案，提出了利用五年时间，构建基础设施、流通服务、智慧交通、发展转型、平安交通等"五大体系"，推动中国式现代化在河北交通展现新图景。到 2027 年，"轨道上的京津冀"基本形成，省会与各市高铁直达，京津雄 30 分钟通勤，铁路达到 9100 公里，其中高速铁路 2600 公里；全覆盖、一体化公路网基本形成，县县通高速、市县通一级、相邻县通二级、乡镇通三级，公路达到 23 万公里，其中高速公路 9700 公里；环渤海现代化港口群和京津冀世界级机场群基本形成，港口通过能力达到 14 亿吨、800 万标箱，运输机场旅客吞吐能力达到 3000 万人次、货邮 45 万吨。到 2035 年，河北现代化综合交通运输体系将基本建成，便捷顺畅、经

济高效、安全可靠、绿色集约、智能先进的交通运输格局将基本形成，交通基础设施保障能力居全国先进行列。"轨道上的京津冀"全面建成，基本融入北京"1 小时交通圈"，京津市民可以乘坐高铁畅游河北 5A 级旅游景区。四通八达的铁路网络基本形成，省会、雄安新区直达各市，各地 6 小时内通达全国主要城市。公路网高效畅通、覆盖广泛，出行更加便利。空中航线网络日益加密，京津冀四个主要机场实现轨道快速联通，各地可乘坐飞机便捷抵达全国重点城市和全球重点国家。综合客货运枢纽集群基本建立，北京周边布局一批现代化智慧铁路货运枢纽，功能齐全、层次明晰、协调统一的铁路综合货运枢纽体系基本形成。高铁、公路、航空、水运等融合发展，旅客实现零距离换乘，享受一站式服务，客运方面，实现中心城市与卫星城间半小时联通、京津冀主要城市间 1 小时通达、全国主要城市 3 小时覆盖。港口年设计通过能力达到 18 亿吨、1800 万标箱。

资料链接

构建交通强省的五大体系

构建立体互联的基础设施体系。建成雄商、雄忻、津潍高铁，实现省会与各市高铁直达，到 2027 年"轨道上的京津冀"基本形成。贯通国家高速公路，新增高速公路里程

1375公里，新改建普通干线公路2100公里，建设改造农村公路2.6万公里，实现县城和省级以上经济开发区15分钟上高速、乡镇15分钟上干线、村庄15分钟上县乡道。坚持向海发展、向海图强，推进一体化建设运营，推动陆海联动，新增泊位44个、达到290个，无水港基本覆盖内陆腹地，环渤海现代化港口群基本形成。完善石家庄机场枢纽功能，打造国际航空物流中心，运输机场达到7个，通用机场达到20个以上，布局合理、规模适当、层次分明、服务优质的航空服务保障体系基本形成。

构建高效顺畅的流通服务体系。出行服务方面，投运9个综合客运枢纽，打造5个国家公交都市，城乡交通运输一体化5A级发展水平的县达110个以上，航空机场航线达到260条以上，客运线路覆盖3A级以上景区，建成石家庄、廊坊、雄安新区全国旅客联程联运先进城市。货运服务方面，打造10个网络货运品牌企业，港口集装箱内外贸航线达到80条以上，航空货邮吞吐量达到15万吨，创建30个省级农村物流服务品牌。

构建泛在先进的智慧交通体系。建成智能协同管控的综合交通运输信息平台和高速公路视频云平台。投用秦唐、曲港、邯港等智慧高速公路，投用黄骅港等智慧港口，投用石家庄国际陆港、河北高速智慧物流园等智慧枢纽。投运国家北斗数据中心河北分中心，建成 5 个左右省部级研发平台。打造雄安新区智能出行城市。

构建绿色低碳的发展转型体系。港口大宗货物绿色集疏港比例达 86% 以上，多式联运集装箱运量达到 100 万标箱，城区常住人口 100 万以上的城市绿色出行比例不低于 60%。新增及更新新能源和清洁能源公交车、出租车占比不低于 95%、85%。沿海港口 5 万吨级以上专业化泊位岸电覆盖率达到 85%。路域风光发电装机规模突破 1000 兆瓦。高速公路服务区等重要节点实现充电设施全覆盖。

构建安全可靠的平安交通体系。省、市、县三级部门安全生产重大风险 100% 管控，重大隐患动态清零，一般隐患"去存减增"。实现"平安工地"创建示范全覆盖，危桥危隧动态清零，港口运营、工程建设保持低事故率，道路运输较大及以上事故万车死亡人数下降 14%。省市综合运行协调和应急指挥中心互联互通，京津冀三地协同联动。

资料来源：《河北省政府新闻办"河北省奋力加快建设交通强省"新闻发布会文字实录》，河北省人民政府网，http：//info. hebei. gov. cn/hbszfxxgk/6806024/6807473/6807806/7059502/index. html。

北京大兴国际机场北线高速公路廊坊段

（三）建设陆海联动、产城融合的临港产业强省

河北拥有海岸线 487 公里，港口货物年吞吐量 12.7 亿吨，环渤海港口群发展前景广阔。为加快建设临港产业强省，河北提出向海发展、向海图强，发挥沿海与内地各自优势，做好港、产、城和综合交通、开放联动的文章，并把陆海联动、产城融合的临港产业强省作为中国式现代化河北场景之一。在唐山港，建设战略物资储备基地，重点发展精品钢铁、装备制造、商贸物流等产业，打造能源原材料主枢纽港，加快唐山"三个努力建成"步伐。在黄骅港，发展集装箱运输、绿色化工等产业，打造国际贸易港和"一带一路"枢纽。在秦皇岛港，培育发展生命健康、新材料等产业，打造现代综合贸易港和国际知名旅游港。河北省发展改革委会同河北省交通运输厅、河北省工业和信息化厅、石家庄海关等有关部门和秦皇

岛、唐山、沧州沿海三市以及河北港口集团研究起草了《河北省加快建设临港产业强省行动方案（2023—2027 年）》，明确未来五年将持续抓好八方面重点任务，着力打造"两群、五地、一融合"的港产城融合发展新格局。方案明确了未来五年三个阶段性目标：2023 年，港口年设计通过能力达到 11.8 亿吨、432 万标箱，通关便利化程度保持京津冀领先水平。现代物流、钢铁、石化、装备制造、滨海旅游等临港产业提质增效。沿海地区生产总值突破 1.6 万亿元，占全省比重持续提升。到 2025 年，港口年设计通过能力达到 12.5 亿吨、700 万标箱。精品钢铁、高端装备、绿色化工、生物医药、现代物流、滨海旅游等临港产业进一步做优做强。沿海地区经济增速持续高于全省平均水平，唐山市迈入全国万亿元城市行列。到 2027 年，基本建成陆海联动、产城融合的临港产业强省。港口年设计通过能力达到 14 亿吨、800 万标箱，现代化港群体系建设走在全国前列。建成世界一流的精品钢铁基地、国内重要的石化产业基地、特色鲜明的高端装备制造基地和国际知名的滨海旅游胜地。到 2027 年，全省港口综合效益明显提升，年设计通过能力达到 14 亿吨/800 万标准箱；临港开放合作水平明显提升，地区进出口总额占全省比重稳步提升，按照京津标准实现口岸通关便利化；产业竞争优势明显提升，曹妃甸区、渤海新区、北戴河生命健康产业创新示范区成为支撑沿海乃至全省发展的新增长极；生态环境质量明显提升，林茂、滩净、岸绿、湾美成为河北沿海地区鲜明标识；城乡发展水平明显提升，沿海地区居民人均可支配收入增速持续高于全省平均水平。按照部署，到2035年，沿海地区在全省率先实现现代化，基本建成现代高端的沿海港口群、集约高效的临港产业带、宜居宜业的滨海城市群，综合影响力达到世界一流水平。环渤海现代化港口群基本建成，秦皇岛港成为国际知名旅游港和现代综合贸易港，唐山港成为服务重大国家战略的能源原材料主枢纽港、综合贸易大港和面向东北亚开放的桥头堡、北京出海口，黄骅港成为现代化综合服务港、国际贸易港、"一带一路"重要枢纽、雄安新区便捷出海口。产业核心竞争力明显提升，世界一流精品钢铁基地、全国一流绿色石化基地、特色鲜明高端装备制造基地基本建成，沿海地区逐步形成全省高质量发展的重要支撑、对外开放的桥头堡和京津冀协同发展的示范区。

 资料链接

河北加快建设临港产业强省八方面重点任务

打造世界一流港口群。推进现代化港航设施建设，畅通陆海双向物流通道，实现港口与临港产业高效衔接。推动铁水、公铁、陆空等联运模式发展，构建集约高效多式联运体系。开辟联通全球的集装箱航线，加密内贸航线，培育远洋海运中坚力量。到 2027 年港口集装箱内外贸航线达到 80 条以上。

打造现代港口物流产业集群。围绕优化港口物流布局，推动唐山市港口型国家物流枢纽扩区升级，支持沧州市争列港口型国家物流枢纽、秦皇岛市申报国家骨干冷链物流基地，形成沿海港口物流隆起带。到 2027 年，三大港口物流作业能力在全国位次进一步提升，内陆港达到 80 家以上，沿海地区物流业增加值占全省比重达到 50% 以上。

打造世界一流精品钢铁基地。以深化供给侧结构性改革为主线，提升研发创新能力，大力延伸拓展产业链条，发展高度聚集、上下游紧密协调、供应链集约高效的产业创新集群。到 2027 年，基本建成世界领先的精品钢铁基地和具有全球话语权的万亿级钢铁产业集群。

打造全国先进绿色石化基地。着力完善石化产业布局，加快构建以原油加工为源头、烯烃芳烃为下游、精细化工为延伸的"油头化尾"产业链条，加快推进石化产业由原料型向材料型转变，重点建设曹妃甸和渤海新区两大石化基地。到 2027 年，沿海地区石化产业规模达到 6000 亿元，形成一批全国一流企业及产业集群。

　　打造全国先进装备制造基地。围绕"高端化、智能化、服务化"的发展方向，巩固优势产业领先地位，推进产业集群向先进装备制造基地发展，聚焦高端制造增强整体竞争力。到2027年，沿海地区装备制造业营业收入达到5100亿元。

　　打造全省战略性新兴产业发展高地。充分发挥沿海临港优势，聚焦生物医药、新材料、节能环保、新能源与能源装备等产业，打造战略性新兴产业局部强势，争创国家级特色原料药基地，打造全国知名新型功能材料基地、全国重要海上风电产业装备制造基地。

　　打造国际滨海旅游休闲康养胜地。全力加快北戴河生命健康产业创新示范区发展，用足用好国家支持示范区发展若干政策措施，打造"医、药、养、健、游"五位一体生命健康产业集群。充分利用唐山独特优势，提升开滦国家矿山公园等工业旅游基地知名度，打造东北亚中国工业文化旅游名城。支持沧州建设彰显特色底蕴的大运河文化休闲旅游高地，打造"河海狮城、文武沧州"特色旅游城市。

　　促进港产城融合发展。依托港口优势，推动钢铁、石化、木材、重型装备制造、海洋工程装备等产业沿海临港布局。加快构建以"三中心城市三新城"为核心的现代化沿海都市带，提升港城发展能级。支持每个沿海县（市、区）培育2至3条特色鲜明的优势产业链条，培育一批特色产业集群。

资料来源：《河北省加快建设临港产业强省行动方案（2023—2027年）》。

唐山港京唐港区

（四）建设面向世界、辐射全国的物流强省

建设全国现代商贸物流重要基地，是党中央赋予河北的功能定位。河北优化物流产业布局，积极承接北京区域性物流设施疏解转移，在环京津地区建设全球性物流发展高地、供应链核心枢纽、农产品供应基地，在重要节点城市建设一批物流基地，引进物流行业龙头企业，打造物流区域总部基地，加快发展物联网，畅通物流通道，构建形成"枢纽＋通道＋网络"的

现代化物流运行体系。

为进一步推动全国现代商贸物流重要基地的功能定位扎实有效实施，加快建设物流强省，河北印发了《河北省加快建设物流强省行动方案（2023—2027年）》，从优化物流布局、完善物流结构和提升物流效能等方面提出"十大工程"的重点任务，凝聚建设物流强省磅礴力量。该行动方案提出，到2027年，全省物流载体支撑能力大幅提升，全社会货运量达到30亿吨以上，社会货物物流总额达到13万亿元左右，全省物流业增加值达到3800亿元左右，占生产总值比重为6.7%。物流效率大幅改善，物流费用与地区生产总值比率下降到12.5%左右，"123快货物流圈"更加高效顺畅，基本形成面向世界、辐射全国的物流格局，为构建新发展格局提供重要支撑。

 **资料链接**

加快建设物流强省的十大工程

物流布局优化工程。做优做强环首都物流圈，将廊坊打造成商贸物流创新发展高地、首都都市圈生活服务保障基地、京津冀供应链核心枢纽。支持石家庄建设对接"一带一路"沿线国家的京津冀陆港集群。推动沿海物流产业集群式发展，形成沿海港口物流隆起带。

物流结构完善工程。做大做强能源、铁矿石、钢材等生产资料物流，提升完善大宗商品交易平台服务功能。建设30个冷链物流集配中心，到2027年，争取拥有5个国家骨干冷链物流基地。高质量发展制造业物流，培育壮大一批"总部型"供应链、"产业基地型"供应链。积极发展应急物流，建设40个应急物资中转站和城郊大仓基地。

物流方式创新工程。做强港口物流，到2027年，全省港口年设计通过能力达到14亿吨、800万标箱。做大航空物流，到2027年，廊坊、石家庄航空货邮吞吐量分别为250万吨、15万吨。优化整合陆港资源，到2027年，内陆港达到80个以上。拓展多式联运服务网络，到2027年，全省多式联运线路50条以上、辐射全国150个以上城市。

物流效能提升工程。加快推动物流基础设施改造升级，建设一批标准化、集成化智能云仓。加快普及物流绿色技术装备、物流器具和包装材料，到2027年，港口大宗货物绿色集疏港比例达到86%以上。支持网络货运平台整合重组，到2027年，形成10家具有较强集聚能力的网络货运平台。

物流枢纽建设工程。支持唐山国家物流枢纽扩区升级，支持石家庄国家物流枢纽统筹用好空港、陆港物流资源，建设国家综合货运枢纽补链强链城市。在廊坊等环首都重点区域布局一批铁路货运枢纽，培育保定、衡水铁路枢纽。新建改造一批公路货运枢纽，到 2027 年，25 家高速公路服务区成为向综合物流节点转型的先行示范。

物流园区升级工程。推进 6 家示范物流园区改造提升，建设新型物流基础设施和多式联运设施。支持河北省物流园区申报国家试点示范，鼓励园区业主单位组建物流园区联盟。依托张家口数据中心，导入全国物流数据，着力构建国家级物流大数据服务基地。

物流网络联通工程。支持港口开辟国际新航线，到 2027 年，开行 18 条左右集装箱外贸航线。支持石家庄国际陆港拓展中欧（中亚）国际班列图定化线路和直达目的地城市，到 2027 年，中欧（中亚）国际班列开行量跃居全国前 10 位。支持石家庄、唐山等 5 个跨境电商综合试验区发展，建设 8 个跨境电商零售进口试点和曹妃甸国家进口贸易促进创新示范区，到 2027 年，全省海外仓达到 50 个左右。

物流企业培育工程。积极引进国际知名物流企业入驻河北，培育一批具有竞争优势的国有现代物流企业，支持高成长性民营物流企业做大做强。到 2027 年，拥有 35 家以上 5A 级物流企业，5 家物流企业进入全国物流 50 强，引进 10 家世界物流百强企业。

物流标准推广工程。引导企业积极对接国际通用物流运营管理规则，支持物流企业参与国际、国家物流标准的制定修订工作，落实8项京津冀冷链物流标准。

物流品牌塑造工程。吸引快递物流企业总部入驻廊坊，提升首衡农产品交易中心服务功能，支持雄安新区探索数字货币在城市智能配送领域先行先试，支持省供销社在全省供销社系统大力推广供销集配模式。

资料来源：《河北省加快建设物流强省行动方案（2023—2027年）》。

廊坊国际现代商贸物流 CBD

（五）建设标准引领、品质卓越的质量强省

河北实现新旧动能转换，破解深层次结构性矛盾，需要在质量提升上下更大功夫。河北以提高供给质量为主攻方向，构建新型标准体系、产品认证体系、质量追溯体系、监管执法体系。加强河北品牌建设，推广先进质量管理方法，鼓励企业建设质量技术创新中心，争创一批国家级标准化示范试点项目。加强全面质量管理，严格落实工程质量责任，强化农产品、食品药品质量安全，开展质量主题宣传活动，在全社会营造精益求精、以质取胜的浓厚氛围。

近年来，河北聚焦重点区域、重点行业、重点领域持续开展质量提升专项行动，推动标准、质量、品牌、信誉联动提升，经济、文化、社会、生态、城乡建设管理、政府服务质量"六大质量"协调发展，为新时代深入实施质量强省战略打下了坚实基础。石家庄、唐山、廊坊、沧州、衡水 5 个市先后成为"百城千业万企对标达标提升专项行动"国家试点城市，全省 3500 多家企业对标国际标准和国外先进标准，找差距、补短板、强弱项，提升质量水平，累计发布对标结果 22000 多项，创新发展取得显著成绩。

2022 年，河北相继印发《河北省质量强省建设纲要》《关于全面提升产品质量的若干措施》，为加快建设质量强省提供了基本遵循。2023 年 3 月 24 日，河北省政府出台《河北省质量强省建设行动方案（2023—2027 年）》，系统谋划了质量强

省场景目标和任务举措。该方案既对标对表《质量强国建设纲要》相应指标设置，又有机衔接我省经济社会发展目标任务，结合我省实际科学设立工作目标，发挥激励导向作用，提出了到 2023 年、2025 年、2027 年三个时间节点的 9 项任务指标。2023 年，质量强省建设稳步推进。高新技术产业增加值占规模以上工业增加值比重达到 22%。制造业产品质量合格率稳定在92% 以上。农产品质量监测合格率达到 98% 以上。食品安全抽检合格率稳定在 98% 以上。药品监督抽检合格率稳定在 99% 以上。新增主导或参与国际、国家、行业标准 200 项以上，省地方标准 120 项以上。新建提升改造社会公用计量标准 50 项以上。建设检验检测行业服务特色产业集群高质量发展协同创新平台 2 个。全社会研发经费投入增长 10% 以上。到 2025 年，质量强省建设稳步提升。高新技术产业增加值占规模以上工业增加值比重达到 25% 左右。制造业产品质量合格率达到 94%。农产品质量监测合格率稳定在 98% 以上。食品安全抽检合格率达到 98.5%。药品监督抽检合格率保持在 99% 以上。新增主导或参与国际、国家、行业标准 600 项以上，省地方标准 400 项以上。新建提升改造社会公用计量标准 150 项以上。建设检验检测行业服务特色产业集群高质量发展协同创新平台 5 个。全社会研发经费投入年均增长达到 10%。到 2027 年，质量强省建设取得新跃升。高新技术产业增加值占规模以上工业增加值比重显著提升。制造业产品质量合格率高于全国平均水平。农产品质量监测合格率达到99%以上。食品安全抽检合格率达到99%。药品监督抽检合格率稳定在99%以上。新增主导或参与国际、国家、行业标准1000项以上，省地方标准600项以上。新建提升改造社会公用计量标准260项以上。建设检验检测行业服务特色产业集群高质量发展协同创新平台10个。全社会研发经费投入年均增长超过全国平均水平。发展贡献度进一步增强。按照《河北省质量强省建设纲要》部署，到2035年，质量整体水平稳步提升，质量对经济社会发展的贡献度进一步增强，质量强省建设取得明显成效。届时，"河北制造"更具品牌价值、"河北标准"更具话语权威、"河北建造"更具燕赵特色、"河北文化"更具感召魅力、"河北服务"更具诚信品质、"河北环境"更具竞争优势，一批产品卓越、品牌卓著、创新领先、治理现代的世界一流企业将在河北涌现。

 **资料链接**

质量强省建设八方面重点任务

推进标准化建设引领质量提升。加强先进标准制定，鼓励企事业单位主导或参与国际、国家、行业标准制修订，每年评价发布省企业标准"领跑者"30项以上；深化全域标准化，开展重点领域标准研制。争创国家级标准化示范试点项目，对承担国家技术标准创新基地建设的企业给予 100 万元资金支持。

推动经济发展质量动能提升。实施产业基础再造项目，每年新增工业企业研发机构 1000 家；加强科技创新，全面落实研发费用加计扣除政策，到 2025 年，每万人口发明专利拥有量达到 8 件；强化质量发展利民惠民，实施放心消费工程，切实加强消费者权益保护。

推动产品质量提升。推动制造业产品提质升级，每年实施技改项目 5000 项以上；强化农产品、食品药品质量安全，建立健全重要产品质量追溯体系；开展丰富多彩的消费促进活动，优化消费品质量供给。

推动工程质量提升。全面落实工程质量责任，打造高质量样板工程和交通平安百年品质工程；提升建材性能品质，加大绿色建材推广应用，到 2025 年，竣工建筑中绿色建筑占比达到 100%。

推动服务质量提升。提高生产服务专业化水平，加快提升物流、商务咨询、计量、认证、检验检测等服务水平；提升生活服务品质，不断提升旅游服务质量，培育壮大一批新业态；加快公共服务便利化发展，完善公共就业创业服务体系，大力加强医疗体系建设，提高政务服务水平。

推动企业质量和品牌提升。引导企业加大质量技术创新投入，推广先进质量管理方法，推行企业首席质量官制度，扎实做好各级政府质量奖评选活动；加强河北品牌建设，宣传推广河北品牌。

推动质量基础建设提升。强化计量保障能力，加快建设产业计量测试中心；强化认证认可服务，强化检验检测支撑，提升一站式服务效能；到 2025 年，河北省有效认证证书数量达到 10 万张，国家产品质量检验检测中心达到 16 家。

推动质量治理效能提升。完善质量政策制度，建立健全统一高效、协调联动的质量监管执法体系；深化"双随机、一公开"监管，推进"智慧监管"；推进社会共治，推广质量文化，营造"政府重视质量，企业追求质量，人人关注质量"的浓厚氛围。

资料来源：《河北省质量强省建设行动方案（2023—2027 年）》。

（六）建设文旅融合、全域全季的旅游强省

历史文化悠久，文物古迹众多，革命传统深厚，自然风景优美，是河北建设旅游强省的基础所在、优势所在。河北奋力打造京张体育文化旅游带、长城文化旅游带、大运河文化旅游带、太行山旅游带、渤海滨海旅游带，大力发展红色旅游、乡

村旅游、生态旅游，积极培育新产品、新服务、新业态，精准定位消费群体，创新旅游宣传方式，提高旅游服务质量和游客满意度，提升河北旅游的知名度和影响力，让"这么近，那么美，周末到河北"成为新时尚。

聚焦建设文旅融合、全域全季的旅游强省，河北加强业态融合，用文化赋能旅游发展、丰富旅游内涵、提升旅游品位。2023 年 3 月 6 日，河北省人民政府办公厅印发了《河北省加快建设旅游强省行动方案（2023—2027 年)》，明确了行动目标：以建设现代化旅游强省为统领，着力构建"一体两翼五带"、全域全季全业旅游发展新格局，旅游综合收入和游客接待量实现倍增，产业规模和质量进入全国前列。该方案提出，2023年，旅游强省建设取得初步成效，旅游产品体系不断丰富，产业规模不断扩大，公共服务体系更加完善，综合效益不断增强。4A 级以上旅游景区达到 170 家，省级以上全域旅游示范区达到 35 个，建成河北旅游名县 10 个，建设提升旅游公共服务设施 500 个以上，建设重点项目 400 个以上，全省旅游接待人数达到 7.8 亿人次，旅游收入达到 9300 亿元，全面恢复到2019 年水平。到 2025 年，旅游强省建设取得重大进展，现代旅游业体系更加健全，旅游产品体系、产业结构、服务体系进一步优化，文化和旅游深度融合发展，智慧化、数字化旅游新业态、新模式更加丰富。4A 级以上旅游景区达到 200 家，建成河北旅游名县 30 个，世界级旅游城市、旅游景区和度假区建设取得进展。到 2027 年，现代化旅游强省基本建成，现代旅游业体系基本形成，产业规模和质量进入全国前列。4A 级以上旅游景区达到 230 家，建成河北旅游名县 50 个，世界级旅游城市、旅游景区和度假区建设成效显著。

加快建设旅游强省七项主要任务

实施高质量旅游目的地培育行动。与京津共同推进京津冀旅游发展协同体建设，打造世界级旅游品牌和世界级旅游目的地。积极融入后奥运经济，加快京张体育文化旅游带建设，把崇礼打造成世界冰雪爱好者首选地和国际旅游目的地。充分发挥秦皇岛、承德、雄安新区等地的品牌影响力，推动打造世界级旅游城市。依托世界文化遗产等优势资源，推进长城、大运河、避暑山庄与清东陵、清西陵打造世界级旅游景区和度假区。打造京津游客周末休闲首选目的地，高标准开发京津周末游旅游产品。

实施高品质旅游产品打造行动。梯次化推进高等级旅游景区创建工作，推动唐山南湖·开滦、衡水湖等景区创建国家 5A 级景区，推动唐山国际旅游岛、中国马镇等创建国家级旅游度假区。精心培育新业态旅游产品，开发打造一批旅游街区、文化和旅游小镇、主题乐园、旅游综合体等新业态产品。全力打造旅游主题线路，重点推出彰显河北优势资源特色的八大主题线路品牌。打造旅游餐饮产品集群，构建"冀菜"餐饮品牌体系，打造旅游美食线路，高标准打造一批旅游美食地标、示范店、特色店，培育特色餐饮网红打卡地。

实施高标准基础设施和服务体系建设行动。构建快旅慢游交通体系，以北京、雄安新区、石家庄等高铁枢纽为核心，培育京广、京沪、京沈、京雄、石太、石津等高铁旅游线路；推动秦皇岛邮轮码头加快完善配套服务体系，发展培育海上旅游客运和邮轮航线；完善公路路网布局，推动旅游客运线路覆盖 3A 级以上景区；建设提升张承坝上、长城、太行山、大运河、滹沱河、渤海沿线等旅游风景道，构建"三横三纵"环京津旅游风景道体系。推动智慧旅游城市、智慧旅游景区建设，培育智慧旅游创新企业和示范项目，引导云旅游、云直播等新业态发展。

实施高能级项目引领产业提升行动。大力招商引资，全方位引入战略投资，推动重点项目签约落地，全面提升和盘活存量旅游资产。支持龙头企业跨领域发展，扶持专精特新中小微企业快速成长，实施文化和旅游企业上市培育专项行动，加大总部文化企业引进力度，推进央企落户河北。

实施高水平文化和旅游融合创新发展行动。打造融合发展平台，孵化打造新产品、新业态、新项目。推进文化赋能旅游带动，坚持以文塑旅、以旅彰文，深入挖掘旅游城市、景区、村镇、街区文化内涵，推动"文化进景区"和"景区秀文化"双向发力。推动红色文化和旅游融合发展。积极拓展"旅游+"广度深度，延伸产业链条。

实施高效能旅游综合消费促进行动。培育旅游消费热点，推动传统商业综合体转型升级为文体商旅综合体，大力发展生态旅游、定制旅游、医疗旅游等健康旅游业态，支持博物馆、文化馆、图书馆等文化场所增强旅游休闲消费功能；抢抓雄安片区、正定片区、曹妃甸片区、大兴机场片区（廊坊区域）4个河北自贸试验区发展机遇，积极引进免税购物、文化餐饮、医疗养颜等国际品牌和机构，引导出境旅游消费向国内转化。加大旅游促消费力度，设计推出"京津冀文化旅游一卡通"，鼓励各地组织举办旅游消费季、消费月等活动，支持实施景区门票减免、淡季免费开放等政策。

实施高精准旅游市场营销宣传推广行动。精准策划宣传营销内容，持续扩大"京畿福地 乐享河北"品牌影响力，聚焦京津核心客源市场，突出"这么近、那么美，周末到河北"主题，开展品牌形象、精品线路、优惠措施等宣传；瞄准长三角、珠三角等中远途客源市场，大力推介激情冰雪、锦绣长城、风情运河、壮美太行等特色产品；针对境外客源市场，加大市场营销和宣传推广力度。

资料来源：《河北省加快建设旅游强省行动方案（2023—2027年）》。

河北旅游宣传画

（七）建设数据驱动、智能融合的数字河北

党的二十大报告指出，加快发展数字经济，促进数字经济和实体经济深度融合。河北拥有中国国际数字经济博览会等重大平台，有基础、有能力打造东数西算的重要枢纽节点。我们积极融入数字中国建设，大力引进数字龙头企业，加大数字基础设施建设力度，做强做优做大数字经济。促进数字经济与实体经济深度融合，拓展5G应用和"互联网+"场景，推进制

造业数字化转型，抓好工业互联网平台建设，加快信息产业集群、大数据产业集群、软件及电子器件产业集群建设，加快推进数字产业化、产业数字化。

为加快建设数字河北，河北印发了《加快建设数字河北行动方案（2023—2027 年）》，提出到 2027 年，全省数字经济迈入全面扩展期，核心产业增加值达到 3300 亿元，数字经济占 GDP 比重达到 42% 以上。方案明确，要抢抓数字化变革新机遇，把数字河北建设作为推进高质量发展的基础性先导性工程，组织实施 6 个专项行动、20 项重点工程，推动数字技术与实体经济深度融合，适度超前建设数字基础设施，做强做优做大数字经济，完善数字社会治理体系，提升公共服务水平，拓展发展新空间，为融入新发展格局、建设现代化河北提供有力支撑。建成京津冀工业互联网协同发展示范区，打造一批现代化生态农业创新发展示范区；雄安新区建成全球数字城市新标杆，石家庄建成全国一流的新一代电子信息产业基地，张家口建成全国一体化算力网络关键节点，廊坊、保定、秦皇岛等地建成特色鲜明、生机勃勃的数字产业集群；智慧医疗、智慧教育、智慧交通、智慧旅游等新业态、新模式全面融入人民生产生活；数字河北建设基本实现"数字经济高端化、数字社会智慧化、数字政府智治化"，数字化变革成为推进高质量发展的强大引擎。

 **资料链接**

加快建设数字河北的 6 个专项行动

实施数字基础设施建设行动。实施高速智能信息网络建设工程，加快 5G 网络深度覆盖、千兆光纤网络建设、IPv6 升级改造，优化互联网网络架构，加快卫星互联网建设与应用。实施算力基础设施建设工程，加快全国一体化算力网络京津冀国家枢纽节点建设。建设张家口数据中心集群，推动数据中心与可再生能源的协同发展。加快人工智能基础设施建设。实施融合基础设施智能化改造工程。

实施信息智能产业倍增行动。实施关键技术攻关及转化工程，采用"揭榜挂帅"等方式，在半导体材料、专用集成电路等领域组织实施一批技术攻关项目，推进创新平台提质提效。实施产业集群发展壮大工程，加快石家庄信息产业集群建设，打造千亿级电子信息产业集群，推动张家口大数据产业集群、廊坊电子信息产业集群、秦皇岛软件及电子器件产业集群建设。实施数字化市场主体培育工程，引进培育一批有竞争力的数字化企业。

实施制造业数字化转型行动。实施工业互联网平台建设工程，建设河北省工业互联网公共服务平台，推动 10 个国家跨行业跨领域工业互联网平台在河北布局。推动"十万企业上云"。到 2025 年，建成 5G 全连接工厂标杆省级示范 30 个、国家级示范 3 个，建设"工业互联网＋园区"试点 10 个，上云企业突破 10 万家。实施数字化支撑能力提升工程，加快智能化改造，每年培育 10 家智能制造标杆企业。在钢铁、石化、建材等行业推行"互联网＋供应链"管理模式，培育形成 100 个工业互联网标杆示范案例。实施数字化新模式培育工程，推动装备制造企业由单纯提供设备向全生命周期管理、提供系统解决方案和信息增值服务等转变，发展网络化协同制造、个性化定制、云制造等智能制造新业态。

实施农业农村数字化转型行动。实施农业生产智慧化工程，发展智慧种业，推动粮食生产管理数字化应用，推广农业物联网应用，加快智能农机装备应用。实施"互联网＋"农产品出村进城工程，推进电子商务进农村综合示范县建设。实施农业农村大数据创新应用工程，基本形成农业农村数据资源"一张图"。实施智慧农业监测预警工程，为宏观决策和市场主体提供智能解决方案。实施数字乡村建设工程，持续优化乡村信息基础设施，提升农村公路管理数字化水平，加快农村电网数字化改造。提升乡村综合治理信息化水平，打造基层治理"一张网"，加强网格化管理服务。深入推进乡村"互联网＋教育""互联网＋医疗健康"，优化农村社保与就业服务，提升公共服务效能。

实施数字社会建设行动。实施智慧医疗示范工程，进一步完善实用共享、互联互通的省、市两级全民健康信息平台，推动京津冀医疗互认网络建设。完善"互联网＋医疗健康"服务体系，提高卫生健康服务均等化与可及性。实施智慧教育示范工程，持续推动数字校园建设，实施"优质资源"共建共享计划，推动课堂模式变革，积极发展新技术支持下的自主、探究、合作等教学模式。实施智慧文旅示范工程，推进公共文化场馆、旅游景区数字化、智慧化建设，持续推进"一部手机游河北"（乐游冀）平台功能拓展优化，丰富产品信息。实施新型智慧城市示范工程，完善新型智慧城市评价指标体系，加快城市路桥管网、水电燃热等各类基础设施的智能化感知设备应用，推动构建多元动态的城市感知网络。支持建设城市智慧大脑，打造全景展示、全域感知、智能调度的城市管理中枢。

实施数字政府创新发展行动。实施基础支撑能力提升工程，建设完善省、市两级政务云平台，推动不具备规模效应的部门数据中心逐步向省政务云迁移。实施一体化政务大数据体系建设工程，建设上联国家一体化政务大数据平台，纵向覆盖各市及雄安新区、横向连接省各部门的全省一体化政务大数据平台，统一为省、市、县提供政务数据共享交换、归集治理和分析应用服务。实施政府数字化履职能力提升工程，优化"冀时办"，推动政务服务"一网通办""掌上办"和"一件事一次办"。加强智慧社区建设，全面提升社会治安、应急管理、社区治理服务智慧化、智能化水平。到2025年，除不宜网办事项外实现政务服务事项100%全流程网上办理。

资料来源：《加快建设数字河北行动方案（2023—2027年）》。

第五届数字中国建设成果展览会河北展馆

（八）建设京畿福地、老有颐养的乐享河北

推动养老事业和养老产业协同发展，是习近平总书记对河北提出的明确要求。河北以环京 14 个县（市、区）为重点，布局医养康养相结合的养老服务业，深化与北京三甲医院合作，引进和培育养老龙头企业，推进政策衔接、标准衔接，利用生态、温泉等资源和较低生活成本优势，吸引北京的老年人到河北养老。优化城乡养老服务供给，推进县乡村三级养老服务网络建设，提高老年人生活品质。

为加快推进乐享河北建设，河北印发了《加快建设京畿福地、老有颐养的乐享河北行动方案（2023—2027 年）》。方案组织实施 5 项主要任务，明确要以基本养老服务和普惠养老服务为发展重点，努力提升环京 14 县（市、区）协同养老示范效应，兼顾多样化养老服务需求，坚持政府主导与社会参与并行、设施建设与能力提升并重、事业进步与产业发展融合的原则，保基本守底线、稳刚需补短板、优供给促均衡，加快全省养老服务高质量发展步伐，努力将河北打造成老有所养、老有所乐的京畿福地。方案提出，到 2027 年，居家社区机构相协调、医养康养相结合的养老服务体系基本建立。城镇社区日间照料服务进入提质扩面新阶段，老年助餐、居家照护等日间照料服务力争覆盖90%以上城镇社区。县乡村"三级"养老服务网络拓展到80%以上的涉农县（市、区），专业化服务水平明显提高。环京协同养老示范带形成规模效应，有效承接北京养

老需求，康养产业实现集聚化、规模化、品牌化发展，打造一批百亿级的产业集群。

资料链接

加快建设京畿福地、老有颐养的
乐享河北的 5 项主要任务

聚焦特殊困难老年群体，健全基本养老服务体系。把保障特殊困难老年群体基础性的养老服务需求作为重点，坚持保基本、广覆盖、可持续，加快健全基本养老服务体系，保障老年人的基本生活和照料需要。

着眼大众养老服务需求，优化普惠养老服务供给。着眼满足广大老年人养老服务需求，稳步增强家庭养老照护能力，持续丰富普惠养老服务资源，逐步完善覆盖城乡、惠及全民、均衡合理、优质高效的养老服务供给体系。

顺应需求多元化趋势，创建协同养老示范带。以满足中高端养老服务需求为目标，坚持市场主导，强化京冀合作，构建"一区（环京 4 市 14 县养老核心区）、一圈（秦唐石高铁 1 小时养老服务圈）、三带（燕山、太行山、沿海康养休闲产业带）"康养产业发展格局，打造京冀养老福地。

完善上下游产业链条，创新发展养老产业。创新发展"行业＋养老服务"业态，壮大产业龙头，丰富老年用品，增强为老服务科技创新能力，让智能化产品和服务惠及更多老年人。

助力高质量老有颐养，构建老年宜居环境。全面推进老年友好型城市和社区建设，完善老年人环境支持体系，浓厚敬老爱老助老的社会氛围，有效提高老年人社会参与程度。

资料来源：《加快建设京畿福地、老有颐养的乐享河北行动方案（2023—2027年）》。

后 记

　　本书由河北省社会科学院编写。在编写过程中，河北省社会科学院党组书记、院长、省社科联第一副主席康振海同志审定了编写提纲，省社会科学院党组成员、副院长、省委讲师团副主任袁宝东同志和省社会科学院二级巡视员刘来福同志对全书进行了统稿，康振海同志对全书进行了最终审定。

　　省社会科学院经济教研处处长、一级调研员崔巍同志具体协调了书稿的编写、修改和出版工作。参与本书编写工作的同志有：郑英霞、张艳、刘海焕、赵向东、秘斯明、郭晓杰、白玉芹、周宏彩、张挺。

　　由于时间和水平有限，书中难免有疏漏和不足之处，敬请读者批评指正。

编　者

2023 年 7 月